ホラリー占星術

Horary Astrology

いけだ笑み

Emi Ikeda

説話社

はじめに

占星術は、時間を扱うときに圧倒的に力量を発揮する占術です。空間の風水、時間の占星術と考えてもよいでしょう。時間を扱うという点においてほかの運命学の追随を許さない占星術ですが、その中でも「その瞬間」を切り取ることに注目した占術がホラリー占星術といえるでしょう。とはいえ、ホラリーというのは、決して奇妙で特異な分野ではなく、インパクトがあった瞬間の空模様に注目するという意味で、おなじみの出生図と同じような構造を持ったものです。

古代占星術では、天と地が相似形をしていて、相互に連動しながら影響を与え合っているという考え方がベースになっています。錬金術では天の太陽に地上の金を比喩として使います。錬金術の最終目的は金を錬成することですが、金は生物に置き換えると「命」の比喩です。錬金術は創造主の相似形である人が「命」を創造できるはずであるという直観に基づいた科学なのかもしれません。

そのような考えに基づいて空を仰ぐと、「今ここで」起こっていることは、すべて「今この上に」記されていると考えることは自然なことといえるでしょう。

凡例）

12ハウス

♈	牡羊座	♎	天秤座
♉	牡牛座	♏	蠍座
♊	双子座	♐	射手座
♋	蟹座	♑	山羊座
♌	獅子座	♒	水瓶座
♍	乙女座	♓	魚座

10惑星

☉	太陽	♃	木星
☽	月	♄	土星
☿	水星	♅	天王星
♀	金星	♆	海王星
♂	火星	♇	冥王星

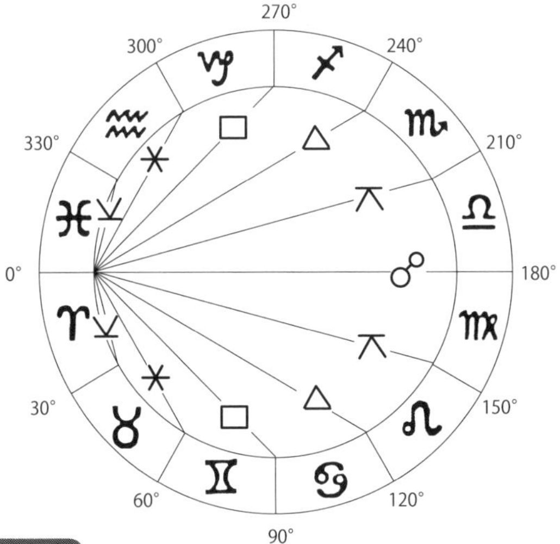

アスペクト

☌	0度	コンジャンクション	△	120度	トライン
⚺	30度	セミセクスタイル	⚻	150度	クインカンクス
⚹	60度	セクスタイル	☍	180度	オポジション
□	90度	スクエア			

※本書で掲載しているチャートは、ソフトウェア著作権利所有者である小曽根秋男（★秋津★）氏の許可を得てStargazerを使用し、作成したものです。

Contents

Column

I

解説編

ホラリー占星術とは

「ホラリー占星術」とは、質問ごとに立てられたチャートを解読する占星術です。質問が成立した瞬間の日時と場所でチャートを作成し、その質問に関する答えを求めます。単純に「イエス／ノー」を導き出すこともできますし、細やかなディテールや質問にまつわる周辺事情なども一つのチャートから読み解くことができます。

例えば、その人がどのような人生観を持ち、どのような天職が与えられるかなど、宿命的な内容は出生図（出生チャート）に答えを求めればよいのですが、「あの人は心変わりしますか?」「あの人に貸したお金は返してもらえますか?」「この医者は私に合っていますか?」「カギはどこですか？」「待ち人は来ますか？」などの時々刻々と変化する問題の答えを出生図に求めることは難しいでしょう。人生の指針を出生図が暗示したように、今この問題に関する指針は、今この瞬間に立てたチャートが暗示してくれるのです。

時々刻々と移動する天の星々に答えを求める場合、何らかのインパクトが必要になります。出生図とは、魂が全体から切り離され、時間と空間の世界に降り立った瞬間のインパクトを切り取ったもので、その魂が時間と空間から開放されるまでの期間に与えられた宿命を暗示するものです。イベント図（イベントチャート）とは、お店が開店した瞬間やオリンピック開幕の瞬間、国家が設立した瞬間、銀行の口座が開かれた瞬間など、それらの生誕日として立てられたチャートです。これらも、出生図と同じようにそのお店の行く末や国家の行く末を暗示します。ホラリー図（ホラリーチャート）とは、質問が発生した瞬間に立てられ、それが解決するまでを網羅したチャートのことです。

ホラリー解読の流れ

①　まずはチャートを立てなければならないでしょう。その場合、いくつかのガイドラインが必要になり、そのガイドラインに関して自分なりのこだわりや信念を持つとよいでしょう。私が紹介する方法に縛られる必要はありません。

②　そのチャートが読み進める価値のあるものかどうかを検証します。なぜそんなことをするのかというと、タイミングによっては人の考えを曇らせたり混迷させたり、あるいは何事も起こりにくい空模様があるからです。一時の気の迷いによる質問や、読み手が読み間違えをしやすいタイミングなどをふるいにかけるためのノウハウがあります。特に占いを生業とし、他者からの質問を受けている場合、占星術師の安全をはかるためにも、読み間違いやすいタイミングなどを排除する方法を知っておくと便利でしょう。

③　問題が発生し終焉するまでの心理的な流れを読みます。これは質問に関する答えが肯定的か否定的かとは別の問題です。質問が表面化する以前の潜在的な理由など過去の流れも読み取れるため、質問者と占星術師の心を合わせるためにとても有効なプロセスです。

④ 質問に関するハウスを選びます。ハウスは分野を示しますから、ハウスはこの世的なあらゆるフィールドを網羅することができるという前提が必要です。12個のハウスの意味を正確に理解し、自分なりのガイドラインを手に入れないと、この工程をクリアすることは難しいでしょう。ホロスコープにおけるハウス区分は、天界と地上界の接点です。ハウスを読まないと、事象の地上的な体現を知ることはできません。

⑤ 質問に登場する人物や物たちの力関係をはかります。ここではさまざまなホラリー特有の技法を駆使しながら、この質問の顛末の主導権を握るのは誰かを探ります。恋愛や勝負事など対人関係を占う場合、特に多くの情報を得ることができる工程ですが、登場人物たちの力関係やつながりがそれほど大きな意味を持たない質問であれば、省略してもかまわないでしょう。

⑥ アクションを読む。質問の最終的な動きを読みます。イエスなのかノーなのか、どうなるのかを結論付けます。

⑦ より具体的な情報を補足します。

※本文中の下線部は特に注意が必要だったり、再確認を要するような、混乱しがちな箇所を示しています。

Step 1

チャートを立てる

Step 1のポイント

★ 占星術師が質問を理解した瞬間に、占星術師がいる場所にて、レギオモンタナス法で立てます。

★ 5度前ルールを採用します。

★ このチャートで、質問にまつわる多角的な疑問に答えることができます。

★ 質問した内容に動きがあり、状況が変化したら、新たにチャートを立てることができます。

★ 適職や相性、デートの日取りなど、ほかの占断方法が適した質問は、ホラリーに答えを求めません。

チャートを立てるということは、つまり質問が成立したとみなすことを指し、出生図における赤ん坊の誕生の瞬間に匹敵します。出生図の場合は、残念ながら正確な時間を知ることは難しく、母子手帳の記録を頼りにしたところで、病院の時計が常に正確という保障もありません。さらに生誕の定義そのものが、ヘソの緒を切った瞬間なのか、頭が出た瞬間なのか、はたまた肺呼吸の瞬間なのか、受胎した瞬間に注目することもできるのです。

そういう土台の上に成り立った出生図のASCやMCを読み、ときには、その度数にまで着目しながら、心の片隅に張り付いて離れない「出生時間が正確だという前提ですが……」という不安。これを感じずに読めるチャートがあるというだけでも、ホラリーを読む価値はあるのです。少なくとも、私はいつも、もっと一つのチャートを妄信したいという切ない要求を持ち続けています。

ホラリー占星術では、チャートを立てるタイミングにも厳密さを求めますが、そうやって慎重に立てたチャートを「読み進めるかどうか？」という検証までして、やっと、チャートに取り組みます。そこまでして取り組むチャートは、宝物のように見えるものです。生命の誕生というインパクトには及ばない質問の誕生ではありますが、切り取った時間のタイミングの信憑性という意味では、出生図に引けを取らないホラリーチャートなのです。占星術師たるもの、時間を疑うことなくチャートに没頭したいと思うものです。

1・タイミング

[1]　質問の内容を占星術師が理解した瞬間

第三者にチャートを立ててもらう場合は、相談者が質問を口にした瞬間よりも、相談を持ちかけられた人が質問を理解した瞬間のほうを、「質問の生誕」とみなします。物事の生誕にはそれを受け取る客体が必要なのです。

例えば、相談を受けたときに、質問者がまだ混乱していて質問が明確なかたちになっていないことはよくあることです。その場合、急がず慌てず、言葉が簡素にまとまる手助けをしてあげましょう。また、占星術師が質問の内容を正確に把握できていないと感じたときも、問い正します。互いに納得いくまで何度でもやり取りを繰り返して、最終的に一つの質問文が完成して、それを占星術師が理解したときが、チャートを立てるときです。

あるいは占星術師が帰宅したとき、ポストにクライアントからの鑑定依頼と鑑定内容の手紙が入っていた場合や、留守番電話に相談者からのメッセージが入っている場合も、手洗いとうがいを済ませ、いっぷくした後に相談内容に取り組んでも大丈夫です。

要するに、疑問が内面で渦巻いている状態、悩んでいる状態、封筒の中にとどまっている状態、口には出しているが、まだ誰も理解していない状態、これらはすべて生まれる以前の妊娠期のようなものとみなします。これが客体に渡るときがホラリーチャートの生誕とされます。

[2] 疑問や問題が飽和状態になって、質問としてまとまった瞬間

占星術師が自分のことを占う場合はどうでしょう？　なるべく客体に代わるような状況を意識して作り出すほうが好ましいでしょう。例えば、質問を紙に書くとか、少なくとも口に出してみるとか。そのほうが、混沌と思い悩みながら闇雲にチャートを立てるよりは、ずっと読みやすいタイミングを切り取れることを、私は経験から実感しています。

私自身は、チャート作成ツールのタイトル部分に質問文を打ち込むことで、納得してしまうことが多いです。ここをはしょって、いきなりチャートを立てることも恥ずかしながら多いのですが、その場合、いつも読みにくいチャートが目の前に展開されます。苦し紛れにタロットカードを引いたら逆位置が出て、気に食わないのでもう１枚、２枚、と引き続けても、立て続けに逆位置が出るときにとてもよく似ています。

ずばり聞きたいことにフォーカスできていないのに、まともな答えが出

てこないのはあたり前のことです。

[3] 電子メールに関する考え方

今日では、電子メールによる質問のやり取りが対面鑑定以上にポピュラーなのかもしれません。電子メールの特徴として、相談者が送信ボタンをクリックした瞬間と、占星術師が受信した瞬間のどちらも分単位で記録に残るという点があり、ここに注目せずにはいられません。

電子メールの受信は、受け取り手の都合のよい時間に集中します。１日に数回しかメールをチェックしない人にとっては、受信する時間帯が決まりきってしまうこともあるでしょう。帰宅して受信した多くのメールに対して、あまり代わり映えのしないチャートを立ててそれに取り組むよりも、相談者がメールを送信した時間に注目したくなる誘惑を振り払うことができず、もう１枚チャートを立てて見比べてみたことが何度もあります。

そのような経験からいえることは、電子メールに関しては、送信時間帯が大きな意味を持つかもしれないということです。こちらが受信して質問を理解した時間のチャート以上のことを、送信時間のチャートが語ることもあります。電子メールの場合、送信ボタンを押した後のサーバーが客観的な受け手にあたると考えてもよいのかもしれません。いずれを選ぶか、あるいは両方参考にするか、それは各自が結論を出せばよいのですが、どの方法にせよ、自分なりの線引きやルールを持っておくほうが、迷わずにチャートに取り組むことができるでしょう。

2・ロケーション（場所）

チャートを立てる人がいる場所を採用します。占星術師が質問を理解した場所です。質問者が地球の裏側から国際電話で質問をしてきた場合も、チャートを立てる人がいる場所です。チャートを立てる人が遠方に外出している場合は、外出先のロケーションをとります。自宅でも出生地でもありません。

古典から現代に至るまで、ほとんどの占星術師がこのような方法でロケーションを決定していますが、例外として、Ivy M.Goldstein-Jacobsonは質問者がいる位置をとっていたようです。読者が特別Jacobsonを支持するわけでないなら、先人たちに習って、質問を理解した人がいる場所をとりましょう。

ただし、タイミングの例外として挙げられていた電子メールですが、送信時間を採用している場合は、ロケーションだけを占星術師主体にする意味はありませんから、送信者の時間をとるなら、送信者の場所を採用するのが妥当でしょう。

3・ハウスシステム

ホラリー占断ではレギオモンタナス法をお勧めします。ハウスシステムには大きく分けて時間分割法と空間分割法があり、前者は心理的な側面を追う場合に使い勝手がよく、後者は事象的なことを読み取ることに適しているようです。レギオモンタナス法は空間分割法の中でも洗練されたシステムであり、多くのホラリー使いがこの分割法を採用しています。

ハウスシステムにはさまざまなものがあるため、目的に応じて最適のものを選択できますが、ほとんどのハウスシステムが、東から西の水平線を軸にして上下の大円を12個のエリアに分割していくという点は共通しています。しかし、立体構造を持った空間や時間を、主体になる目線を起点にして平面に落とし込むわけですから、完璧な方法というのは存在しません。どのシステムも一長一短なのです。(コラム「ハウスシステムとその用途や特徴」を参照)

4・5度前ルール

レギオモンタナス法を使用する場合、ハウスカスプの５度手前にある天体は、次のハウスに属するという「５度前ルール」を採用します。ただし、５度以内に天体があったとしても、次のハウスカスプを支配するサインと異なったサインに天体がある場合はそのかぎりではありません。例えば、２ハウスのカスプが牡牛座の01.00度にあり、その手前の天体が牡羊座29.00度にあった場合、これはハウスカスプの２度手前にあたりますが、天体が次のハウスに属すとはみなしません。

５度前は次のハウスを考慮するのに、なぜ５度後で前のハウスを考慮しないかというと、天体は基本的に反時計回りに移動しながら次のハウスに入室していくからです。この理屈では、逆行している場合は５度後ルール適応ということになりますが、理論的にはそのとおりです。ただ、逆行のふり幅自体が15度前後と狭い水星のことを考えると、逆行しているからといって、手前のハウスの意味のほうが強まるとは考えにくいため、私は逆行を考慮しません。

いずれにせよ、ハウス分割は不完全なシステムであり、サインほど厳密に切り替わるものではないことを理解した上で、臨機応変に解読していく必要があります。そういったモヤモヤすべてが煩わしい人には、ホールサイン法を採用することで、アスペクトの矛盾とともに５度前の曖昧さも排除することをお勧めします。(コラム「ハウスシステムとその用途や特徴」を参照)

5・最初のチャートが網羅できる範囲

質問に付随する多くの情報をチャートは語ってくれます。たった１枚のチャートから、その人の伴侶の様子や出会える師の性質、病気や体質、子どもの様子や両親の様子まで読み取れることを考えれば、１枚のホラリーチャートが網羅できる範囲がいかに広いか想像できるはずです。基本的には、質問内容に大きな進展があったり、全く別の心配事についての質問をする場合以外は、最初のチャートに問いかけるべきです。私の経験からいえば、別の心配事すら最初のチャートが暗示していることも多いのです。ですから、第２のチャートを立てるときは、質問にまつわる状況が大きく変化したときです。

例えば、ある人物が自分の結婚相手にふさわしいかどうかの質問があったとします。「この人と結婚すれば、お金持ちになれますか？」という質問と、「この人の両親と仲良くできるでしょうか？」「ネコが苦手なのですが、彼は新居にネコを連れてくるでしょうか？」「彼の妹の病状はこれ以上悪化することはありますか？」など、これらすべての質問に、１枚のチャートで答えることができます。

ところが、最初の質問から数日後に彼と喧嘩してしまい、さらにもう一人の気になる異性が登場したとします。状況がガラリと変化していますから、改めてチャートを立てるべきでしょう。例え同じ問いかけであったとしてもです。「(それでも）この人と結婚すべきですか？」という具合です。

6・ホラリーに適さない質問

本当のことをいうと、どのような質問に対しても、チャートは答えてくれます。しかし、チャートから情報を引き出しにくいような質問というのは、いくらでもあります。例えば、タイムスパンが長すぎる問題です。人生を総括してみないと結論が出ないような質問は、ホラリーで読み解くよりも人生そのものの縮図ともいえる出生図にあたってみたほうがよいでしょう。適職や弱点、長所などはその代表です。具体的な着地点を持たない主観的な質問もあまり適さないでしょう。「幸せになれるでしょうか？」「私は不幸ですか？」といった本人の受けとめ方に左右される問いかけです。

基本的に、ほかに適した占断方法があれば、そちらを見るべきでしょう。

例えば、才能や適職についてや、人生の課題や終の住まいなどの、長期的かつ主観的な質問内容であれば、出生図。また、恋人と結婚すべきかどうかを迷っているのではなく、単に相性や結び付きの深さが知りたいのであれば、シナストリー法に細密な情報がのっています。重要な会議やデートの日取りの候補が何日かあり、どちらにすればよいか迷っている場合などは、エレクショナル法で候補の日を１日ずつ吟味すべきです。(コラム「チャートの特徴と用途」を参照)

ホラリーに適する質問

どんな仕事が向いていますか？	出生図
今の仕事を辞めて転職すべきでしょうか？	**ホラリー**
あの人と私は気が合いますか？	シナストリー
私はあの人にどんな影響を与えることができるでしょう？	シナストリー
私にとって、あの人の存在って何ですか？	シナストリー
あの人は、私のことを好きですか？	**ホラリー**
あの人と私は結ばれますか？	**ホラリー**
今日は、あの人に会えますか？	**ホラリー**
仲直りできますか？　できるとしたらいつですか？	**ホラリー**
プレゼントをもらえますか？	**ホラリー**
この日に会議をすべきでしょうか？	エレクショナル
どんな雰囲気で会議が進みますか？	イベント図
この日の会議で、自分は優位に振舞うことができますか？	**ホラリー**
この会議では積極的に振舞うべきでしょうか？	**ホラリー**
私の意見は通りますか？	**ホラリー**
どういう病気にかかりやすいですか？	出生図
この病気は治りますか？	**ホラリー**
いつ頃回復しますか？	**ホラリー**
あの医者は信用できますか？	**ホラリー**
この薬を飲んでも大丈夫ですか？	**ホラリー**
あの事件は私にどんな意味があったのですか？	イベント図と出生図の２重円
あの事件は今回の結婚に影響しますか？	**ホラリー**
どんな家に住むべきでしょうか？	出生図
この家を購入すべきですか？	**ホラリー**
この物件は良い物件ですか？	**ホラリー**
いつ契約すればよいですか？	エレクショナル
契約できますか？	**ホラリー**

ハウスシステムとその用途や特徴

【イーコールハウス】

ASCを起点に黄道を30度ずつ等分割したもので、手計算が主流だった時代に一般化されていたハウスシステムです。最も単純な空間分割法ともいえますが、この方法では三次元の座標を二次元に変換しているとは言いがたく、どちらかというと12宮に近い性質を持ちます。また、MCの位置が10ハウスに入るとはかぎらないため、実用的ではありません。Claudius PtolemaeusやMargaret Honeなどが使用していたシステムです。

【レギオモンタナス】

単純に水平線上の大円空間を等分割したシステムです。真南を黄道に投影した子午線を10ハウスカスプとするため、MCと10ハウスが一致します。15世紀の数学者Johann Mullerが考案したもので、天球を方位で分割する方法として極めて合理的なため、多くの占星術師に支持されています。John Frawleyが「実用的だ」と推奨し、William LillyやJ.Lee Lehman、Olivia Barclayなども使用しています。

【キャンパナス】

レギオモンタナスと同じ区分方法ですが、このシステムでは、カスプをハウスの中点（midcusp）でとります。ハウスにはサインのようにハッキリとした境界はなく、むしろカスプ上かその前後にあたる位置が最重要になってきますから、カスプを中心にハウスを広げる考え方は、意義があると思います。普及しているものの、その理由が明確ではない「5度前ルール」はこのシステムによって解決されるでしょう。

13世紀の数学者Giovanni Company Campanis が考案したもので、Dane Rudhyarも愛用していました。

【ホールサイン】

古代ギリシャ時代から使用されていた、古典的なハウスシステムです。ASCが位置するサインの0度を起点とした最初の30度を1ハウスとし、2ハウス以後も同じように30度ずつ等分割していきます。一つのハウスを一つのサインが管轄することになります。

一見乱暴にみえる分割方法ですが、アスペクトがサインやハウスに属すると考えたときに、整合性が取れるという意義があります。例えば、ほかのハウスシステムでは、1ハウスと4ハウスという対立した性質を持つハウス同士であったとしても、友好的なアスペクト（60度など）をとる可能性があります。あるいは、逆に1ハウスと5ハウスという友好的なハウスに緊張したアスペクトが発生することもあるでしょう。しかし、**ホールサイン**を使用しながら、ホロスコープに取り組むことで、アスペクトが天体に属していると考えたときのような矛盾を排除して、一目瞭然に関係性を把握することができるのです。

このシステムでは、**イーコールハウス**と同じく、MCと10ハウスが一致しないという問題点を残しますが、硬派なホラリー使いであるRobert Zollerの支持を受けています。古典復興の立役者であるRobert Hand も**ホールサイン**ハウスの検証をした“Whole Sign Houses : The Oldest House System”を執筆しています。

ハウスシステムとその用途や特徴

【ソーラーハウス】

太陽の位置をそのままASCとして、以後を30度ずつ等分割するシステムです。古代ギリシャでは、このチャートが魂の本来の姿を示し、太陽がASCの位置からズレているのは、その魂が背負うカルマのせいだという考え方があったようです。この考え方でいえば、日の出と共に誕生した人は、清算すべきカルマがなく、魂本来の姿に近い生涯を送ることを暗示しているのでしょうか。**ソーラーハウス**でチャートを読むことで、自分の本来の魂の状態が読み取れるかもしれません。

【ソーラーサイン】

太陽があるサインの0度をASCとし、以後を30度ずつ等分割するシステムです。**ソーラーハウス**と似ているようですが、こちらは単に、出生時刻が不明な人を占う場合にやむを得ず使用する方法だと考えてよいでしょう。

【プレシーダス】

時間分割法と呼ばれるシステムで大円が分けられ、心理的な側面を追う出生図解読に頻繁に使用されます。この分割方法で問題になるのは、高緯度地域や低緯度地域では昼と夜の時間が極端に長くなったり短くなったりするため、季節によってハウスのサイズがイビツになって使えなくなってしまう点です。それでも**プレシーダス**がポピュラーになったのは、ラファエル天文暦がこの方式を採用していることが大きいでしょう。Vivian E Robson や Alan Leo などが使用しています。

Column

【コッホ】

プレシーダスと同じ時間分割法ですが、高緯度低緯度問題に改良を加えられたのがこのシステムです。しかし、ASCやMCの位置は**プレシーダス**と同じで、その間に入るハウスを時間で等分割しただけなので、アラスカやグリーンランドのような極端な高緯度地域では使用に耐えません。とはいえ、イギリスやヨーロッパなどでは十分使えるため、人気が高いようです。ホラリー使いでは、Anthony Louis が頻繁に使用していますが、Louis はこれ一辺倒ではないようです。

チャートとその用途や特徴

【出生図】

母体から胎児が切り離された瞬間、つまり全体から個が分離した瞬間のインパクトを切り取ったものです。人の生涯を読み解く上で、繰り返し注目される図になります。出生図で最も注目すべきは太陽です。太陽は自我やアイデンティティーを示すだけではなく、その人の生命の源である、バイタルエナジーそのものの比喩です。

【イベント図】

イベントが発生した瞬間に立てるチャートです。例えば、お店の新装開店やグループ結束の瞬間、会社の設立、銀行口座の開設もイベントです。マンディーン占星術という世相を読む分野では、大きな事故や災害が発生した瞬間や政権交代の瞬間、国家の設立、開戦のインパクトに注目し、その後の展開を読みます。

イベントの性質や影響力の長短によって、注目する場所は変化します。政権交代や教育問題など、長期的な世相を読み解く上では、土星と木星の周期に注目する必要がありますし、流行や金融など、社会不安や集団の抱く潜在意識が色濃く反映される分野ではICや海王星にも注目すべきでしょう。短期的な目標を持ったグループ活動やプロジェクトの設立では太陽を中心にチャートを読み解きます。

【デカンビチュア図】

あるイベントが発生した瞬間を切り取るという意味では、エレクショナル図と同じですが、病気に特化した内容を読み取ることができるのがこの図になります。通常患者が病に倒れ、床に伏した瞬間にチャートを立て、病状の行く末を占います。患者が床に伏すことなく、医者を訪れた場合、その訪問の瞬間にチャートを立てる場合もあります。痛みなどの症状を自覚した瞬間を切り取るものではないところがみそでしょうか。

デカンビチュア図では、特に月に注目します。月は魂を乗せる船、つまり肉体です。また、月が一つのサインを経過して次のサインに移るまでの期間が、症状の一区切りと考えます。1ハウスが患者のバイタルエナジーで、6ハウスが病気の質、7ハウスが医者や占星術師の質、10ハウスが処方箋と治療方針です。4ハウスが最終的な結果を暗示する場合もあります。

【カウンサルテーション図】

デカンビチュア図とそっくりの考え方で、相談者が占星術師の元を訪れた瞬間のインパクトに注目したチャートです。

占星術師にとって、同じ日に同じような質問内容が重なることは珍しくないはずです。不倫祭りや天職祭り、家族関係祭りなど、質問のカラーが重複する現象です。そうとまではいかなくとも、深刻な問題ばかりが続く日もあれば、前向きで希望の持てる相談が多い日など、ある種のカラーが日によってあります。これは、さまざまな事象が星の配置と無関係ではないという、占星術の根本原理を考えると自然なことです。

クライアントの好みという問題もあります。あるクライアントは、星の配列が緊張に満ちた日時を狙ったように占星術師の元を訪れ、また、公私共に幸運に恵まれ順風満帆な人生を歩んでいる人物は、星が幸運を暗示する配列の日時を選んだように相談に訪れることが多いでしょう。

チャートとその用途や特徴

カウンサルテーションチャートは、相談者が相談を切り出すまでもなく、質問内容を暗示する役割を担うことができます。

【エレクショナル図】

目的に一致した、あるいは目的に貢献できそうな未来の日時を切り取ります。つまり、良い日を選ぶ技法です。結婚式の日取りや引越しの日取り、デートの日など、幸運に恵まれたい時期を自由に設定することができます。

何かを始めたり拡大するときは月が満ちていく時期を選び、終らせたり排出、排泄をする場合は月が欠けていく時期を選びます。

【四季図】

太陽が春分点、夏至点、秋分点、冬至点を通過するインパクトにより、季節と季節の間に挟まれた時期の様子に影響力を持つという考えから、世相を読み解く上で注目される図です。ASC、DES、IC、MCのアングルおよび、各ハウスに注目します。太陽は牡羊座0度、蟹座0度、天秤座0度、山羊座0度、季節の起点となるサインの頭にあります。

【食図】

月の通り道である白道と、太陽の通り道である黄道が交わるポイント上で、満月および新月が発生したときに起こる日食と月食のインパクトを切り取ります。食には常に不穏なイメージが付いてまわり、王の死や国家の消滅、あるいは天災を暗示するともいわれます。通常年に4回ほど発生し、一つの食から次の食までの間に影響力を発揮するとされます。

日食なら、太陽が7ハウスから12ハウスまでにある場合は、観測可能です。

太陽と月があるサインとハウス、太陽と月にアスペクトをとる天体に注目します。個人レベルで食がどのように影響するかは、出生図の何ハウスに食が重なるかに注目するとよいでしょう。

【ホラリー図】

問いかけが起こったインパクトを切り取った図です。古今東西のホラリー文献に「いいかげんな質問はするな」「神への真摯な問いかけのみ採用せよ」と念押しされるのは、そのためかもしれません。十分なインパクトがないと、その瞬間を正確に切り取ることが難しいと考える人が多いのでしょう。

ホラリーでは常に水星に注目します。そもそも水星は「問いかけ」を支配し、ホロスコープの1ハウスを本来の家とします。ホロスコープは1ハウスの語源ですから、1ハウスを最重要視するホラリーでは水星を無視することはできません。各ハウスのカスプや月、ノードにも注目します。時々刻々と変化する「問いかけ」に対する答えを描く図ですから、ホロスコープの中で速い動きをするポイントすべてが検証の対象になるわけです。

逆に、いつ質問しても代わり映えしないほど動きの遅い天体や、支配関係がうまく機能しないTrans Saternianや小惑星などは使用方法に工夫が必要になります。太陽のハウスについても注意が必要です。例えば、毎日同じ時間にカウンセリングを受け付け、1時間～2時間程度の間に相談者の質問を読む習慣がある占星術師の場合、太陽が在泊するハウスは固定されて代わり映えしません。

Step 2

読むべきか読まざるべきか

Step 2のポイント

★ 月がボイドではない。

★ 月がバイアコンバスタゾーンにない。

★ ASC が早すぎず、遅すぎない。

★ 1ハウス、7ハウス、10ハウスに土星がない。

★ チャートと質問者の親和性がある。

★ ASC とアワールーラーの親和性がある。

ホラリー図解読の流れの中に、チャートを読み進めるべきか否かを検証するプロセス（ラディカリーの検証）があります。せっかく立てたチャートをはじく理由は何でしょう？　質問がよくないのか、読み手のコンディションが悪いか、そのどちらにも問題がある、あるいは単にタイミングが悪い。そういった可能性をふるいにかけることで、読み間違いや徒労を防ぐ目的もあるでしょう。実際に、読みにくいチャートを無理やり掘り下げるよりも、日を改めて立てたほうが的確なチャートを手に入れることができた、という経験は私自身多々あります。

しかし、実はこれから紹介するいくつかのステップをすべて無視して、すぐにチャートを読み始めてもよいのです。というのも、例えば、17世紀に活躍したホラリー占星術師William Lillyが列挙した膨大なリストのほとんどが、読み間違いや質問者との対立を回避するために考案されたと解釈できるセオリーだからです。例えば、王室お抱えの占星術師ならば、軽率な読みが職業や命をも落としかねないため、チャートに取り組む前に慎重に慎重を期したのは当然といえます。現在でも占いの的中率で生計を立てることを考えている人は、Lillyにならってこの項目を重要視するとよいでしょう。

1·月のボイド

移動中のある天体が、次のサインに移動するまでの間に、ほかの天体とメジャーなアスペクトをとらない状態をボイド・オブ・コースといいます。ここでは月がその状態にあることを取りざたします。

ホラリーにおける月の担う役割は大きく、月は質問者を指すと同時に、問題が一段落するまでの様子を映し出すレコーダーとしての役割まで果たします。もっといえば、月があるサインを移動して、次のサインに入るまでの間が問題の推移そのものです。月がサインを変えれば、問題の性質も変わるのです。病の動向を占うデカンビチュアチャートにおける月の役割も同じです。月のサイクルは肉体や自然の代謝サイクルと連動しているからです。

月があるサインにあって、次々とほかの天体とアスペクトをとる様子は、そのまま出来事が起こる様子を暗示します。その月がボイドにあり、もうどの天体ともアスペクトをとらないということは、「もう何も起こらない」ことを示しているのです。「難を逃れる」「心配には及ばない」「不安定である」「着地点を持たない」などの解釈もできます。

2・バイアコンバスタ

　天秤座15度～蠍座15度までのエリアをバイアコンバスタと呼びます。このゾーンを月が移動している場合、質問の内容が深刻なものになると考えます。直訳すれば、「焼けた道」というような意味になりますが、危篤、危険、発熱、発火などを暗示するともいわれています。このゾーンで問題になるのは冷たく湿った性質を持つ月です。同じように冷たく湿った性質を持つ金星は、天秤座で高い品位を獲得することや、蠍座前半で多少の品位を得ることができるために事なきを得ることができるのでしょう。

　なぜこのゾーンに特別な意味が与えられたか、はっきりとしたことはわかりませんが、一説には、このゾーンには不吉な恒星が点在するからだとか。しかし、実際には、このゾーンにある恒星たちはスピカやアルカトルスほか七つの恒星がありますが、吉意を持ったものがほとんどです。

　バイアコンバスタとはそもそも錬金術用語と思われ、代表的な錬成の工程を指しているようです。錬金術師たちは賢者の石を錬成するために、混ぜる、冷やす、固める、熱するなどの数多くの方法を用いて物質の変容をうながしていましたが、「湿った道」と「乾いた道」は頻繁に用いられた錬成方法です。

「湿った道」は、哲学者の卵と呼ばれる水晶で作った球形のフラスコを密閉し、注意力と時間を費やして賢者の石を作る崇高なプロセスですが、一方の「乾いた道」は、実験を行う環境に恵まれなかった術師が、るつぼを用いて冶金術さながらに物質を溶解する荒々しい手法を指します。バイアコンバスタが不吉とされる所以はこのへんにありそうです。

　それではなぜ天秤座15度～蠍座15度が錬成のプロセスにおける、「乾いた道」にあたるのでしょう？　そもそも天秤座とは、牡羊座から乙女座までの個人的なプロセスから脱して、はじめて他者や環境と直面するサインです。サビアンシンボルでは天秤座のど真ん中にあたる15度を基点に、本当の意味で他者と関わることで、深く傷つき挫折する度数が登場します。そして、蠍座の前半から中盤にかけて、苦しみながらも本当の意味での「変容」を遂げるのです。人が環境や他者との関係性の中で苦しみながら変容する様は、るつぼの中の物質が熱を加えられることで状態を変えていくことに等しいと考えることは、錬金術の基本理念である、大なるものは小なるものと連動している、という考えに基づいた比喩なのではないでしょうか。

当然の疑問として、12宮のどこかに「湿った道」はあるのかが気になるところですが、占星術関連の文献でそれを指しているものは、私の知るかぎりでは見たことがありません。「乾いた道」では土星や火星が高い品位を獲得していることからも、「湿った道」では当然、月や金星や木星のような湿った天体が品位を獲得していることが基本的な条件になるでしょう。蠍座の対向の位置にある牡牛座では、月および金星が高い品位を獲得しています。天秤座 → 蠍座は火 → 水が溶解で、牡羊座 → 牡牛座は火 → 土が結晶化と考えると、牡羊座15度から牡牛座15度あたりが怪しいといえます。「湿った道」は、「乾いた道」よりずっと時間がかかり、賢者の石への変容のプロセスを哲学者の卵の中にじっくりと観察することができるといいます。さらに、厳密な工程が成功すれば、孔雀の尾を広げたような虹色の結晶化が進み、最後には赤色化して賢者の石に至るとされています。この変容のイメージは牡羊座から牡牛座への心情の推移と一致するように思えてなりません。

3・ASC0度〜3度

チャートを立てたときに、ASCが0度〜3度までという速すぎる度数にあるときは、質問が十分成熟していないと考えます。フライング気味とみなし、質問者にもう少し考えがまとまってから出直すようにうながすこともできます。

例えば、失せもの探しの場合など、心当たりをあたってみるなど具体的な捜索をいっさいせずにチャートを立てた場合など、この度数が登場します。

4・ASC27度〜29度

チャートを立てたときに、ASCが27度〜29度までという遅すぎる度数にあるときは、質問が熟しきっていて、もうすでに答えが出ているような場合が多いです。熟考しすぎてわけがわからなくなっている場合や、結論ありきでその後押しを必要としている場合にもこの度数が出ます。そのことを質問者に確認してから読み進めることで、有意義な読みができる場合が多いので、それほど気にする必要はないでしょう。

5・ASCと土星

ASCが山羊座、あるいは水瓶座にある。ASC近く、あるいは1ハウスに土星がある。特に土星がペリグリンや逆行のコンディションにある場合は、質問者が悪い状態にあることを示していると考えます。「悪い状態」とは、悪意を持っていたり、嘘をついている可能性も指しますが、深刻に思い悩んでいたり、病状が深刻であることを指す場合もあります。

質問者とのトラブルや相談後の深刻な展開を避けたい場合は、チャートにこの表示を認めた段階で、読み進めることを放棄することもできます。

ただし、質問者が山羊座、水瓶座生まれである場合、土星の目立つネイタルチャートを持つ場合、年寄りである場合、厳格な人物である場合など、単にチャートが質問者らしさを表現しているように見える場合は、事態の深刻さを懸念する前に、チャートが正確であることを尊重すべきだと思われます。

6・DESと土星

DESが山羊座、あるいは水瓶座にある。DES近く、あるいは7ハウスに土星がある。特に土星がペリグリンや逆行のコンディションにある場合は、相談を受けている占星術師や医者が悪い状態にあることを示していると考えます。「悪い状態」といっても、嘘をついているとか、法外な鑑定料金を取っているという意味ではなく、相談内容を深刻に受け止めすぎて悲観的な予見をしてしまう傾向を示している場合が多いです。そのような自覚がなく、このような表示が見受けられるときは、チャートをうまく読めない可能性や質問者に悪影響やプレッシャーを与えてしまう可能性を考えてもよいでしょう。

チャートの誤読や占星術師が深刻な状態に陥ることを避ける必要があると感じれば、読み進めることを放棄することもできます。

ただし、ここでも占星術師が山羊座や水瓶座生まれである場合、土星の目立つネイタルチャートを持つ場合、年寄りである場合、厳格な人物である場合など、チャートが占星術師らしさを表現していると思われる場合は、事態の深刻さを懸念する前に、チャートが正確であることを尊重すべきだと思われます。

7・MCと土星

ホラリーチャートやデカンビチュアチャート、カウンサルテーションチャートにおける10ハウスは、解決方法を示します。病気のチャートなら、処方箋や治療方針が示されています。ここに土星があることで、解決が遅れることや、解決に困難が伴うことを示していると考えることができます。しかし、それ以上に、問題全体を覆う不吉な影を先人たちは読み取っていたのかもしれません。ASCやDESの土星との関係以上にこの配置には注意が払われていたようです。

8・チャートと質問者の親和性

例えば、ASCが質問者のネイタル太陽、月、ASCと一致しているなど、質問者を示す場所が、質問者を示しているように見えれば、そのチャートの信憑性がぐっと上がります。ASCと同じく、質問者を示す月の位置が質問者のネイタル太陽、月、ASCと一致する場合もそうです。質問者が可愛らしい少女である場合に、ASCのサインが乙女座であったりASCに金星が乗っている場合などもチャートと質問者の間に親和性があるとみなしてよいでしょう。

さらに質問者を示す場所以外にも目を向けてみましょう。チャートを注意深く見たときに、状況や質問者を的確にとらえているとみなすことができれば、上記のさまざまな関門がチャートを読むことを止めていたとしても、そのチャートを読み進むべきです。

9・ASCとアワールーラーの関係

天文学と暦には、切り離して考えることが難しいほど深い結びつきがあります。明日を思い煩わずにはいられない人類の性(さが)が、星を観測し、季節を読み、そして暦を創造させたのです。予言の原型は、種をまく時期を知ろうとする人類の根源的な要求にあるはずです。

現在の占星術の土台を築いたと考えられるシュメール文明や古代バビロニア文明で発展を遂げた天文学では、時間と空間を分割する方法として60進法が用いられています。また、バビロニアでは太陰太陽暦が使われていましたから、朔望月の周期に基づいて1ヶ月を約30日に定め、30日×12＝360日を一区切りとし、太陽の春分点回帰との調整にうるう年が足されます。360度に分割された円と、360日を一区切りとした1年の単位は、幾何学図形と暦の概念の接近を招きました。

月齢を数える場合、新月から次の新月を数えると29.530589日ですから、1月の単位は29日か30日となり、これが朔望月です。しかし地球の視点から月を観測すると、天球の恒星たちを背後に月は27.32日かけて経過し、これを恒星月とします。月の単位を28＝7×4と考えるか、27＝9×3と考えるかで、朔望月に近い28＝7×4をとったのが「1週間7日」の起源と考えるのが一般的です。

しかし背後に七つの惑星という根源的な単位があったことは明らかです。さらに、7という数と動物の関連性の深さは、予想以上のものがあるようです。体内時計を専門とする生物学者らが、24時間～25時間程度の睡眠周期（Circadian rhythm）と同じように、生体リズムの一部が7日周期（Circaseptan rhythm）で動いている可能性を指摘しています。例えば、移植された臓器に対する拒絶反応は、7日おきに最高点に達するといわれています。人体だけではなく細菌やウイルスのように微小な生物の生体反応も、この周期を持つとのことです。

バビロニアやエジプト、黄河などの代表的古代文明だけではなく、ペルーや南アフリカの部族までもが５日～10日の間以内の周期で暦を組み立ててきたことは、生体リズムと無関係とは考えにくいそうです。また、13の暦と呼ばれるマヤン暦の中枢を担う28日サイクルは、７の倍数であることが実際の朔望月のサイクル以上に重要視されています。太陽暦、太陰暦、太陰太陽暦、近年のパックス暦に至るまで、７日周期は固守されてきました。

ちなみに、哺乳類の頚椎は七つで胸椎は12個です。キリンなどの長い首を持つ動物であっても、哺乳類は七つの頚椎を持つそうです。７音階や７光線、七草に七福神、七つの海、七つの大罪、ヨハネ黙示録の七つの門ともなると、威厳付けの意図が働いているのでしょうが、生体と７の関係を知るにつれ、プラトン学派の「人間は七つの惑星のカケラからできている」という主張がまんざらただの比喩ではないように思えてきます。

さて、朔望月と７惑星と体内時計などと関係の深い１週間には、それぞれの日にちに一つの惑星が結び付けられています。月曜日は月、火曜日は火星、水曜日は水星……が支配する日という具合です。この順序は、天文学の発展に多大な貢献をしたといわれるバビロニアの遊牧民族であるカリディア人の惑星の秩序を主軸に組み立てられた順番です。

ちなみに、１週間はどの惑星が筆頭になるかについては、安息日の翌日が週のスタートになりますので、日曜日が安息日のキリスト教では月曜日が週の筆頭という考え方が今日では一般的です。しかし、バビロニア周辺のイスラム諸国では安息日が金曜日なので、土曜日が週の筆頭にあたります。

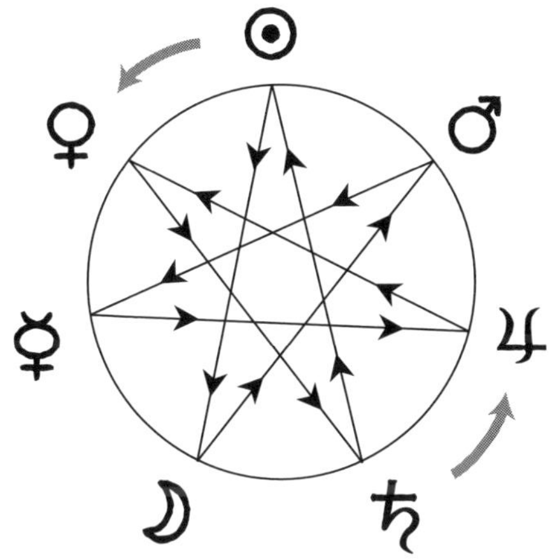

カリディア人は、惑星の中で最も公転周期の遅い土星を筆頭に、土星→木星→火星→太陽→金星→水星→月、という順序を使って、日の出から最初の１時間目をその曜日の惑星に管轄させました。例えば、月曜日の１時間目は月が支配します。２時間目は土星、３時間目は木星、４時間目は火星……という具合に、公転速度の遅いものから速いものへとバトンタッチしていきます。

ホロスコープは12の部屋から成り、１日は24時間ですから、一つの部屋が２時間網羅します。ASCとDESの軸は東西をつなぐ地平線です。日の出から日の入りまでの昼間12時間を、12ハウスから７ハウス、夜の12時間が、６ハウスから１ハウスまでです。もちろん、季節によって昼夜の長さは違いますから、実際には夏場は一つのハウスが２時間以上網羅し、冬場は２時間以内で次のハウスという具合にばらつきはありますが、一つのハウスの半分を１単元としたわけです。

12ハウスの後半を１時間目、12ハウスの前半を２時間目、11ハウスの後半を３時間目、11ハウスの前半を４時間目……とし、それぞれの時間に惑星をカリディア人の順序で並べていくと、25時間目が翌日の１時間目になり、その位置にちゃんとその日を管轄する惑星が登場する仕組みになっています。例えば、月曜日の１時間目は月、２時間目は土星、３時間目は木星、４時間目は火星……23時間目は土星、24時間目は木星、25時間目は火星です。月曜日の次は火曜日ですから、ちゃんと火曜日の１時間目に火星が登場したことになります。そのまま火曜日の２時間目太陽、３時間目金星、４時間目水星……と並べていくと、25時間目には翌日を管轄する水星が現れます。

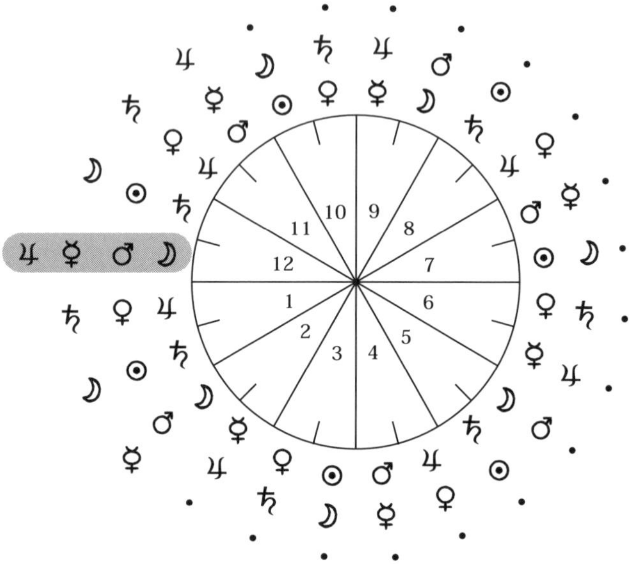

このように、時間を支配する天体のことを**アワールーラー**と呼びます。日にちを支配する天体は**デイルーラー**です。アワールーラーとは、問題になるチャートにおいて、太陽が移動中の場所（時間）を管轄する天体のことです。

例えば、火曜日の正午に立てられたチャートの場合、太陽が9ハウスの後半を移動中ですから、火曜日の7時間目（9ハウス後半）にどの惑星が管轄しているかを考えるわけです。火曜日ですから、ASCから見て最初の時間、つまり12ハウス後半の1時間目を火星が支配し、2時間目は太陽、3時間目は金星、4時間目は水星、5時間目は月、6時間目は土星、7時間目は木星です。よって、火曜日の正午は、「火星が支配する日の、木星時間」（Day of Mars, Hour of Jupiter）となります。

なお、アワールーラーを求める場合は、ハウスの5度前ルールは採用しません。カスプを厳密な境界線とみなして、太陽がある位置を支配する惑星を探します。

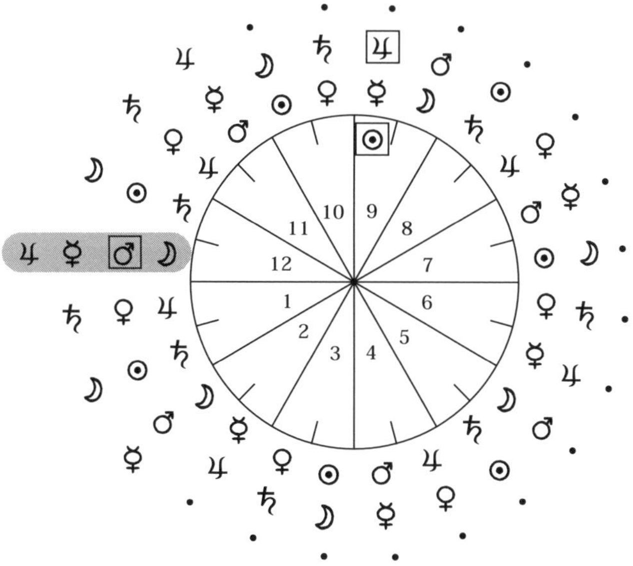

チャートを読む前にアワールーラーとASCの関係を考える場合、以下の三つの点のうち１点でも両者の親和性を認められた場合は、そのチャートのタイミングがすばらしいと考えてよいでしょう。現代医学と薬学の父と呼ばれるドイツの錬金術師Paracelsus（16世紀）をはじめ、イギリスの医療占星術家のNicholas Culpeper（17世紀）など、処方箋を選ぶときに曜日と時間に一致した天体を参考に薬草や化合物を選んでいたようです。

1	ASCのルーラーとアワールーラーが一致
2	ASCの気質とアワールーラーの気質が一致
3	ASCのトリプリシティーとアワールーラーが一致

例）2007年4月30日 月曜日 15：27　東京のチャートの場合

真視
LT=JST

N N35.70 E139.77
東京

Regiomontanus

1	♎03.60
2	♎29.30
3	♏29.06
4	♑03.98
5	♒08.65
6	♓08.05
7	♈03.60
8	♈29.30
9	♉29.06
10	♋03.98
11	♌08.65
12	♍08.05

☉−☽ 156°
13/28
☊φ=真位置

出生		黄経		赤緯
☉	♉	09.54		+14.67
☽	♎	16.08		−08.77
☿	♉	06.17		+12.95
♀	♊	20.97		+25.40
♂	♓	18.32		−05.94
♃	♐	18.87	R	−22.24
♄	♌	18.25		+16.60
♅	♓	17.54		−05.61
♆	♒	21.86		−14.45
♇	♐	28.74	R	−16.40
Asc	♎	03.60		−01.43
Mc	♋	03.98		+23.38
Vt	♈	11.83		+04.68
Ep	♎	04.73		00.00
PoF	♓	10.14		−07.77
☊	♓	14.92	R	−05.94
φ	♎	17.89		−09.61
⚳	♈	16.46		−00.66
⚴	♓	09.95		+07.71
⚵	♎	15.43	R	+03.26
⚶	♐	14.55	R	−13.90
⚷	♒	16.13		−09.55
Pr	♈	21.87		+09.24
×	♈	21.77		−04.57

月が支配する日の、木星時間のチャートです。

① ASCは天秤座にあり、金星が支配星です。アワールーラーは木星ですから、両者は一致しません。
② ASCは天秤座で、熱と湿な気質です。アワールーラーの木星も、熱と湿な気質ですから一致しています。
③ ASCは天秤座で昼間のチャートですから、トリプリシティーは土星です。アワールーラーは木星ですから、両者は一致しません。

結論） この例の場合は、２番目のASCの気質とアワールーラーの気質が一致していますから、ASCとアワールーラーの親和性が認められるチャートということになります。

Step 3

月の動きを読む

Step 3のポイント

一つのサインの中で、月が過去にとったアスペクトと、これからとるアスペクトを、順を追って読みます。

月のサイクルは、肉体や自然界の代謝サイクルと深い関係にあります。生物学的には、これをバイオタイド理論として研究がされているようですが、29.531日のサイクルを12分割した2.460916666日に該当するエリアも、占星術では重要になってきます。都合のよいことに、２日半という長さは、事象の一区切りをする上でちょうどよいのです。薬品の注意書きでは、２日～３日たって症状が改善しない場合は医者へ行くようにうながされるように、２日～３日で転結しない事柄は、異常事態とみなしてよいのです。つまり、通常物事は２日～３日で一段落（代謝）すると考えて差し支えないでしょう。

ホラリー占星術では、月があるサインに入宮してから次のサインに移動するまでをテーマの一区切りとします。具体的には、月がサイン入りして、最初にとったアスペクトから、最後にとったアスペクトまでを列挙して質問の推移を読み解くことができるのです。質問した時点での月の位置（つまりホラリー図）が「現在」を示し、それ以前のアスペクトが過去、これから完成するアスペクトを未来の出来事として、テーマの流れを物語としてまとめることができます。

このプロセスでは、主に質問者の心の動きを主眼においた心理的推移のリーディングに終始します。この段階で質問に対する具体的結論を急ぐ必要はありません。例えば、月の動きでは、最終的に満足のいく状態でテーマが終わることが示されていたとしても、結論が「ノー」、あるいはその逆に、月の動きでは、最終的に落胆した状態が示されているにもかかわらず、答えは「イエス」な場合もあるからです。

月の動きを読むときは、方眼用紙があると便利です。私はＢ５版の１㎜方眼を使用しています。この規格では横150㎜になっていて、これを５㎜一区切りで考えると、ちょうど30分割できるからです。一つのサインは30度のエリアを占めますから、ちょうど、月があるサインに入って出て行くまでを一目瞭然に方眼紙に収めることができます。方眼紙の横列に、０～29の数字を５㎜ごとに書き込んでおきましょう。例えば、ホラリーチャートの月が双子座の13度にあれば、「13」と書いてある場所に月のマークと双子座のマークを記入します。そこが「現在」になり、それより左側の12、11、10、９、８、７、６、……０、が過去の出来事、質問が生まれるまでの伏線と考えることができます。月よりも右側の、14、25、16、17、18、19、……29、が未来です。これから起こる心理的変化が示されていると考えます。

月以外の６天体、あるいは９天体、小惑星も入れたい人は任意の数の天体を、サインに関係なく度数どおりに方眼紙に記入していきます。

占星術ソフトによっては、次頁のような一目瞭然な図が表示されるものもあります。

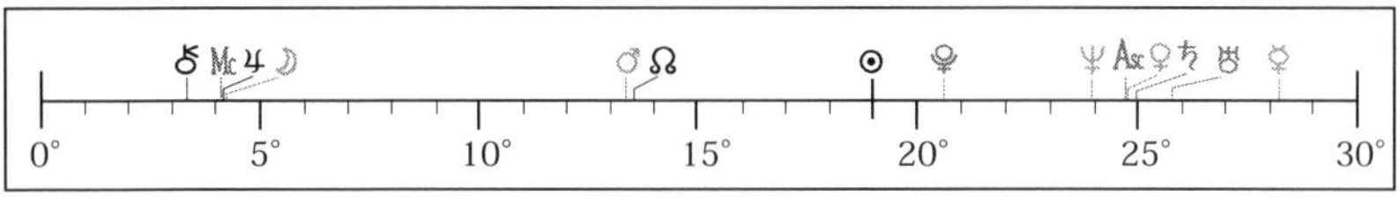

例）2005年5月10日17：37東京のチャートの場合

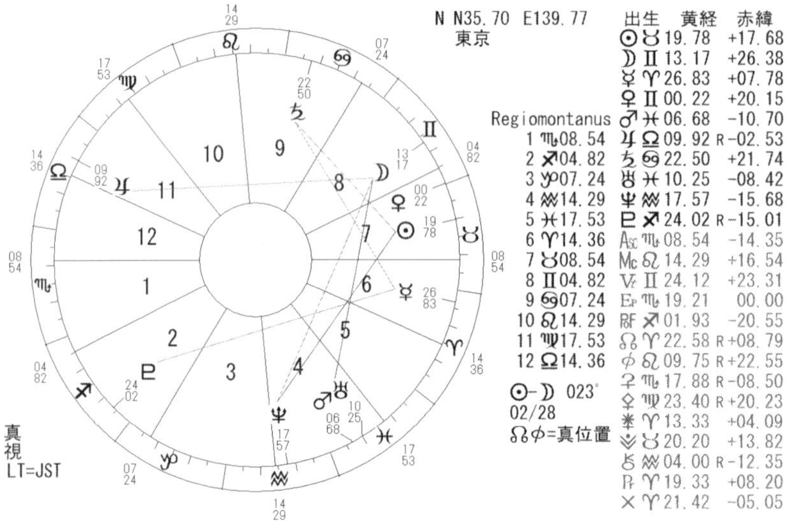

	0	1	2	3	4	5					10					15					20					25					30
天体	♀						♂			♃	♅			☽				♆		☉		♄			♇		☿				
サイン	♊						♓			♎	♓			♊				♒		♉		♋			♐		♈				
月との角度	☌						□			△	□							△		⚺		⚺			☍		✶				

現在を示す月の位置は13度です。一番左端の０の位置に双子座の金星が記入されていますから、この質問に関することの発端は、双子座金星と双子座月の合が示していることになります。質問が恋愛に関するものであれば、金星と月の合は、「安心して楽しめる関係」と置き換えてもよいでしょう。

サインは双子座ですから、「和気藹々としたコニュニケーション」といったところでしょう。軽妙な会話から始まった恋です。

次に記入された天体は６度にある火星です。サインは魚座。これは、月が過去に魚座の火星とのスクエアを完成させたことを示しています。魚座火星と双子座月のスクエアは、「感情が傷つけられる」様子に置き換えてみましょう。最初は軽快な会話から友達感覚で始まった関係ですが、５度歩みを進めた時点で、相談者が傷つけられるような要素が出てきた、あるいは、月と火星のスクエアを「イライラしている」様子と考えてもよいでしょう。二人の関係の中にイライラさせられる要素が出てきたということです。以後の推移を簡単にまとめてみると以下のようになります。

0度	**双子座金星☌双子座月**：軽快なコニュニケーション
6度	**魚座火星□双子座月**：傷心、イライラ、加熱
9度	**天秤座木星△双子座月**：楽観、おおらかさ、発展性
10度	**魚座天王星□双子座月**：断絶、びっくりするような出来事、心変わり
↑　質問以前の出来事	
13度	**月双子座13度**：現在
↓　これから起こる出来事	
17度	**水瓶座海王星△双子座月**：願望の投影、期待感
19度	**牡牛座太陽⊻双子座月**：無目的、短絡的
22度	**蟹座土星⊻双子座月**：秩序のなさ、地に足のつかない状態、浮世離れ
24度	**射手座冥王星☍双子座月**：強烈な執着、憎悪、極端な衝動
26度	**牡羊座水星⚹双子座月**：素直さ、気持ちを言葉に置き換えることができる

このように月の動きを追うことで、問題の紆余曲折と、最終的な落ち着きどころが浮き彫りになってきます。この質問に関しては、最終的な気持ちの落としどころが、水星とのセクスタイルで終わっていますから、その直前にある冥王星とのオポジションによるダメージを、何とか頭で理解できたり、素直に受け止めることができそうな雰囲気です。

月を追うときのリーディングでは、太陽とのアスペクトの読みがやや特殊になります。月は問題にまつわる心理的側面や相談者の態度を示しますが、太陽は目的や狙いを示します。ですから、太陽と月がメジャーなアスペクトをとらないときは、目的と質問の足並みが揃っていないことを示します。上の例で太陽と月の30度を「無目的、短絡的」と解釈したのはそのためです。トラインやセクスタイルであれば、目的と心境の足並みが揃い、発展的方向へとエネルギーが流れていることになります。スクエアでは、理性的な狙いと気持ちの上での衝動とが、葛藤していることになります。

月が過去にとったアスペクトを読んでいくプロセスを通じて、相談者と占星術師のリーディングが一致していけば、当然未来を示す星の表示にも信憑性が出てきます。

Step 4

関係者を見つける

Step 4のポイント

質問と関係の深いハウスを的確に見つけ出し、
その支配下にある天体を追います。

ハウスに対する深い理解が必要になるステップです。ホラリーチャート解読のキモともいえるこのステップでは、質問に関係する人物や物事に該当するハウスを的確に選び、その支配星を追います。熟練した占星術師であっても、判断に困ったり迷うことが多く、また、流派により賛否が分かれるステップでもあります。

1·ハウスとそれを示す天体

[1]　ハウスの支配星

ハウスの支配星とは、ハウスカスプの位置にあるサインを支配する星のことです。サインとハウスの支配関係は次頁のとおりです。支配関係の由来などはStep 5の「エッセンシャルディグニティー」で詳しく説明します。

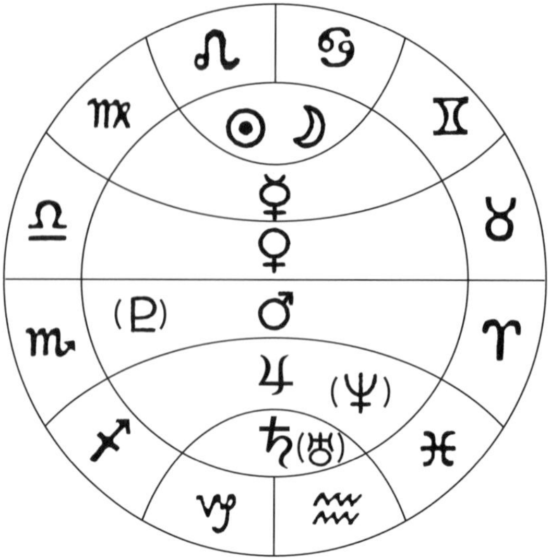

ホラリー占星術で質問の答えを導き出す場合、ハウスの支配下にある天体が、そのハウスが示す事柄を体現するものとしてストーリーを組み立てます。

例えば、１ハウスは常に質問者を示します。１ハウスが牡羊座だった場合、その支配星の火星がどこにあるかで、質問者がどこに出没しているかを推測することができるわけです。１ハウスの支配星である火星が９ハウスにある場合なら、海外や広々とした場所、あるいは大学に質問者がいる状態を示していると考えることができるわけです。

一方、７ハウスは常に第三者を示します。次頁の図を見てください。７ハウスが天秤座で、その支配星である金星が５ハウスにあるとします。５ハウスは歓楽街や娯楽施設などを指しますから、第三者はそういった場所や分野に身を置いていることがわかります。ちなみにこの二つのハウスは友好的な角度にあるため、金星と火星はお互いを好ましく感じていることもわ

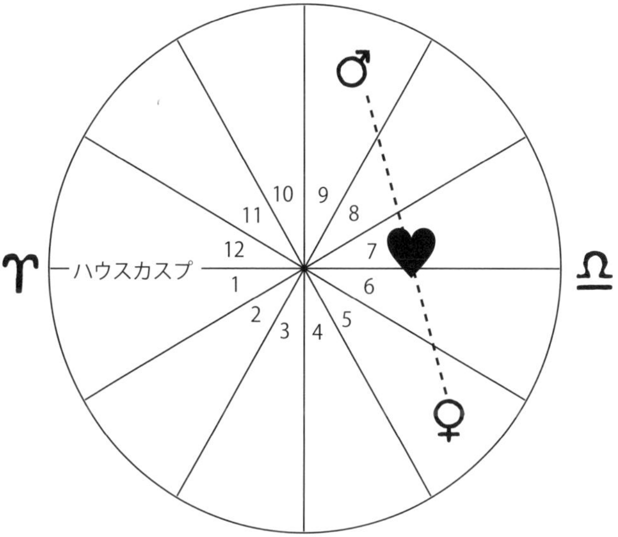

かります。

この考え方は、ホラリーチャート解読の大前提として理解しておく必要があります。

＊土星以遠天体の扱い

ホラリー占星術でチャートに取り組む場合、ハウスの支配星として土星以遠の新天体を使用しない占星術師が多いでしょう。まず、土星以遠の天体は公転周期が長く、長期間同じ位置にとどまりますから、ホラリーのように短期間の似通った時間帯にチャートを立てる占法には適さないという理由があります。それ以外にも、新天体には性別（コラム「天体の性別」を参照）や昼夜（Step５の「セクト」を参照）の明確な区別がないため、品位やセクトの概念にあてはめることが難しいこと、それから暦に組み込まれていないため、デイルーラーやアワールーラーで登場しないことなど、さまざまな意味で、ハウスの支配星として新天体は使いにくいといえます。

とはいえ、実際に大宇宙（マクロコスモス）に存在するものが小宇宙（ミクロコスモス）に影響がないと考えることは難しいでしょう。近代になって人類が認識するに至った新天体の存在を否定することは、すなわち占星術の根幹にあるヘルメスの思想を否定することになりかねません。実際に古来から、恒星や彗星など７天体以外の天象からさまざまな予兆を読み取りました。そのため本書では、新天体をハウスの支配星としては使用しませんが、それ以外の技法では参考にしたり、質問によっては重要視します。

[2]　ハウスのアルムーテン

ホロスコープ360度の特定の箇所で最も高いエッセンシャルディグニティーを獲得する天体を「アルムーテンルーラー」とする考えがあります。例えば、蟹座の６度～12度にかけては、蟹座の通常のルーラー（ドミサイル）である月よりも木星のほうが多くの得点を獲得します。木星がエグザルテーションしていることに加えてタームも得ているからです。

AlmutenDay

	♈	♉	♊	♋	♌	♍	♎	♏	♐	♑	♒	♓
0	☉	♀	☿	☽♂	☉	☿	♄	♂	♃	♄♀	♄	♀
1	☉	♀	☿	☽♂	☉	☿	♄	♂	♃	♄♀	♄	♀
2	☉	♀	☿	☽♂	☉	☿	♄	♂	♃	♄♀	♄	♀
3	☉	♀	☿	☽♂	☉	☿	♄	♂	♃	♄♀	♄	♀
4	☉	♀	☿	☽♂	☉	☿	♄	♂	♃	♄♀	♄	♀
5	☉	♀	☿	☽♂	☉	☿	♄	♂	♃	♄♀	♄	♀
6	☉	♀	☿	♃	☉	☿	♀♄	♂	♃	♄	♄	♀
7	☉	♀	☿	♃	☉	☿	♀♄	♂	♃	♄	♄	♀
8	☉	♀	☿	♃	☉	☿	♀♄	♂	♃	♄	♄	♃
9	☉	♀	☿	♃	☉	☿	♀♄	♂	♃	♄	♄	♃
10	☉	♀	☿	♃	☉	☿	♄	♂	♃	♂♄	♄	♃
11	☉	♀	☿	♃	☉	☿	♄	♂	♃	♂♄	♄	♃
12	☉	♀	☿	♃	☉	☿	♄	♂	♃	♂♄	♄	♃
13	☉	♀	☿	☽	☉	☿	♄	♂	♃	♂♄	♄	♃
14	☉	♀	☿	☽	☉	☿	♄	♂	♃	♂♄	♄	♃
15	☉	♀	☿	☽	☉	☿	♄	♂	♃	♂♄	♄	♃
16	☉	♀	☿	☽	☉	☿	♄	♂	♃	♂♄	♄	♃
17	☉	♀	☿	☽	☉	☿	♄	♂	♃	♂♄	♄	♃
18	☉	♀	☿	☽	☉	☿	♄	♂	♃	♂♄	♄	♃
19	☉	♀	☿	☽	☉	☿	♄	♂	♃	♂	♄	♃
20	☉	♀	☿	☽	☉	☿	♄	♂	♃	♂	♄	♂
21	☉♂	♀	☿	☽	☉	☿	♄	♂	♃	♂	♄	♂
22	☉♂	♀	☿	☽	☉	☿	♄	♂	♃	♂	♄	♂
23	☉♂	♀	☿	☽	☉	☿	♄	♂	♃	♂	♄	♂
24	☉♂	♀	☿	☽	☉	☿	♄	♂	♃	♂	♄	♂
25	☉♂	♀	☿	☽	☉	☿	♄	♂	♃	♄	♄	♂
26	☉	♀	☿	☽	☉	☿	♄	♂	♃	♄	♄	♃
27	☉	♀	☿	☽	☉	☿	♄	♂	♃	♄	♄	♃
28	☉	♀	☿	☽	☉	☿	♄	♂	♃	♄	♄	♃
29	☉	♀	☿	☽	☉	☿	♄	♂	♃	♄	♄	♃

ハウスカスプのアルムーテンは、ルーラー以上の重みを持つとする占星術師もいるようですが、本書ではアルムーテンルーラーを考慮したチャートの実例を挙げていません。通常のルーラーとアルムーテンルーラーのどちらも考慮したい人は、どちらがより関係者を的確に示しているかを優先順位の目安にするとよいでしょう。

医療占星術では、その人の体質を調べるときの計算方法において、月、太陽、ASC、MC、POFのアルムーテンルーラーを計算します。

トリプリシティーを考慮すると昼間のチャートと夜のチャートとで、どの天体が特定の場所において高得点を獲得するかが変わってくるため、昼用と夜用に別の早見表を用意しましたので、参考にしてください。

AlmutenNight

	♈	♉	♊	♋	♌	♍	♎	♏	♐	♑	♒	♓
0	♂	♀☽	☿	☽♂	☉	☿	♄	♂	♃	♄	♄	♀
1	♂	♀☽	☿	☽♂	☉	☿	♄	♂	♃	♄	♄	♀
2	♂	♀☽	☿	☽♂	☉	☿	♄	♂	♃	♄	♄	♀
3	♂	♀☽	☿	☽♂	☉	☿	♄	♂	♃	♄	♄	♀
4	♂	♀☽	☿	☽♂	☉	☿	♄	♂	♃	♄	♄	♀
5	♂	♀☽	☿	☽♂	☉	☿	♄	♂	♃	♄	♄	♀
6	♂	♀☽	☿	♃	☉	☿	♀	♂	♃	♄	♄	♀
7	♂	♀☽	☿	♃	☉	☿	♀	♂	♃	♄	♄	♀
8	♂	☽	☿	♃	☉	☿	♀	♂	♃	♄	♄	♃
9	♂	☽	☿	♃	☉	☿	♀	♂	♃	♄	♄	♃
10	♂☉	☽	☿	♃	☉	☿	♀	♂	♃	♂♄	♄	♃
11	♂☉	☽	☿	♃	☉	☿	♀♄	♂	♃	♂♄	♄	♃
12	♂☉	☽	☿	♃	☉	☿	♀♄	♂	♃	♂♄	♄	♃
13	♂☉	☽	☿	☽	☉	☿	♀♄	♂	♃	♂♄	♄	♃
14	♂☉	☽	☿	☽	☉	☿	♀♄	♂	♃	♂♄	♄	♃
15	♂☉	☽	☿	☽	☉	☿	♀♄	♂	♃	♂♄	♄	♃
16	♂☉	☽	☿	☽	☉	☿	♀♄	♂	♃	♂♄	♄	♃
17	♂☉	☽	☿	☽	☉	☿	♀♄	♂	♃	♂♄	♄	♃
18	♂☉	☽	☿	☽	☉	☿	♀♄	♂	♃	♂♄	♄	♃
19	♂☉	☽	☿	☽	☉	☿	☿♀♄	♂	♃	♂	♄	♃
20	♂	☽	☿	☽	☉♃	☿	☿♀	♂	♃	♂	♄	♂
21	♂	☽	☿	☽	☉♃	☿	☿♀	♂	♃	♂	♄	♂
22	♂	☽	☿	☽	☉♃	☿	☿♀	♂	♃	♂	♄	♂
23	♂	☽	☿	☽	☉♃	☿	☿♀	♂	♃	♂	♄	♂
24	♂	☽	☿	☽	☉♃	☿	♀	♂	♃	♂	♄	♂
25	♂	☽	☿	☽	☉	☿	♀	♂	♃	♄	♄	♂
26	♂	☽	☿	☽	☉	☿	♀	♂	♃	♄	♄	♃
27	♂	☽	☿	☽	☉	☿	♀	♂	♃	♄	♄	♃
28	♂	☽	☿	☽	☉	☿	♀	♂	♃	♄	♄	♃
29	♂	☽	☿	☽	☉	☿	♀	♂	♃	♄	♄	♃

[3]　ハウスにある天体

ハウスの支配下にある天体はハウスの支配星だけではありません。ハウスに宿泊する天体もまた、そのハウスが示す事柄を体現します。その場合、ハウスの入り口近く、つまりカスプに近い天体ほど強くそのハウスと関連付いていると考えてください。さらにカスプ５度前にある天体も忘れてはならないでしょう。例えば、１ハウスの中ほどにある天体よりも、12ハウスの終わりギリギリ、１ハウスの入り口手前にある天体のほうが、１ハウスと強く結び付いているのです。

ハウスとは起点になるカスプから次のハウスの起点までの空間を指すものではなく、起点そのものを指すと考えるとわかりやすいでしょう。特にASC、DES、ＩＣ、ＭＣの主軸たちはその傾向が顕著になります。これらの主軸をアングルと呼び、その近辺にある天体を特別視します。近代の占星術の技法でも、ASC前後にある天体を「上昇星」と呼んだりＭＣ近辺の高い位置にある天体を「カルミネート天体」として注目する技法が残っていることからも、いかにアングルが重要だったかをうかがい知ることができるでしょう。このような考えを解決するハウスシステムとしてキャンパナスハウスシステムがあります。(Step 1の「５度前ルール」とコラム「ハウスシステムとその用途や特徴」を参照)

[4]　事物に関係付けられる天体

天体は世の中に存在するさまざまな事物を象徴する存在です。太陽が金の象徴で、金は生命の比喩であると「はじめに」で述べたように、世の中に存在するあらゆる事物を天体に結び付けることができます。例えば月は母、太陽は父、水星は学童、金星は若い女性、火星は戦士、木星は僧侶、土星は老人、といったような単純な支配関係があります。ホラリーで母親についての質問をした場合、母親を支配するハウスに注目し、その支配星とそのハウスに宿泊する天体を見ると同時に、母親と関連付けられた月にも注目します。あるいは、なくしたナイフについての質問であれば、所有物を示すハウスの支配星と、そのハウスに宿泊する天体と、火星に注目します。

2･関係者を示す天体の優先順位

上記［１］［２］［３］［４］すべてを加味すると、解読に混乱をきたすほど多くの天体が関係者として候補に上がることがあります。優先順位を知っておくことが混乱を避ける助けになるでしょう。事物を最も強く示すのは、［１］です。基本的にそれに［２］［３］［４］と続きますが、［２］［３］［４］の順位は［１］ほど明確ではありません。

また、質問者を示す天体（１ハウスの支配星）や関係者を示す天体（７ハウスの支配星）を見つける場合などは、関係者の出生図との因果関係が参考になります。例えば、質問者が軍人でホラリーチャートの１ハウスに火星があれば、ハウスの支配星よりも１ハウスにある火星のほうが強く彼を示す場合もあるでしょう。あるいは、指輪を探している場合など、探している指輪の石やカラーと関連のあるサインにある天体が重要度を増すなど、臨機応変に知恵を絞る必要があります。一体どの天体が最も強く事物を代弁しているのかを鋭く見極めることができるかが、ホラリー解読の手腕といえるのかもしれません。

3・天体の共有

また、実際の解読でいくつかの事物が一つの天体を共有してしまうという場面があります。例えば、ASCが乙女座の場合、MCが双子座になることが多いはずです。仕事の質問の場合、１ハウス（質問者）と10ハウス（仕事）の関係に注目しなければならないのですが、乙女座と双子座は共に水星を支配します。牡羊座と蠍座、牡牛座と天秤座、山羊座と水瓶座、射手座と魚座など、わりあいと頻繁にこういう現象が起こります。

そのような場合は、「月は常に質問者を示す」、というルールを適応します。これでたいていの問題は解決するのですが、いずれかのハウスに宿泊する天体があれば、そちらを代用したりという調整を試みてください。うまくいかないと感じる場合は、すべての組み合わせをリストアップして、どの天体とどの天体の間にアスペクトが成立しているかを見ながら、肯定的な配置と否定的な配置のどちらが優勢なのかを冷静に採点してみるとよいでしょう。

4・ハウス回し

ホラリー独特の考え方に、視点を事物ごとに移しながらハウスを回すという手法があります。例えば、自分のお金は１ハウス（自分）から見た２ハウス（所有）ですが、パートナーのお金は７ハウス（相手）から見た２ハウス（所有）、つまり８ハウスという考え方です。

例）「夫の妹が飼っている子犬の首輪につけてある飾りをなくしてしまいました。どこにあるのでしょう？」

質問者は、夫の妹、つまり小姑の留守中に犬を預かって面倒を見ていたところ、犬の首輪に付いていた飾りが取れて消えてしまっていることに気が付きました。小姑から犬を引き受けたときには確かに首輪に付いていましたから、自分に責任がありそうです。それが出てくるかどうかの質問をしているとして、ハウスの割り振りを推理してみましょう。

■**質問者**：**１ハウス**

■**質問者の夫**：質問者（１ハウス）から見た７番目のハウス（パートナーの場所）＝**７ハウス**

■**夫の妹**：夫（７ハウス）から見た３番目のハウス（親類や兄弟の場所）＝**９ハウス**

■**妹が飼っている子犬**：妹（９ハウス）から見た６番目のハウス（小動物や家畜の場所）＝**２ハウス**

■**子犬の首輪についた飾り**：子犬（２ハウス）から見た2番目のハウス（所有物全般の場所）＝**３ハウス**

ここでは、質問者の元へ犬の首輪についていた飾りが戻るかどうかを星に聞いているわけですから、１ハウス（質問者）と３ハウス（首輪の飾り）を支配する天体同士がつながりを持っていればよいわけです。１ハウスの支配星と３ハウスの支配星がコンジャンクションあるいは吉角度を持っていると飾りは見つかります。

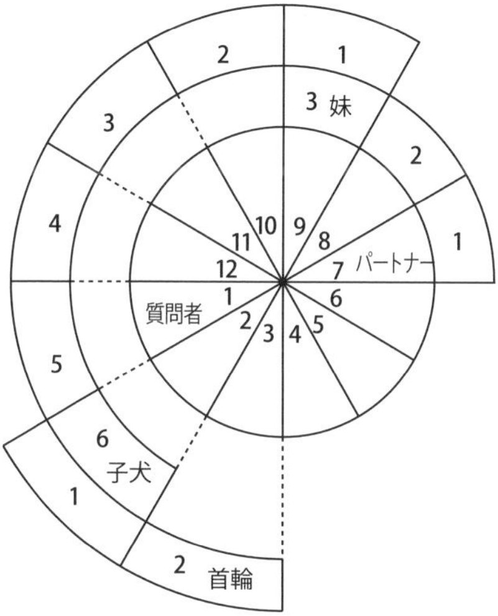

例）「娘の担任の結婚相手は海外赴任するでしょうか？」

質問者の娘を受け持つ担任は、突然結婚が決まったことを公表しました。責任感も強く熱意のある良い先生ですから、寿退社の予定はないそうですが、結婚相手は商社に勤める男性で、海外赴任があり得るそうです。ママ友情報によると、娘の担任教師は夫に単身赴任させることは考えておらず、もしも海外赴任が決まってしまったら、やむを得ずそれについていくとのことでした。そうなると、せっかく相性の良い教師が持ち上がりのクラスで再び娘を受け持ってくれることはなくなり、別の先生がやってくることになります。そうなることを案じて出された質問です。ハウスの割り振りを推理してみましょう。

■質問者：1ハウス
■質問者の娘：質問者（1ハウス）から見た5番目のハウス（子どもの場所）＝**5ハウス**
■娘の担任：娘（5ハウス）から見た9番目のハウス（教え導く師の場所）＝**1ハウス**
■担任の結婚相手：担任（1ハウス）から見た7番目のハウス（パートナーの場所）＝**7ハウス**
■結婚相手の海外赴任：結婚相手（7ハウス）から見た9番目のハウス（海外の場所）＝**3ハウス**

ここでは娘の担任の結婚相手が海外と縁があるかどうかが問題ですから、担任の結婚相手を示す7ハウスと、そこから見た9番目にあたる3ハウスとの関係に注目します。この質問の場合は、両者を示す天体がつながりを持たないほうがよいわけです。つまり、7ハウスの支配星と3ハウスの支配星がアスペクトをとらない、あるいはスクエアかオポジション。また、支配星同士でレセプションが起こっていないようであれば海外赴任はないとみてよいでしょう。つまり娘さんの担任が代わることはないということです。

さらに心配であれば、担任の先生がすぐに妊娠してしまって産休に入ってしまわないかも、同じチャートに答えを求めることができます。その場合は担任を示す1ハウスと、そこから見た5番目のハウス（妊娠の場所）との関係を見ればよいでしょう。

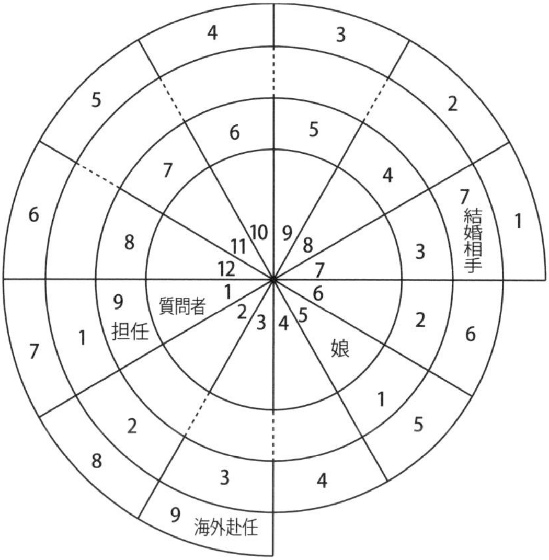

主軸を変えていく考え方は、実はそれほど突飛なことではなく、現在の占星術のハウスが示す事柄にも生き残っています。

12分割された360度を四つのエリアに分けると、三つずつの組ができます。それぞれのエリアの起点は、①東点近くの地平線と黄道の接点、②西点近くの地平線と黄道の接点、③南側の子午線の最も高い位置と黄道が交わる点、④北側で子午線の最も低い位置と黄道が交わる点の四つで、それぞれがASC、DES、MC、ＩCになり、それに続くハウスたちが控えています。起点になる１－４－７－10はAngular（角、尖がった）と呼ばれ、最も強い影響力を持つハウスとします。このエリアにある天体やサインは、表面化しやすく、外から見たときに目立つため、物事の事象を占うホラリー占星術では特に重要視されるべきハウスです。次に続く２－５－８－11は、Succedent（あとを継ぐ、後続、後任の）と呼ばれ、所有や欲望を示す部屋になります。Angularのように表面化はしませんが、潜在的に強烈な影響力を持ちます。四つのエリアの最後にあたる３－６－９－12が、Cadent（下降する、終始）と呼ばれ調整したりSuccedentで溜め込みすぎた余分なものを排除する場所です。

これにより、１から連続した12のハウスと考えると同時に、連続した１－２－３が四つあると考えることができます。それぞれのテーマによって内容は変化するものの、本質的には、Angularの次に控えたハウスは常に２番目だし、その次のハウスは常に3番目です。

例えば、Succedentは、その１個手前のAngularが所有するリソースを常に示します。２ハウスは、1ハウス「自己」のリソースですから、所有物や才能、預金などを支配します。５ハウスは、４ハウス「家族」のリソースですから、子ども。８ハウスは7ハウス「他者」のリソースですから、遺産や相続、11ハウスは、10ハウス「使命」のリソースですから、希望を支配します。10ハウスを仕事や会社とみなせば、11ハウスは会社の資本が示されていると考えることもできます。

Cadentは、Angularから見た敵を示します。3ハウスは、1ハウス「自己」が最初に直面する宿敵である兄弟を示し、６ハウスは、４ハウス「家族」を脅かす病魔を示します。９ハウスは、７ハウス「他者」との断絶や国家的戦争を招きかねない個人の信念や宗教、12ハウスは、10ハウス「社会」を脅かす地下活動や刺客が示されています。

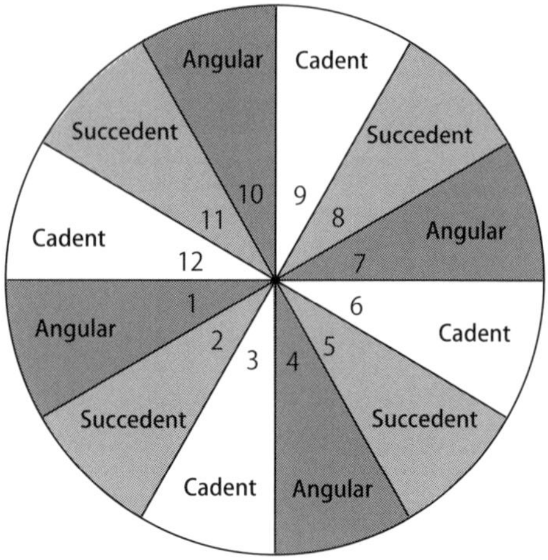

5・選択肢の振り分け

また、主軸になるハウスに続く次のハウスは第２候補を示す場合があります。例えば転職の質問なら、現在の仕事が10ハウスで次の候補に挙がる転職先や未来の可能性が11ハウスです。ここで注意が必要なのは、受験に関する質問です。第１希望校は９ハウスで、すべり止めが８ハウスという間逆の考え方ができるからです。というのは、先行するハウスは常により高い志や希望を示すため、すべり止めの場合の第２候補は一つ手前のハウスの管轄に収めるほうがしっくりきます。ただし浪人覚悟で第２志望校が高値の花の場合、本命は９ハウス、手の届きそうにない志望校は10ハウスという考え方もできます。大切なのは、二つの選択肢のうちのどちらに希望的意味合いがあり、どちらにより現実的で今の状況に近いものがあるかです。そこを間違えなければハウスの選択に迷うことはないでしょう。

時間軸として未来が次のハウスで過去が手前のハウスという考え方もできます。例えば、今の彼氏が７ハウスで元カレは６ハウスです。

いずれの考え方も便利ではありますが、多用すべきではないと私は考えています。ハウスの管轄はシンプルであればあるほどよいのです。いかなる質問においても、チャートの本質は質問者と対象を示す軸である１－７ハウス。それから起源と方向性を示す４－10ハウスを骨格に読むことができればベストなのです。

6・混乱しがちな質問

例えば不倫に関する質問の考え方はどうでしょう？　基本原理では、質問者と意中の相手は１ハウスと７ハウスの関係です。当事者同士間で質問が完結している場合は典型的な１－７問題としてチャートを解読できますが、質問者の伴侶に情事がばれるか、あるいは意中の相手の伴侶との仲が気になるか、といった互いの伴侶が質問に絡んできた場合は話が複雑です。というのも、「主軸になる人物を起点にハウスを回す」技法を適応すると、１ハウスが意中の相手の伴侶に該当し、７ハウスが質問者の伴侶に該当してしまいます。１ハウス、７ハウスはそれぞれ、質問者と意中の相手を担当するハウスですが、そこに互いの伴侶を入れると一つのハウスがライバル同士を同時に管轄することになります。

不倫問題でなくても、三角関係や、意中の相手に心を寄せるライバル出現の際など、予想以上に意中の相手を取り巻く第三者は多いのです。この問題を、恋愛相手は５ハウス、結婚相手は７ハウスとして分けることで回避する占星術師もいますが、私はそうしません。質問に対する第三者は、親兄弟であっても場合によっては７ハウスに入れてもよいと思うほど、私は１－７の軸に多くを求めているからです。１ハウスの鏡関係は７ハウスで、質問者にとっての他者や環境は質問者と鏡関係にある部屋が最適です。原因と結果の法則のように、「そういう態度をとるからそういうリアクションが返ってくる」、というシンプルな法則で世界は回っているからです。

この問題の哲学的な落としどころとしては、意中の相手と良好な関係を築ける人は、伴侶とも良好な関係を築け、逆に意中の相手に恨まれるような不倫しかできない人は、伴侶ともまたぎくしゃくしていると考えることもできます。一見全く別の二人の異性と関係を築いているようにみえて、本質的には自分のある面の投影を二方向に向けているだけということです。しかしそれでは事象を細やかに読み取っていく占いになりません。

考えられる解決方法として、「選択肢の振り分け」で紹介した技法を使うなら、現在の結婚相手が７ハウスで、未来の可能性を模索中の浮気相手は８

ハウスです。伴侶とすでに離婚していれば6ハウスも視野に入れてよいでしょう。

もう一つの方法としては、不倫相手との関係に関する質問と、現在の伴侶に関する質問を完全に分けて考える、つまり「新たなチャートをそれぞれの関係別に立てる」ことです。ただ、この方法では立て続けに2枚立てたところで、たいして代わり映えのしないチャートが2枚手に入るだけです。例えば天体の中で最も公転速度が早い月でも、24時間に13度程度しか移動しません。ハウスはもっと素早く移動しますが、4分間で1度程度でしょうか。4分～5分おいてからチャートを立てたところで、ASCの度数がわずか1度ズレだけです。私が不倫の質問を受けるときは、最初の質問段階で、質問者が最も知りたいことは、不倫相手との関係なのか、それとも今の伴侶との関係なのかを明確にしてもらいます。そして、クーリング期間を経て別の関係に目を向けてもらってそのときに改めてチャートを立てるという方法が最もうまくいきます。もちろん、占星術師自身の質問であれば、今最も気になるのはどちらの関係かを繰り返し自問しながらチャートを立てていけばよいでしょう。

7・時計回りのハウス

ところでホロスコープには、時計回りに移動するベクトルと、反時計回りに移動するベクトルとが存在します。相反する方向を持った回転は、それぞれに、天の枠組みとしての12宮と、地の枠組みとしての家、つまりハウスを担います。

ハウスには、1ハウスから始まる反時計回りの番号が振られているため、12宮と混同して解釈されることが多いのですが、1ハウス、12ハウス、11

ハウス、10ハウス……と、時計回りに進化するハウスの意味も、痕跡を残しているのです。例えば、ASCを幼年期とし、MCを青年期、DESを中年期、ICを老年期とする振り分けは、明らかに時計回りの進化です。また、ICには終の住まいや墓の意味もありますが、これはホロスコープの終盤に位置する理由にほかなりません。ハウスの意味について、より深い理解を得るために、一度これまでの固定概念を真逆にひっくり返してみる作業が非常に有効といえます。

1ハウス 生命

東の地平線である上昇点は、魂と地上の接点です。誕生の場所です。

12ハウス 目に見えない障害、犠牲

このハウスで直面する苦労や犠牲、奉仕活動や人から受ける戒めなどは、前世から持ち越したカルマと考えると理解しやすいでしょう。魂が新たな肉体と生命を得て、最初に直面するのが、自業自得の法則なのかもしれません。

11ハウス 希望

人生がカルマを清算するためだけにあるという考え方は、カースト制度のような虚しさがありますが、このハウスでは人生への希望が与えられます。希望とは自由意志のことを指すのかもしれません。

10ハウス 使命

希望を手に生きる気力を得たところで、今生で果たすべきタスク、宿題、使命、天職が与えられます。そして、この場所は母親を示しますから、母親の子に対する期待感や要求によって、否応なく宿命に向かわされると考えることもできます。子どもは自分が今生で果たすべきタスクを最も消化しやすい親や環境を選んで生まれてくるのでしょうか。

9ハウス 信念

信念を持つということは、生存への執着や渇望を得るということです。生命の灯は何かを信じることで灯るのでしょうか。ナチスドイツの強制収容所では、収容されているユダヤ人から夜の祈りの時間を奪ったキャンプの死亡率が跳ね上がったそうです。信仰には食事の制限や過労以上の重みがあるようです。

8ハウス 死

信念体系を得る以前は本当の意味で生きているとはいえないので、厳密には死を認識することもできません。人は生まれた瞬間から死に向かっていると意識する場所がここです。ホロスコープの上半分の魂の物語りはここでいったん完結します。残りの下半分は他者と出会ってからの人生の舞台になります。12宮の進化である反時計回りの物語りでは、1番目から６番目（牡羊座から乙女座）までが個人の領域で、他者と出会ってからの７番目から12番目（天秤座から魚座）までが他者や社会を視野に入れた世界観であることを考えると、ハウスとサインは全く逆のベクトルを持った進化を遂げながら１ハウス自己、７ハウス他者、という構造では一致します。

7ハウス　出会い

８ハウスで個人としての限界を垣間見た魂は、他者を認知し受け入れることで新たな生命を生み出す土壌を獲得します。この世に生を受けた本当の目的である「変容」を遂げるには、他者と出会う必要があります。

6ハウス　労働

新たな土壌である伴侶を得た魂は、それを維持するための労働に直面せざるを得ないはずです。ここでの労働とは生活を維持するためのルーチンワークやメンテナンスを指します。肉体を維持するための栄養摂取や体調管理、労働を肩代わりする使用人、家畜、奴隷もこのハウスの管轄です。

5ハウス　創造、子ども

そして、新たな生命の創造です。遊びを指す“recreation”という言葉は、再び創造する、つまり“re-creation”という意味です。この部屋が管轄するのはまさに、創造、子ども、遊び、喜びなど、人間の中の神的側面です。

4ハウス　土地、家屋、墓

伴侶と新たな生命を育むための終の住まいがこのハウスの管轄になります。魂にとって地上の故郷はこの場所といえるでしょう。

3ハウス　近隣者

自分の土地の周辺や人生を取り巻く環境には、近隣者や親類縁者とのつき合いがあります。

2ハウス　爪跡

この世での魂の旅は、この場所で終結します。ここにはその魂が肉体的、あるいは物質的に所有した才能や資産など、この世に残した爪跡になり得るものが描かれているのかもしれません。

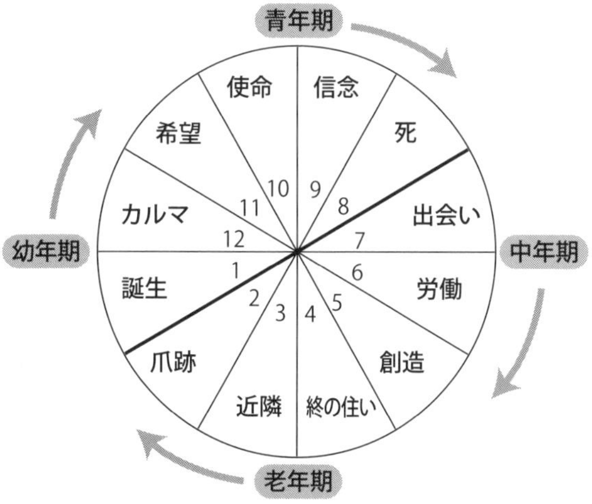

8・ハウスに関連付けられた天体

近年の占星術で抜け落ちてしまった概念の一つに、ハウスに関連付けられた天体があります。Joy of Planet は、特定の天体がそのハウスで活き活きと「喜ぶ」という考えです。それからもっと古い概念に、Step２の「ASCとアワールーラーの関係」で出てきた、カリディア人の天体順列を、反時計回りに１ハウスから割り振っていくというものがあります。

それらの支配関係は、12宮との因果関係が認められない振り分けになっています。ハウスと関連付けられた天体は、そのハウスの意味に色濃く痕跡を残しているため、現代占星術のセオリーでは説明しきれなかったハウスの意味がこれによって納得できると思います。時計回りで読み取ったハウスの解釈と、ハウスに関連付けられた天体とを合わせて改めてハウスの意味を探っていくことで、多くの根源的情報を得ることができるはずです。

なお、ハウスが示す具体的な現場については、Step７の「ハウスが示す場所」の表を参照してください。ホラリー占断では、正しいハウスを見極める技術がとても重要なので、ハウスの理解をあいまいに残したまま次のステップへ進むことはできません。

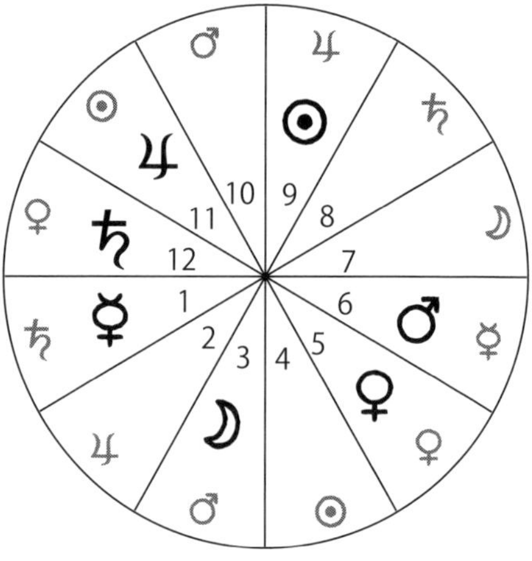

内側の大きな惑星記号が Joy of Planet
外側の小さい記号が古代カリディア人の順列の割り振り

9・ハウスの総合的意味

1ハウス The Horoscope（ギリシャ語のHora＝時間、Skopos＝観察者、星を観察する者）

現在では、ホロスコープといえば、星図そのものを指すことが多いようですが、元々はホロスコープというと、星々が上ってくる東の地平線、すなわちASC（上昇点）および1ハウスのことを指しました。

このハウスでは、水星が喜ぶ（Joy）とされ、ホラリー占星術においては、常に質問者の位置になります。水星は、ローマ神話では神々と人をつなぐメッセンジャー、メルクリウスであり、オリエントの世界では運命を記録する書記官で、化学や学問を得意とする神ナブーです。ナブーもまた、神の国と地上界を統治しますから、天と地の接点であるASCにふさわしい天体が水星といえるでしょう。

カリディア人の順列では、一番遠くにある土星がここに収まります。土星と1ハウスの意味との関連を考えるのは難しいようですが、生命の誕生とは、魂が全体から切り離されたことにほかならないと考えてください。魂の観点からみると、時間と空間という檻に閉じ込められたこの世界は肉体という限界によって孤立した土星の世界そのものなのです。土星が誕生の部屋にあてはめれていることは、私には自然なことのように思えます。

ホラリー占星術の解読における1ハウスは、常に質問者や質問の主体になる事物を指すため、使用頻度は100%になります。ここを使用しない質問には主語がないということになるからです。質問者とは利害関係の発生しない第三者を主軸に置いた質問でも、1ハウスが主語です。例えば、「○○

は今年引退しますか？」など、ひいきのチームやタレントに関する質問の主語も１ハウスです。

質問者の肉親や知り合いに関する質問においても、質問内容に質問者がからんでこない場合や、肉親や知り合いから頼まれもしないのに勝手に占う場合も、それらの第三者にふさわしいハウスよりも１ハウスのほうがふさわしい場合が多々あります。例えば、「妹は今の彼氏と結婚しますか？」という質問を姉が勝手に星に尋ねる場合など、妹が結婚することによって姉に大きな利害が発生し、それ自体が姉の悩みになっていないかぎりは、妹を３ハウスではなく１ハウスでとったほうがよいでしょう。逆に姉が妹と部屋を共有していて早く出て行ってほしい、あるいは妹が結婚することで姉自身の結婚に対する親からのプレッシャーが緩和することを姉が強く望んでいる、などの場合は利害関係があるとみなし、姉を１ハウス、妹を３ハウスでとります。そのため、チャート解読の前にそれらの背景を明確にする必要があります。

また、１ハウスにある天体は、質問者など主体となるものの容姿や気質を強く暗示します。例えば、火星があれば怒りっぽい人物や、トラブルメーカーを示し、質問全体が多くの喧騒に見舞われると考えることもできます。また、１ハウスは体の部位では頭部を支配するため、この位置の火星は額のキズを暗示する場合もあるでしょう。火星の位置が１ハウスカスプに近ければ頭頂部、２ハウスに近づくにつ

> Angular　水星　土星　東北東
> 白　頭部　上顎　顔
>
> ---
>
> 私、我々、これ、質問者、質問者とは利害関係の発生しない第三者（タレント、犯人、患者、選手など）、生命力、体質、気質、自国、火付け役、宣戦布告した国、遠征チーム

れ鼻の下あたりまでを網羅します。キズはサインが男性宮であれば右、女性宮であれば左よりです。土星があれば、深く悩んでいて、気難しく、厳しい人物像を示し、やせ細って青黒い様子、年老いた様子などを暗示します。木星があれば寛大でラッキーな人物像、問題に対する楽観的な態度、大柄で太っている人物像を暗示。太陽なら明朗で公明正大な人物、地位が高く人から注目を集める人物です。

１ハウスを支配するサインや天体が、質問者をうまく示しているように見えれば、そのチャートの信憑性が飛躍的に増します。

2ハウス　Gate of Hades（冥界の門）

この場所がギリシャ神話における冥界の王ハデスが守る門と呼ばれるゆえんは、古典占星術研究家のJoseph Craneによると、１ハウスから見て、天低（IC）に至る入り口にあたる位置とのことですが、「時計回りのハウス」で述べたように、ハウスを時計回りで考えたときには、ここが最後のハウスになります。魂の旅路の最後に控えているのが冥界の王ハデスであると考えるほうがずっと自然です。

また、８ハウスが他者の死を含む「死」全般を指すのに対して、2ハウスが本人の死を暗示する場合があります。これは突飛な考えと思われるかもしれませんが、８ハウスは他者の金品、社会の金融や税金を支配するので、同じように「死」も、あくまでも他者のもので、事件の死傷者や戦死者といった総論を指すと考えれば、すっきりします。Olivia Barclayもまた、このハウスがまるで８ハウスのように死を示す場合があることに注目し、1982年にインドで起こったボパールのガス漏れ事件を例題に挙げています。

このハウスで喜ぶ天体はありません。Barclayによると、Marcus Maniliusがここで冥王星が喜ぶとしたとありますが、Maniliusが“Astronomica”をまとめたのは冥王星発見以前なので、Barclayの根拠は明確ではありません。とはいえ、ハデスの門なのだから、冥王星がここで喜ぶと考えるのが妥当であることには同意できます。

カリディア人の順列では、土星の次に遠い木星が収まります。2ハウスの意味に木星の痕跡を見つけることは難しいのですが、ここは所有の部屋でもあり、欲望を示しますから、欲望に際限がないことを考えると、ひたすら拡大する木星との関係をイメージできなくはありません。

ホラリーでは1－7ハウスに次いで頻繁に使われるハウスといえます。使用頻度が高いにもかかわらず、理解することが難しく、占星術師によって意見が分かれるのもこのハウスです。とはいえ、質問者の所有物であれば、それが何であれ迷わずここに入れて正解です。おおざっぱな目安として、移動できる所有物という考え方があります。これは、不動産や庭木や庭石、鯉の池、墓などは所有物なのに4ハウスが管轄し、それらと通常の物品との違いは、動かせるか否かで判断できるからです。

John Flawleyは、動かないという理由から海外の別荘も4ハウスと念を押していますが、私はその意見には違和感を覚えます。確かに4ハウスは土地家屋などの不動産を支配するので、同系列に考えるのはわかるのですが、4ハウスは「根を張る場所」という意味がメインなのです。その延長に故郷や住まい、ひいては墓があるのであって、単に不動産を指しているとは思えないからです。別荘

Succedent　木星　東北　草色
下顎　喉　声

所有物全般、失せもの、資産、財産、動かせる物品や金品、富、豊かさ、結晶化、才能、個人の死

や家主が住まずに人に貸している賃貸物件などは質問者の資産という意味合いのほうが強いため、２ハウスにふさわしいと、私は考えています。ただ、一般的には４ハウスが不動産や建物全般を支配するとされていますので、そのように割り振るのが無難ではあります。

２ハウスに木星があれば富や豊かさを示し、土星があれば貧困やリソースの枯渇が考えられます。天王星は収入源や使える資質の突発的な変化、冥王星は破産を示す場合もあるでしょう。

3ハウス Goddess（女神）

この場所が女神の部屋とされることは、あまりにも自然です。対向にある９ハウスは、神の位置で、昼間最も太陽が照りつける場所です。また、ホロスコープで最も高いミッドヘブンに向かって上り詰める場所でもあります。一方、３ハウスはICに向かって下りきる場所にあたり、深夜月が高く上る時間帯ですから、女神がふさわしいのです。

女神の部屋では月が喜びます。このハウスには、月があることによって派生した意味が数多く認められますが、現在の占星術では抜け落ちてしまったものが多いようです。

例えば、３ハウスは女神崇拝を始め、自然崇拝やフェミニズム、あるいは民間療法やシャーマニズムなどの異教徒信仰と関連が深く、一神教や国教、教会や司祭を支配する９ハウスと見事に対を成します。また、近代の占星術では近距離旅行と遠距離旅行で対を成している３－９軸ですが、ここでいう近距離旅行とは、通勤通学路を指していて、問題は距離ではないのです。日常のルーチンの中に組み込まれる通路であれば、遠方であっても３ハウスの管轄になります。新幹線通勤もそうですが、月に一度の海外出張であっても、それが日常のルーチンであれば３ハウスです。これは月の性質と関連付けて考えると大変理解しやすい尺度になります。近隣者や親戚に関しても、見知らぬ人や異邦人のような異物が９ハウスです。３ハウスは月なのでなじみのある面々だけを管轄します。

カリディア人の順列では、火星がここに収まります。３ハウスが管轄する事柄の中に火星の痕跡を見つけることはできませんでした。

ホラリー占断におけるこのハウスの使用目的は、電子メールや電話を出すべきか否かなどのコミュニケーション問題が圧倒的に多いように感じます。近隣者とのトラブルや親戚との確執、初等教育の相談などもこのハウスの管轄です。ところで自分が出す電子メールは３ハウスですが、相手から来る電子メールは相手から見た３ハウス、つまり９ハウスになることに注意が必要です。

親類に関しては、姪っ子（甥っ子）などを姉（３ハウス）から見た子ども（５ハウス）という具合にハウスを回しながら該当箇所を探してもよいのですが、関係性が明確ではない遠縁の親戚はここに入れてもよいのです。占星術師によっては、親戚全般を３ハウスに置く場合もあるようです。また、第三者が親戚であっても対人問題全般を１－７軸で処理するとする占星術師も多いでしょう。海外では第三者を名前で呼ぶことが多い

Cadent　月　火星　北北東　赤　黄色　薄茶色　呼吸器　肩　両腕　手　神経系

兄弟、近隣者、親戚、初等教育、通勤通学、移動、交通、情報、書類、手紙一般、自分が出す手紙や電報、通信、雑誌、ニュース、噂やゴシップ（本人の耳に届かない噂や悪意を持ったものは12ハウス）、会話、女神、民間療法、異教徒、多神教

ため、管轄ハウスの見極めに名前で呼ばれたかどうかを採用することがあります。例えば、「私の甥っ子が……」と相談者がいえば３ハウスか８ハウス（３ハウスから見た５ハウス）。「トムが……」と相談者がいえば７ハウスという具合です。しかし、この方法は日本で適応することが難しいでしょう。というのも、日本人は客観的なものの言い方を基本とするため、名指しで第三者を占星術師に告げることがほとんどないのです。

３ハウスの土星は、情報や伝聞の遅滞、交通網の停止などを暗示し、海王星があれば、それらの大規模な混乱が考えられるでしょう。

4ハウス　Subterraneous（地下、隠された、秘密）

その名のとおり、地下にあたる位置にあるのが４ハウスです。４ハウスは土地家屋そのものだけでなく、家が建つ場所の地質や地下水の状態、化石や埋蔵金も支配します。ここで喜ぶ天体はありません。

カリディア人の順列では、太陽がここに収まります。古来からここは父親の座とされるのは、太陽との関連かもしれません。土地家屋の名義人や世帯主であれば母親などもあてはまります。William Lillyは、家庭内の事柄に対して最終決定権を握る者の座という意味で父親だと分析しています。また、Marcus ManiliusやClaudius Ptolemaeusは、夜のチャートでは土星、昼のチャートでは太陽が勢いを増すとして使い分けています。

４ハウスは万物の基盤であり、根を張り事物が成り立つ土壌ですから、「あなたはここに居てよいですよ」と子どもを認知し国籍や名字を与える父親の役割を果たす重要な場所です。ここが痩せていたり、不安定であれば、のびのびと根を伸ばし大木が育つことはできないでしょう。父親が子どもに与えうる最も大きな贈り物は、「わが子である」と認知することなのかもしれません。ギリシャ神話では、アポローンの子であることを証明しようとしたパエトンが、その若い命を日輪の馬車に預け、焼け死んでしまいます。子どもはそれほどにまで、父の子（神の子）であるという証明を求めているのです。

マンディーンアストロロジーでは、この場所が不安定であれば震災を懸念します。ここは眠りの場所でもあり、集合的無意識につながるソースでもあります。もっと掘り下げれば、人類の共通の記憶を担うアカシックレコードに達すると考えてもよいでしょう。反対側のMCはキリストが示した覚醒のベクトルです。

ホラリーでは最終結果がここに示されているといわれますが、むしろ病状を読むデカンビチュアチャートや、試合の勝敗を占うコンペティションチャートにおいて重要な場所と考えるにとどめてよいでしょう。通常の質問では、最終結果として注目する必要はないと思ってください。ホラリーでこのハウスが注目される場合、不動産関連の質問が多いでしょう。少なくともLillyは多くの不動産売買に関する答えをこのハウスに求めました。

４ハウスの土星は土地が乾いていて貧困であることを指すかもしれませんが、同時に硬い土壌を示すとし、不動産の場合は地価が下がりにくく安定しているとして好まれる場合もあります。木星があれば肥沃で豊満な土地です。海王星があれば石油が眠っているかもしれません。と同時に地盤沈下や浸水の懸念も浮上します。

Angular　太陽　土星　北北西
赤　胸部　胃

父、祖先、土地、家屋、家庭内の事柄、自宅、国籍、民族、ルーツ、基礎、墓、起源、アカシックレコード、地下水、埋蔵金、地下資源、眠り

5ハウス　Good Fortune（幸運）

幸運の場所とされるこのハウスには、喜びや楽しみなど、人生の宴会があてはめられるようです。人生の「かすがい」である子どももここです。1ハウスから見て120度にあり、9ハウスと共に、生命力を支える位置になります。私はここが天使の位置になるのではないかと考えています。9が神、1が子、5が精霊、と考えると火のハウスで三位一体の三角が完成するからです。古典的には、5ハウスには使者や大使の意味が与えられていることからも天の使いである精霊たちがここに収まる可能性は高いでしょう。

ここでは金星が喜び、カリディア人の順列でもまた、金星が収まります。古来から現在に至るまで、このハウスに快楽のすべてがあてはめられていることから、金星の痕跡は明らかです。ところで快楽といえば、現在では8ハウスが管轄すると考えられることが多い「セックス」もこのハウスが担います。ここでいうセックスとは、性行為そのものを指し、それによる快楽もすべてこのハウスに収まります。

近代の占星術では「恋愛」や「恋人」が5ハウスと関連付けられるのは、それらすべてがごっちゃになっているように思われるので、ここで整理しておく必要があるでしょう。「恋人」はその関係性が長期であっても短期であっても、真剣であってもナンパであっても、7ハウスです。恋人と行うセックスやキスなどの行為が5ハウスになります。恋人や愛人をここに入れないようにしましょう。ホラリー占断で該当するハウスを見つける場合、妻も恋人も愛人もすべて7ハウスです。

同じように、5ハウスは妊娠を支配しますが、妊婦はその人が本来収まるべきハウスに収まります。妊婦が妻であれば7ハウス、妹であれば3ハウスです。5ハウスが管轄するのは、妊娠という状態だけです。

5ハウスの木星は、投機やギャンブルの大当たりや、所有地の高騰を暗示し、土星は不渡りや凍結を示す場合もあります。火星があれば、直情的に欲望を追求し、水星は頭のよい子どもをイメージすることもできます。

Succedent　金星　北西　黒　白
ハニーゴールド　心臓　肝臓　腹
横腹　背中

子ども、精霊、使者、大使、ギフト、贈り物、遊び、祝賀、宴会、快楽、ロマンス、セックス、妊娠、ギャンブル、投機、リスク、競技、選挙

6ハウス　Bad Fortune（悪運）

2ハウスと同様に、1ハウスから見て、メジャーなアスペクトをとらない場所ですから、生命力を脅かす要素がここに収まることになります。病気や苦しみ、そして労働の部屋です。特に、単調で長々と続く作業や徒労や環境問題など、じわじわと体力を蝕む事柄がここに収められるようです。

現在では、病気のことをたずねられたときに6ハウスに注目し、そのカスプから質問者の体質まで読み取ろうとするなど、あいまいな扱いが多いようですが、それは間違いです。ここに示されるのは、病気そのものであって、病んでいる人は1ハウスです。1ハウスの生命力と6ハウスの病の関係を見ないことには、どれほどその病が患者を蝕むかなど、発病のしかたを推測することはできません。

ここでは火星が喜びます。火星と共にマレフィックである土星は反対側

の12ハウスで喜ぶことから、二つのマレフィックが悪運を示す二つのハウスに放り込まれたようです。このハウスへの火星の痕跡は、マンディーンアストロロジーで扱う軍人や軍隊に示されています。

また、病気を示すハウスには、熱や炎症、火傷や裂傷などの身体症状を示す火星があてはまり、カルマを示すハウスには、制限や限界を示す土星があてはめられていることは自然な配列のように見えます。また、発熱することで身体の免疫力やＮＫ細胞が活性化し、あらゆる病を撃退できることからも、このハウスに火星を持つことはほかのハウスで火星を迎えるよりはずっとよいのかもしれない、などと深読みするのも楽しいでしょう。

カリディア人の順列では水星があてはまり、12宮の乙女座の支配星と重複します。ハウスと12宮の支配星が一致するのは、６ハウスと９ハウスのみで、この二つのハウスはほかの部屋に比べて、星座の意味とハウスの意味が似通っています。水星の痕跡は、職人や細密な作業との関連に見受けられます。

小動物もまた、このハウスが支配します。古典的にはヤギよりも小さいものがここに収まるガイドラインになっていますが、大きさよりも家畜かどうかを考えたほうがすっきりします。占星術の基本を築いたカリディア人は、古代バビロニアの遊牧民族という説が有力で、ヤギを生活の糧にしていたとのことです。この時代に牛などのヤギよりも大型の家畜を放

Cadent　火星　水星　西北西
黒　暗色　下腹部　腸

病気、苦しみ、痛み、義務、労働、徒労、無賃労働、奴隷、長々と続く退屈な作業、細かい作業、単純作業、雇用人、使用人、下宿人、家畜、職人、食物、兵糧、軍人、軍隊、防衛、道具、工具、装置、公害などの環境問題、環境制御、家畜小屋、病院、受付、リサイクル、ゴミの分別、フィルター

牧する習慣はありませんから、ヤギが目安になったのだと考えるのが自然でしょう。そのため、ホルスタインに代表される家畜は6ハウスですが、例えばインドのように牛を神格化し、決して家畜のような扱いをしない国に生息する野良牛は、このハウスには収まりません。象や亀などの大型動物を扱う12ハウスがインドの牛が収まる場所になるでしょう。

6ハウスにある天体は、その人がかかりやすい病の性質を示し、その人が雇用あるいは発揮する労働力の質にも影響を与えるでしょう。

7ハウス　Setting Place（没する場所）

西の地平線にあたり、その名のとおり、星々はここに沈みます。1ハウスの対向の場所にあたり、「私」が直面することになる「他者」が示される場所です。主体と客体の軸です。ホラリーではこの軸の関係を見ることで、ほとんどの質問の答えを導き出すことができるといっても過言ではないでしょう。質問に登場する第三者はほぼすべてこのハウスが支配します。Marion D.MarchとJoan McEversは、名指しの質問であれば、第三者が兄弟や姉妹、親子関係にあったとしても7ハウスを見るというシンプルな方法を提唱していたほどです。それは極端だ

> Angular　月　西南西　暗色　黒　茶色　青　生殖器　骨盤　腎盂
>
> ---
>
> 第三者全般、相手、他者、伴侶、パートナー、敵、競争相手、ライバル、逃亡者、質問者から見た占星術師、患者から見た医者やカウンセラー、結婚、離婚、起訴、契約、公約、条約、認定書、控え、同意書、認証、成立、完成、客観

としても、どこに入れるか迷うような場合は７ハウスを選びましょう。

このハウスで喜ぶ天体はなく、カリディア人の順列は月になります。月の痕跡を具体的に見つけることはできませんが、月は太陽という主体を写す鏡であり、陽に対する陰ですから、光りが最初に直面する妻という意味においては、ここでの月の収まりはよいのではないでしょうか。

７ハウスは結婚の部屋です。パートナーシップやオポーネントもここです。敵もそうです。今日では「敵」を総じて12ハウスに入れることが多いようですが、12ハウスの敵は目に見えない、あるいは水面下の敵を指し、7ハウスの敵は目前に現れた対戦相手のような意味合いが強いと考えてください。ゲームやスポーツ、競技や大会や選挙において席を争う競争相手もここです。

７ハウスに天体があると、上昇天体が質問者の性格、気質、容姿、状態、に大きな影響を与えるのと同じように、第三者の性格、気質、容姿、状態に影響を与えます。William Lillyはアングルに在泊する天体がペリグリンであれば、凶悪な動きをすると指摘しています。

8ハウス　Idle（空白な、空いている、何もしていない、働いていない、遊び）

２ハウスと６ハウスに続き、１ハウスに対してメジャーなアスペクトをとらないハウスです。生命力を脅かす「死」がこの部屋の管轄になりますが、ここで指す死は、一般的な死です。自然災害や人災、戦争、事件、事故による犠牲者や、疫病による死者を暗示し、配偶者の死や知り合いの死もここです。

喜ぶ天体は特になく、カリディア人の順列では、１ハウスから一巡して土星が収まります。１ハウスで肉体や空間という制限に閉じ込められた魂ですが、８ハウスでは死という命のタイムリミット（時間的制限）というかたちで土星が関与します。土星は限界点を示すハウスに登場することになります。

死に関する質問以上に、遺産や相続など人から伝承するものに関する質問でこのハウスに注目する機会は多いでしょう。７ハウスから見た２番目のハウスという意味でも、他者の所有物や財産もここです。人の手に渡るという意味で税金もここです。しかし、公金や会社の資本は10ハウスから見た２番目の11ハウスのほうがふさわしいでしょう。

Julius Firmicus Maternusによると、月がワクシング（第１相から第15相）にあるときは、ここで良い働きをするそうです。災害時などにここに火星があれば火災による死者、海王星がある場合は水害や伝染病による死者を暗示すると考えることもできます。太陽やASCルーラーがここにある場合は、他者から何かを伝承したり、後継者に大抜擢されるかもしれません。

Succedent　土星　南西　緑　黒
排泄器官　直腸

死、被災者、けが人、変容、手術、遺産、相続、後継者、税金、借金、人脈

9ハウス　Sun God（太陽神）

９ハウスを太陽が経過する昼過ぎには日が登りきって照りつけるため、この部屋が太陽の部屋となったと思われます。西洋占星術では、太陽の位置が決まると、自動的にその他の大まかな意味が決まるといっても過言では

ないでしょう。太陽のある位置（９ハウス）から見て、吉角度に該当するハウスは、すべて良い意味があてはめられていくことになります。天体の品位でも同じです。

ここでは太陽が喜びます。太陽崇拝はすなわち、たった一つの輝くものを崇めるという一神教の原型です。輝くものを崇めるというのは、能動性や男性性を崇めることになり、対向の３ハウスにある女神や多神教とは対極的なベクトルを持つものがすべてここに収まります。ここには民間療法のように土着的なものではなく、高みに祭り上げられ公に認められた国教、教会、法王が収まり、それを信仰することで形成される道義心や信念体系もここです。

日本では、天皇が９ハウスに収まるにふさわしいのですが、終戦後、昭和天皇が人間宣言していますから、ここに収まりにくくなってしまいました。戦後の日本に確固たる道義心が存在しないといわれるゆえんは９ハウスの不在と無関係ではないでしょう。元々仏教が伝来する以前の日本では八百万に神が宿るという民族性ですから、天皇不在の現在、９ハウスに収まっているのは「大学」と考えてもよいかもしれません。学歴が道義心と信仰の唯一の尺度なのだとしたら、ちょっとイビツな状態といえるかもしれません。９ハウスは高等教育や哲学、グル、教師、宣教師も支配します。

Olivia Barclayをはじめ、多くのホラリー使いらは、「夢」を支配するのは、11ハウスではなく９ハウスだと主張しています。私も全く同意です。神の想念（夢）が森羅万象を創造し、各自の信念体系が現実を創造しているからです。夢や神託、予言や暗示などの神からのメッセージもここで受け取ります。

また、３ハウスの通勤通学路に対して、９ハウスは見知らぬ土地への旅路や遠方を支配しますが、人生を旅路に例えたり、旅から人生の指針を受け取ることからも、９ハウスに「旅」はぴったり収まります。

カリディア人の順列では、木星が再登場します。12宮の射手座の支配星が木星ですから、このハウスは支配天体を12宮と共有する部屋になります。そのため、射手座の意味と９ハウスの意味はほかの部屋に比べてずっと共通点を持っていることが見て取れるでしょう。

ネイタルチャートの９ハウスに太陽を持つ者は、その意見を広く浸透させることができると考えられ、木星があれば信仰心の高さや予知能力を指します。ここに土星を持つことで無神論や唯物論的、嫌疑主義に陥る場合もあります。

Cadent　太陽　木星　南南西
緑　白　大でん部

神、教会、国教、法王、立法、裁判、牧師、学者、僧侶、宣教師、布教、グル、教師、夢、予言、予報、神託、旅、遠方、航海、哲学、信念、英知、道義心

10ハウス　Midheaven（天頂）

９ハウスと同じく、最も高い位置がここになります。その高みにふさわしく、格式高いものや目立つもの全般を示すハウスです。王様、大統領、首相、社長、統治者など、組織のリーダーやトップはすべてここに収まります。名誉、栄誉、勲章、表彰、金メダルなどの公的評価もそうです。「人生で何をするか」、すなわち生活の糧や天職を見ることができます。

ミッドヘブンは、方針や目的を指し示します。方向性を見失ったり、どうしてよいかわからないときは、ここを見ればよいのです。医療占星術では、治療方針や処方箋をこのハウスで決定します。仕事上で目標とするポス

トや昇格もここです。出生図では、10ハウスが指し示す方向にアピールすれば、周囲から認められ、高い評価を受けることができるでしょう。

喜ぶ天体はあてはめられていませんが、古代占星術では金星がこのハウスと結び付けられたことから、価値のあるものやきらびやかなものが、10ハウスにあてはめられることもあります。特にその価値が公に認められている場合はそうです。ただし、勲章や金メダルなど公認で価値のあるものについて占う場合は、それが誰かの持ち物であれば、持ち主を示すハウスから見て２番目のハウスがそれを指します。10ハウスは、勲章やメダル全般を一般論で述べるときに注目すべき場所です。カリディア人の順列では火星が来ますが、その痕跡を具体的に発見することはできませんでした。

４ハウスは土地家屋を支配したのに対して、10ハウスには高層ビルや空中庭園を入れてもよいかと私は考えています。例えば、東京都庁もそうです。４ハウスの墓に対向するのはモノリスやオベリスクです。スタンリー・キューブリックの『2001年宇宙の旅』で猿が対面した黒い石版（モノリス）は、まさに人類の進化の指針でした。10ハウスにはそういった役割があるのです。剣のように天を貫くオベリスクの形状はカリディア人の順列の火星を連想させますが、あれもメッカの印であり集落の指針なのでしょう。

４ハウスでは「父親」が子どもに根を張る土壌を与え、10ハウスでは「母親」が子どもを成長させます。女性は本質的に

Angular　金星　火星　南南東
赤　白　太もも　ヒザ

母、王、大統領、首相、社長、上司、統率者、引率者、リーダー、指針、方針、目的、目標、タスク、使命、天職、仕事、役割、栄誉、名誉、勲章、表彰、金メダル、玉座、高層ビル、空中庭園、モノリス、オベリスク、メッカ、公の事柄全般、国策、戦略、処方、治療方針

不満足な存在です。肉体的には子宮という空洞を持ち、空洞は常に満たされることを望んでいます。子どもは母親の不満足を満たすために、より高い場所へと成長し、その枝葉を左右に広げ次々に果を実らせるでしょう。男性はなぜ、個人で消費できる以上の富を求め、世に名をとどろかせてもなお、その支配力を及ぼす領土を拡大し続けようとするのでしょう？　兄弟に毒を盛り父親を刈り取ってまでも玉座を求めるのでしょう？　それは、背後に決して満たされることのない母親と欲張りな妻、そして魅惑的な愛人がいるからなのかもしれません。

10ハウスの木星は約束された成功と楽観的な指針を示し、土星がある場合は悲観的な見通しや問題が頭打ちになることを暗示します。土星により威厳や責任ある立場を与えられるというポジティブな面もあります。金星があれば価値が認められ、火星は周囲を巻き込んでの争いごとを示す場合もあります。太陽や月はリーダーシップです。

11ハウス　Good Spirit（良き魂）

良き魂の場所とされるこのハウスは、希望と未来、そして友人を支配します。5ハウスと対を成して喜びや幸運を支配する軸です。誕生を示す1ハウスは生まれてすぐに因果応報による障害（12ハウス）に直面しなければならいことを思うと、次に登場する良き魂はこの世のガイドと考えてもよいでしょう。

ガイドは友人の姿を借りて未来を切り開いてくれることがあります。個人の交友関係はその人の未来を暗示するからです。逆にいえば、手っ取り早く未来を変えたければ、交友関係を総入れ替えすればよいのかもしれません。いずれにせよ、その人の在り方が変化すれば、それに伴い自然と同じ波長を持った交友関係を引き寄せることになるでしょう。子どもが親から友人の悪口をいわれると憤慨するのは、親が自分の未来に干渉していることを敏感に嗅ぎ取っているからでしょうか。親もまた、子どもの交友関係の中に子どもの未来を読み取り、恐れたり不吉な気持ちになったりと、一喜一憂を禁じ得ません。しかし、親から見てどんなに不吉な交友関係であっても、その魂にとって、その時点で必要な「希望の光り」が友人なのです。

この部屋には常に質問者の希望や、現時点で惹きつけられている未来が描かれていますから、希望が叶うかどうかを訊ねられた場合は、11ハウスを見ます。友人に関する質問は、たいてい7ハウスのほうがふさわしいため、めったにこのハウスに答えを求めることはできませんが、具体的な対象を指さない友人全般はここです。「新学期には、友人に恵まれるでしょうか？」「息子の友人たちが、息子に悪影響を与えていますか？」「退部することで、私は友人を失望させてしまうでしょうか？」などの質問のように漠然と交友関係全体を指している場合が11ハウスの管轄です。

10ハウスから見た２番目のハウスという意味では、国家資金や会社の資本など、大きな組織の財源をこのハウスに見つけることができます。企業が期待できるマンパワーもここです。Robert Handは仕事で得る報酬はここに示されるとし、11ハウスは収入、２ハウスは所持金として区別しているようです。私はその方法をとらず、収入も所持金も２ハウスで判断しますが、天職に関する質問の次の可能性を持つ仕事は

Succedent　木星　太陽　東南
サフラン　黄色　脛　かかと

友人、友愛、希望、未来志向、理想主義、集団、自助グループ、社会福祉、人道的活動、ＮＰＯ、信頼関係、幸運、社会から受ける恩恵

11ハウスを見ます。

木星がこのハウスで喜び、カリディア人の順列では太陽ですから、9ハウスと同じく2大ベネフィック（吉星）を支配する部屋になります。同じように5ハウスも、金星が喜び順列でも金星が収まりますから、良い意味が与えられたハウスになります。ハウスに在泊中の天体を強めるのはAngularハウスですが、5－9－11ハウスは在拍する天体に善良さを与える効果があります。

12ハウス　Bad Spirit（悪しき魂）

悪しき魂の場所とされるこのハウスには、多くの不吉なものが関連付けられています。目に見えない敵や直接手を下さない策謀者というかたちで、1ハウスを苦しめる存在や意図がこのハウスに収まります。Step 4の「時計回りのハウス」で説明したように、ここは前世からのカルマを指しているのかもしれません。

土星がここで喜びます。土星と関連付けられているハウスは、1ハウスと8ハウスと12ハウスですが、境界線の役割を果たす土星が、東の地平線を挟んで始まりと終わりの位置にあり、死という「終わり」を支配するハウスにも登場したことは偶然ではないはずです。頭丁の位置にある第7チャクラも土星に関係があると私は考えていますが、その理由は、個人と集合を隔てる境界線には必ず土星が登場するからです。

カリディア人の順列では金星です。金星が関与する場所には、美しいものや価値のあるものが関連付けられますが、12ハウスに潜む美しいものとは何でしょう？

６ハウスとの関連では、ヤギより大型の動物（「６ハウス」を参照）がここに収まります。象やクジラや亀などがそうです。また、６ハウスでは病院や家畜小屋が登場しましたが、12ハウスではメインストリームが取りこぼした収容所全般が扱われます。

関係者の支配星が12ハウスにあると、蒸発したり姿が見えない場所に幽閉されているか隠れていることを示します。失せもの探しで２ハウスの支配星がここにあり、さらに持ち主の支配星と凶角度をとっていれば、ゴミとして処理されていしまったか、目に見えないところや手の届かないところへと物品が消えてしまったことを指すため、見つけ出すことが困難でしょう。

Cadent　土星　金星　東南東
緑　つま先

目に見えないもの全般、隠されたもの、実態のないもの、カルマ、見えない敵、策謀者、暗殺者、闇取引、呪い、呪術、良からぬ噂、拉致、神隠し、蒸発、刑務所、捕虜収容所、ホスピス、隔離病棟、姥捨て山、ゴミ集積所、ゴミ焼却炉、蒸留器、浄化、開放、癒し、奉仕、自己犠牲、大型動物

10・天体

天体の意味をよく理解することで、ナチュラルルーラーを探すときに迷わずにすむでしょう。また、ASCやDESの支配星として選ばれた天体の性質によって、質問者や関係者の性質をうまく推測することができます。

ナチュラルルーラーと呼ばれる、天体が元々支配する事物は、必ずしも一つの天体だけの配下に収まるわけではありません。例えば、指輪一つとっ

ても、アクセサリーとしては金星、それに価値があれば太陽、古びていれば土星、大きければ木星、などさまざまな見解があるからです。その指輪の石を支配する天体や石の色を支配する天体によっても、何がふさわしいかが左右されます。このように、一概にどこに収めるとは決められない場合がありますので、事象が重複しているときはなぜそうなるかを考えながらルーラーシップを決定していくとよいでしょう。

11・天体の三つの次元

天体は、三つの次元で働くものに分けることができます。太陽よりも動きが速い月と水星と金星はInferior（ラテン語で「低い」の意)。太陽よりも動きが遅い火星と木星と土星はSuperior（ラテン語で「高い」の意)。土星よりも外側の不可視天体はTrans Saternian（「土星以遠」の意）と、呼ばれます。内惑星（Inferior）は日常的で個人的な出来事として作用し、外惑星（Superior）は社会的な規模を持ちます。Trance Saternianたちは、人知を超えた運命的な出来事を管轄します。公転周期が遅いものはより速いものに影響を及ぼし、その逆はあまり効果がありませんから、力関係はこのようになります。

Inferior＜Superior＜Trance Saternian

このどこにも属さない太陽は、個人的な意味を持つInferiorとSuperiorとをつなぐ主体と考えてよいでしょう。また、運命的な出来事を迎え入れる社会の中の個人です。

本書では、例えば「水星が火星からスクエアを食らう」という表現をしますが、それは火星が水星よりも影響力を持つからです。ですから、「火星が水星からスクエアを食らう」という表現はしません。火星を主体にこの関係を読む必要がある場合は、「火星と水星がスクエア」とだけ表現します。あるいは、太陽と土星のアスペクトを、「太陽が土星に干渉される」と表現する場合も、逆の表現は成り立ちません。「太陽が土星を干渉する」とはいいません。「土星が天王星に割られる」などの表現も力関係による表現です。同じ次元同士の天体の関係においては、二つの天体の意味が相互にブレンドされることが多く、どちらかがどちらかに食らったり干渉されたりはしないと考えてよいでしょう。Step 6で詳しく述べる、Translation of Light や、Collection of Lightは、以上の関係をよく理解しているとわかりやすいはずです。

混乱してほしくないのは、Step 5における、天体の優位性の検証での力関係と、ここでの公転周期による力関係を同一のものとして扱わないことです。質問の関係者を示すものとして、二つの天体に注目するときは、関係者たちの力の優劣が公転周期の長さによって決まるわけではありません。むしろその天体があるハウスやサインや太陽との位置関係による優劣のほうが大切になります。

☽ 月 *The Moon*

月は質問者を補足的に示し、特に質問者の心理的側面やそれを左右する体調を示します。また、Step 3で示したように、月があるサインに入ってから出て行くまでにほかの天体ととる角度によって質問全体の情緒的推移を読み取ることができます。

【公転周期】 ホロスコープを29日で1周、一つのサインを2日半かけて経過、1日平均13° 10' 36" 移動
【吉凶】 ベネフィック
【セクト】 夜、女性
【気質】 冷と湿、粘液質（怠慢）
【年齢域】 0歳〜3歳、乳幼児期
【身体部位と病】 脳、体液、乳房、

ホラリーにかぎらず、月がサインから去る直前にとるアスペクトは重要です。最後のアスペクトがベネフィックとの良い角度であれば、どのような問題も笑顔で終えることができると安心してよいし、逆にマレウィックとの緊張する角度で終わっていれば、問題や課題を残したまま次の段階（次のサイン）を迎えることになるか、悲観的な結末を迎えることになるでしょう。

エレクショナル占星術においても、月が良好なアスペクトを持っていることは、質問者がその日に開始した事業によって情緒的満足を得ることができるという点で重要です。占星術師によっては月のアスペクトを最重要とする人もいます。

ただし、月が暗示できる範囲は肉体と肉体に付随する感情的レベルに止まり、精神性や魂のレベル、あるいは社会的意義などの別の次元になると、月が示すものとは別の次元での意図を持つことになります。それらに関しては、もっとふさわしい天体が、あるサインから次のサインに移行するまでのプロセスに注目する必要があるはずです。ですから、情緒的な満足よりも目的を達成することに重きを置いたり、使命を果たすことを願う人が、月の位置ばかり

男性の左目、女性の右目／風邪、むくみ、脳の病気、記憶障害、婦人科系、気分障害、リズム障害、体液や血液の病

【鉱物と色】銀／白、乳白色、オパール、パール、クリーム色、斑点のある白、中間色、黄みがかった白、ペールグリーン、ペールブルー

【形】勾玉、柔らかいもの、ふっくらとしたもの、卵型

【人・物・事象】母、妻、女性、乳幼児、大衆、民衆、一般人、人気もの、ムードメーカー、弱者、肉体、情緒、感受性、ムード、癖、体質、生活習慣、保護、育成、育児、穀物、炭水化物、乳製品、日用雑貨、移ろいやすいもの、浮き沈み、不安定な、保護されるべきもの

【神話】セレネー、アルテミス、ヘカテー、ディアナ、ルナ、ネイト、コンス、ツクヨミノミコト、ヴァルナ、チャンドラ、ソーマ、西王母、ツクヨミ

【国と都市】デンマーク、オランダ／ニュルンベルグ（ドイツ）、フランダース（ベルギー西部、フランス北部、オランダ西部を含む北海に臨む地方）、ゼランド（オランダ）

【動物】ザル貝、カニ、うなぎ、カエル、ガン、ロブスター、フクロウ、ミミズク、カワウソ、カキ、鶏、七面鳥、アヒル、ガチョウ、ホロホロ鳥、ウズラ、カモメ、ウミスズメ、ウミネコ、家禽、海鳥、甲殻類、ナメクジ、カタツムリ、小型の亀、イタチ

【ハーブ】キャベツ、コーラルツリー、エンダイブ、チコリー、ヒョウタン、レタス、リンデン、マンドレーク、メロン、キノコ、タマネギ、ポンピョン、ポピー、セイヨウアブラナ

を優先にすることにあまり意味はないのです。

月は幼年期に母子関係の中で培われた情緒的な癖や習慣と示します。母的保護をはじめとして、主体を培った環境的要因を暗示するため、月があるサインによってチャート全体のムードが決まります。月のサイクルは潮の満ち引きや生理の周期などの生物周期と連動していますから、薬草などの植物を収穫したり摂取する時期や、身体が栄養を吸収したり排泄する時期、細胞の代謝などを見るときの参考にもなります。

太陽と月は地球からの距離がかけ離れているにもかかわらず、地球から観測したときの直径がほぼ一致しているため、太陽と対で意味を考える習慣が古今東西に共通しています。

☿ 水星 *Mercury*

神話の世界では天界と地上をつなぐ伝令の神、チャートの中でも運び屋の役割を果たすのが水星です。ホラリー占星術においては、質問そのものを支配する天体として注目されます。例えば水星が逆行していれば、水星が再び順行に戻ったときにそのときの結論が覆されると考えて判断を先送りにしたり見合わせたりする占星術師も多いでしょう。逆行は悪い意味ばかりではなく、熟考や再考には適していると考えることもできます。

水星の状態が悪いと、質問そのものが

【公転周期】ホロスコープを88日で1周、一つのサインを1週間程度かけて経過、1日平均0° 59′ 08″移動
【吉凶】中立
【セクト】太陽の右側にあるときは昼、左側は夜、中性
【気質】冷と乾、黒胆汁質（憂うつ）
【年齢域】4歳〜13歳、学童期
【身体部位と病】シナプス、神経系統、甲状腺、手足、舌、喉、声帯、皮膚／言語障害、神経症、不眠、喉の病、集中力の過不足、多動性
【鉱物と色】水銀／くすんだ銀、空色、水色、薄紫、純色、透明色、空色に混じる灰色
【形】羽、杖、細長い、ひょろひょろ

よくなかったり、チャートの解読に支障をきたすとして注意を払います。具体的には、水星の品位が悪いときやペリグリンにあるとき、土星やTrans Santernianと凶角度をとっているとき、ノーアスペクトにあるとき、などを挙げることができますが、逆行の場合と同じように一概に悪いとはいえません。

例えば、魚座の水星はデトリマントにあると、考えがまとまらず混乱をきたし、状況を論理的に整理することはできませんが、常識にとらわれない発想ができますし、情緒的なインスピレーションに満ちているはずです。射手座の水星もデトリマントです。射手座の水星は大げさで啓蒙的な思考になり具体性に全く欠けますが、総論や哲学としての価値はあるでしょう。

土星との凶角は嫌疑的で否定的な思考に偏りがちですが、手堅さにおいて信頼でき、高い技術力を発揮することができます。Trans Santernianとの凶角度は、否応ない運命的思考をもって、問題の軌道修正を行うこともあり、本人がいつまでも目覚めることなく横道にそれている場合は必要悪な働きをみせてくれます。ノーアスペクトな水星はほかの天体からの干渉を受けない分、水星本来の性質の純度は増します。研ぎ澄まされた思考をうながす場合と、全く心に響かない言動の空回りをうながす場合の両極端になりやすいでしょう。

と伸びるもの、クモの巣状の、回路、径路、系脈状の
【人・物・事象】 子ども、学生、青少年、兄弟姉妹、使者、大使、秘書、語り部、メッセンジャー、ずるがしこい人、頭のよい人、物書き、雑誌、新聞、情報、メディア、移動しているもの全般、乗り物、手紙、電話、書類、通信、路、道、パス、カギ、流通システム、コミュニケーションツール、連絡、意思疎通、思考、おしゃべり、素早さ、めまぐるしさ、多様さ、軽妙さ
【神話】 ヘルメス、メルクリウス、イムホテプ、ネボ、ガネーシャ
【国と都市】 エジプト、ギリシャ／パリ（フランス）、フランダース（ベルギー西部、フランス北部、オランダ西部を含む北海に臨む地方）
【動物】 猿、蜂、カブトムシ、鶴、キツネ、グレイハウンド、ハイエナ、ムネアカヒワ、バッタ、イナゴ、ボラ、フォークフィッシュ、オウム、パリア犬、蛇、クモ、リス、ツバメ、イタチ、両生類、器用で利口な動物
【ハーブ】 アシ、アーモンド、アニス、エルダー、豆、キュベブ、ドラゴンウォート、エルダートリー、ハシバミ、ヒエラ、ラングウォート、マヨラナ、ナッツトリー、リード、糖ミツ、ペニーグラス、バーベイン、クルミ

上記のいずれも、水星が質問そのものやチャートを読んで答えを導き出すまでの思考そのものを指す天体であるがゆえに、執拗に注目しているわけです。ホラリーチャートにおける、水星のコンディションによって、質問者と占星術師の意思疎通の特色が読み取れると考えてよいでしょう。

♀ 金星 *Venus*

金星は美しいものや周囲と調和し喜びをもたらすもの全般を支配します。貴金属や金品を金星に結び付けて考えることもできますが、価値のあるものやきらびやかに輝いているもの、豪華絢爛なものは太陽との関連のほうが深いのです。また、骨董品など古くて歴史的価値があるものは、土星との関連が深いでしょう。支配関係の振り分け方の目安は、それが持ち主に喜びや快楽をもたらしたり、美しくて周囲と調和しているかどうかを考えるとよいでしょう。わかりやすい例では、ぎょっとするような金ピカのトイレや周囲を威圧する掛け軸は、金星の管轄ではないはずです。

金星はまた、愛玩動物や愛人、ブーケ、スイーツなどを指します。こちらの目安もまた、それが持ち主に喜びをもたらすかどうかで判断します。チョコレートやコー

【公転周期】 224日でホロスコープを1周、約19日かけて一つのサインを経過、1日平均0° 59' 08" 移動
【吉凶】 吉
【セクト】 夜、女性
【気質】 冷と湿、粘液質（怠慢）
【年齢域】 14歳～21歳、思春期
【身体部位と病】 腎臓、胸腺、女性器、陰核、内分泌線／免疫力の低下、摂食障害、ホルモン異常、婦人科系、性病
【鉱物と色】 銅／キラキラ輝く色、白、紫、青みがかったもの、茶色や緑の混じったミルキーブルー、空色、緑、黄色、コパー、真鍮色
【形】 五芒星、シンメトリー、均整の取れたフォルム
【人・物・事象】 若い女性、愛人、モデル、音楽家、魅力的な人、美しい、可愛いもの全般、装飾品、化粧品、飾り、彩り、アクセサリー、スイーツ、スパイス、デザート、ひらひらしたもの、喜びをもたらすもの全般、周囲と調和しているもの全般、均整のとれたもの
【神話】 イシュタル、アフロディーテ、ヴィヌス、ハトホル、ルシファー、

ヒーなどの嗜好品や、肉の旨味を引き出すスパイスも金星ですが、アルコールや薬物依存のようにせん妄状態をもたらすものは海王星、タバスコやチリペッパーのように口の中を熱くするものは火星のほうがふさわしいでしょう。

恋愛に関係する質問では、金星が恋する女性を示すこともあり、その場合火星が対となって男性を示しますが、ASCのルーラーとDESのルーラーに注目するのが正攻法です。恋愛のように主体と客体との火花散るやりとりこそが、地平線（ASC－DES軸）に描かれるロマンスそのものなのです。恋愛問題で金星に注目したいのなら、金星がその恋がもたらす喜びや二人の間に漂うハーモニーを示していると考えたほうがよいでしょう。金星の状態が悪ければ、不協和音が漂い、互いに強がって相手に甘えることができなかったり、魅力を存分に発揮するのが難しいかもしれません。金星の逆行は快楽主義や過剰な甘え、依存、未練を暗示します。

丑寅の金神
【国と都市】 アラブ、オーストリア／アプーリア(イタリア)、カンパーニャ（イタリア）、トリノ（イタリア） サイプレス（ギリシャ）、パルティア（古代イランの王国）、ポロニヤ（ポーランド）、ウィーン（オーストリア）
【動物】 ヤギ、ウサギ、イワダヌキ、パンサー、イルカ、ハト、スズメ、ツバメ、ワシ、キジ、ペリカン、白鳥、ツグミ、セキレイ、ミソサザイ、ナイチンゲール（サヨナキドリ、ウグイス）、美しい声で鳴く鳥、雌鳥、雄シカ、子牛、小型牛、黒い鳥、鵜、雑食（大食い） 動物
【ハーブ】 アーモンド、コルク、アンズ、パーム、ジャコウ、コリアンダー、ヨーロッパアルム、ラッパスイセン、イチヂク、フレンチウィート、レイシンス、サテイリオン、リンゴ、スイートオレンジ、タイム、ターペンタイン、ヴァレリン、バーベイン、クルミ、ウォーターリリー、ホワイトローズ、サイカモアカイデ（白） ワイルドアッシュ、ギンバイカ

太陽 *The Sun*

生命の源として、世界のあらゆるものを照らす太陽は、チャートの中心的存在とし

【公転周期】 365日かけてホロスコープを1周、1ヶ月で一つのサイ

て君臨します。七つの天体を公転周期が遅いものから順番に並べた場合も両脇に三つの天体を従えて太陽は真ん中に収まります。占星術は天動説で組み立てられた体系ですから、人間を中心に置いた世界観を持ちますが、それと相対関係にある天界の中心は太陽です。つまり太陽はあなたの生命力と自我を示す象徴ということになります。

月のコンディションが良好であれば、問題の結末がどうあれ、質問者の情緒的満足が約束されていたように、太陽のコンディションが良好であれば、目的は達成されます。一つのチャートの中に矛盾はつきものですから、成功はしても情緒的満足が得られなかったり、金星の状態が悪く周囲から孤立してしまう場合もあるでしょう。太陽と土星との凶角度は生命力を脅かしますし、慎重で嫌疑的な決断を暗示します。

太陽は王様や首相、代表取締役や父など、国家や組織の中で最高権力を持った中心的人物を指します。部屋の中心にいたり、飲み会で上座にいるだけでも、その人物は太陽と関連付けられます。例えば、大皿に盛られた料理では中心にある伊勢エビ、コース料理ではメインディッシュが

ンを経過、1日平均0°59'08"移動
【吉凶】吉（中立）
【セクト】昼、男性
【気質】熱と乾、胆汁質（怒り）
【年齢域】22歳〜40歳
【身体部位と病】心臓、肺動脈、大動脈、みぞおち、男性の右目、女性の左目／生命力の低下、心臓病、循環器系、腹痛、血圧異常、頭痛
【鉱物と色】 金／黄色、サフラン、紫の混じった黄色、金色、スカーレット、紫、真紅、オレンジ
【形】 中心点、輪、球体、放射線状に広がるもの、花、存在感のあるフォルム
【人・物・事象】 王、父、男性、家長、支配者、指導者、統率者、中心人物、社長、権力者、高貴な人、地位や名誉のある人、堂々とした、公明正大な、価値のあるもの全般、輝かしいもの全般、きらびやかなもの、注目を浴びている人、上座にいる人、展示物、公の、作品、震源地、創造の光、生命力、活気、意思、目的、精神性
【神話】 ヘリオス、アポロン、アテン、ソル、ラー、ミトラス、ジャマシュ、スーリヤ、天照大神、大日如来
【国と都市】 イタリア、フェニキア（地中海沿岸の古代王国）、シチリア島／ボヘミア（チェコ）カリディア（古代バビロニア）
【動物】ライオン、アシカ、オットセイ、トド、アザラシ、ヒトデ、白鳥、ワニ、ワシ、コンドル、ノスリ、オオタカ、ナイチンゲール（サヨナキドリ、ウグイス）、孔雀、フェニックス、雄羊、雄鶏、去勢されていない雄牛、水牛、ザリガニ、ミドリゲン

太陽です。太陽は人生の旨味であり果実ですから、ミカンやオリーブなども支配します。価値があって、きらびやかで、活き活きとしていて、注目を浴び、周囲を照らし、たわわに実るものはすべて太陽です。

セイ、カンタリス、ツチボタル、ヤギ、馬
【ハーブ】 アッシュトリー、西洋ヤマハッカ、大麦、トウ、シーダー、セレンダイン、セントジョーンズワート、甘松、シナモン、パイン、エヌラ、アイブライト、フランキンセンス、ショウガ、ヘレトレピヨン、ハーブグレース、ローレル、レモントリー、アロエ、マリーゴールド、ジャコウ、モツヤカジュ、オレンジ、ヤシ、ボタン、シトロン、ルバーブ、ローズマリー、サフラン

♂ 火星 *Mars*

火星の軌道は不可解で、長期間あるサインにとどまったかと思えば、あっというまに一つのサインを経過することもあり、その赤くて不吉な輝きは地球の近地点を経過するときには最高の光度を持つ金星をも圧倒する存在感を放ちます。古代の天文学者たちは火星を凶事の引き金として注意を払っていたようです。

チャートにおける火星は、熱く燃えたぎっている場所を指し、そこはエネルギッシュに活性化しトラブルを引き起こす場合もあります。火星とアスペクトをとる天体には熱狂的なエネルギーを注ぎ込み、挑発するかのように刺激します。太陽は火星

【公転周期】 632日かけてホロスコープを1周、2ヶ月弱で一つのサインを経過、1日平均0° 31′ 27″移動
【吉凶】 凶
【セクト】 夜、男性
【気質】 熱と乾、胆汁質（怒り）
【年齢域】 41歳～55歳
【身体部位と病】 胆のう、肝臓、傷、傷跡、火傷跡、赤いシミ、左耳、男性器／炎症、発熱、化膿、火傷、裂傷、指すような痛みを伴う病、劇症型の病
【鉱物と色】 鉄／火のような赤、スカーレット、カーマイン、鉄色、さび色、ギラギラした色、黄色
【形】 鋭利、とがっている、棒状、角張った、リンガム（男性器の形）
【人・物・事象】 若い男性、戦士、格闘家、剣闘士、兵士、スポーツ選手、筋肉質な人、怒っている人、武

と同じ熱くて乾いた気質を持つため、火星と角度をとることで積極性や強靱な戦闘能力を手に入れますが、合や凶角度では熱しすぎてそこかしこにトラブルを飛び火させる危険な組み合わせです。月や金星のように、冷たくて湿っている天体が熱くて乾いた火星に刺激されると傷心するか、イライラしていて凶暴で好戦的な性質を持つ場合もあります。火星から凶角を受けた天体はけがや火傷や発熱や炎症を起こす場合もあります。火星は鋭利で切れ味のよいもの全般、熱さや鋭い痛みなどを支配します。

火星が1ハウスにあるときの質問は強い刺激を持ち、質問者が怒っているか、発熱している様子を暗示するかもしれません。あるいは、質問者の攻撃的な性質や、筋肉質なスポーツマンであることを示す場合もあるでしょう。

器全般、刃物、鉄製品、暴力、けが、性衝動、熱いもの、熱を帯びたもの、刺し傷、傷つけるものや人、火事、事故、熱狂的な
【神話】 アレース、マルス、アテネ、セクメト、モンチュ、アンガラカ、ネルガル
【国と都市】 バタビア(現在のジャカルタ) サルマタイ(現ウクライナ周辺で活躍したイラン系遊牧民族による古代国家)／フェラーラ(イタリア)、ゴトランド(スウェーデン)、ロンバルジア(イタリア)
【動物】 熊、馬、毛虫、狼、ヒョウ、ニゴイ、サソリ、サメ、寅、ダチョウ、
【ハーブ】 アレスマート、アッサム、ブラムブルス、キャンサライド、カルダスベネディクタス、カストリューム、チェストナット、ディタニー、ニンニク、ショウガ、ヘムロック、ホアーハウンド、リーキ、ギョリョウモドキ、マスタードシード、イラクサ、タマネギ、コショウ、プリックリー、ラディッシュ、レッドサンダー、スキャモニー、タマリンド、シスル

♃ 木星 *Jupiter*

木星は関わるものすべてに幸運と繁栄を約束し、あらゆる吉事の予兆となります。木星のある場所は、特に努力をしなく

【公転周期】 12年かけてホロスコープを1週、1年で一つのサインを経過、1日平均0° 04' 59" 移動

てもおおらかに広がり伸びていきます。木星と角度をとる天体は、規模を拡大しながら発展します。凶角度であっても木星の幸運な作用は変わらず、単に木星から凶角度を食らった天体が規模の拡大に悲鳴を上げるだけです。

木星は受け取る力を示す天体でもあり、ここがうまく機能しないと、せっかくのチャンスや幸運を受け取ることができないことを暗示します。火星、木星、土星の外惑星たちは、それぞれに「射る」「受け取る」「絞る」の役割を担い、バランスが大切なのです。

木星は太陽系最大の大きさを持ち、土星と木星のグラビティーが地球より外側の軌道にあることで、彗星や小惑星の衝突から地球を守ってくれていることがわかります。木星と同じようなガス型の巨大惑星は土星です。木星や土星の衛星には、冥王星よりも大きなものがいくつもあるほどです。地球は木星の包容力と、土星の境界線警備によって保護されているといっても過言ではないでしょう。

木星はおおらかで大きいもの、広いもの、幸運なこと、自然なこと、宗教的なことや崇高なことを支配します。

【吉凶】吉
【セクト】昼、男性
【気質】熱と湿、多血質（快活）
【年齢域】56歳〜67歳
【身体部位と病】肺、肋骨、わき腹、体内に取り入れられる酸素、肝臓、血液（特に酸素を運ぶ赤血球のヘモグロビン）／肺病、吐血、チアノーゼ、呼吸不全、腫れ、膨張、転移、のぼせ、発汗
【鉱物と色】錫／緑の混じった赤、灰色、青緑、濃紺、紫、バイオレット、黄色の入った緑、目立つ色、透明色、薄紫
【形】大きい、巨大、広がりのある、ナチュラルな形状
【人・物・事象】僧侶、神官、牧師、宣教師、聖職者、預言者、旅人、冒険家、法律家、検事、裁判官、哲学者、学者、博識な人、博士、賢者、太った人、大きい人、偉大な人、おおらかな人、ナチュラリスト、否定しない人、国際的な、見聞の広い、教会、大聖堂、広場、図書館
【神話】ゼウス、ユピテル、インドラ、マルドゥク
【国と都市】ハンガリー、ペルシア（旧イラン）、スペイン／ケルン（ドイツ）バビロン（バビロニアの首都）
【動物】蜂、雄鹿、鹿、子鹿、羊、寅、ワシ、象、雌鳥、ひばり、山ウズラ、シギ、クジャク、七面鳥、ハト、コウノトリ、エリマキライチョウ、水牛、太刀魚、クジラ、大蛇、ユニコーン、ドラゴン
【ハーブ】アーモンド（木）、アルセスマート、アッシュトリー、ホウセンカ、バーベリー、バジル、ビーチ（ブナ）、ベドニー、カバ、ルリヂシャ、ビューグロス、セントゥーリ、サクラ

ンボ（木）、クローヴシュガー、チョウジ、ヒナギク、フィバーセンド、イチジク（木）、アマ、フミトリー、ナデシコ、グズベリー、ハシバミ、アイビー、ラスクウォート、カンゾウ、リバーウォート、ラングウォート、メイス、マナ、マスティクス、ミント、クワ、ナツメグ、オーク、オリーヴ、セイヨウナシ、シャクヤク、ルリハコベ、パイン、ザクロ、レイシンス、ルバーブ、サフラン、セルフヒール、イチゴ、ソローリーフ、バイン、スミレ、ウォールウォート、コムギ、マージュラム、ウィロー

♄ 土星 *Saturn*

肉眼で観測できる天体の中で最も遠くゆっくりと巡回する土星は、時の神クロノスを守護神とします。私たちは時間と空間という制限の中に生きる存在ですから、土星はその中にいる私たちには動かしがたい秩序や摂理の管理者として君臨するのです。また、個として存在し全体の中に霧散してしまわないための輪郭などの境界線を引くのも土星です。このように物質界の秩序は土星によって守られていると考えてもよいでしょう。刻々と刻まれる時を経て古びたものや年寄りも土星です。

チャートにおける土星は、あらゆる苦悩

【公転周期】 ホロスコープを29年かけて1周、一つのサインを2年半で経過、1日平均0° 02' 01" 移動
【吉凶】 凶
【セクト】 昼、男性
【気質】 冷と乾、黒胆汁質（憂うつ）
【年齢域】 68歳〜死に至るまで
【身体部位と病】 骨、骨格、歯、皮膚、脾臓、右耳／冷え、乾き、硬直、閉塞、難聴、うつ病、骨折、歯痛、皮膚病、脾臓の病気、胆石、苦痛や痛み全般、慢性病、長引く病
【鉱物と色】 鉛／黒、緑、茶色、ペール、色あせた、病的に青白い、鈍い鉛色、木目、暗い、セピア
【形】 重い、角張った、輪郭、直線的な、古びた、檻、箱、囲い、塀
【人・物・事象】 老人、厳格な人、責任のある立場、管理者、番人、門

と存在の憂うつを支配します。土星がある場所は努力を要し、重圧と責任がのしかかります。また、土星のある場所は冷えて硬くなるため、エネルギーや血の巡りが悪く長期化します。

土星が角度をとる天体は、常に監視され、のびのびと振る舞うことができなくなり、動きがのろくなり凝り固まるでしょう。特に太陽や火星のように熱い天体は、土星に捕まって冷やされることで萎縮します。また、月や金星のように湿った天体も土星の乾きに干されることで殺伐とします。木星は熱く湿った気質を持ち、土星とは温度も湿度も正反対です。

土星と木星の角度は一定の周期を持ち、社会全体に大きなインパクトと価値観や構造の変化をもたらします。例えば、約20年の周期を持つ木星と土星の会合は、グレートコンジャンクションと呼ばれ、政権の交代などの重大な変革のときを示すとされています。水星は土星と同じ冷と乾の気質を持ちますから、土星と角度をとることが比較的良い働きをします。

番、時計、口うるさい人、苦々しい、重苦しい、憂うつな、苦悩する、しかめ面の、青白い顔、冷えて固まっている、恐ろしい、古びた、くすんだ、骨董品、限界、境界線、義務、ルール、長期化した
【神話】クロノス、サトゥルヌス、サニ、テフヌト
【国と都市】シチリア／バイエルン（ドイツ）、コンスタンティア（南アフリカ）、ラヴェンナ（イタリア）、ザクセン（ドイツ）
【動物】 ロバ、熊、狼、犬、ネコ、野うさぎ、モグラ、ネズミ、豚、象、ハエ、キリギリス、バッタ、イナゴ、タゲリ、貝類、コウモリ、黒い鳥、ダチョウ、ツル、カラス、カッコウ、フクロウ、クジャク、サソリ、ツグミ、ヒキガエル、ウナギ、ガマ、亀、クサリヘビ、大蛇、地這いずり回る動物、のろのろとした動物、バシリスク
【ハーブ】アンジェリカ、ビアーズフート、ボックス、ゴボウ、ビスウィンド、ケイパー、セテラチ、クミン、イトスギ、ドラゴンアイリス、ファーン、フィンガーファーン、フミトリー、クリスマスローズ、ヘムロック（ドクニンジン）、大麻、ヒヨス、ハーブグレース、スギナ、マンドレイク、コケ、モス、ナス科で毒を有するもの、ゴールデンハーブ、パースニップ、マツ、ポリポディー、ケシ、パルス

ここまでが古代占星術を支えた基本的な七つの領域です。近代になって発見された新惑星たちは、七つの可視天体たちが管轄できる枠を超えた事

柄を支配するはずです。新惑星の発見は、人類に新しい意識が芽生えたことを象徴します。自分の中にない事柄を外に認めることはできないからです。例えば時間の概念のない幼児に毎日出入りする部屋に時計があるかどうかをたずねても、その子はそれがあったかどうか答えることができません。あるいは、ある日突然盆栽の魅力に取り付かれた人物が、これまで素通りしていた近所の家々の庭に価値のある盆栽を見かけることもあるでしょう。逆のベクトルでは、新しいものや異物を取り入れることよって、自分の中にこれまでになかった価値が生まれることもあるはずです。

土星以遠の天体はハウスのルーラーとして使用せず、アングルのカスプ上にあるか、質問者や関係者などの主要人物を指す天体との強い角度（オーブの狭いメジャーアスペクト）を持たないかぎり、深読みする必要はありません。質問内容自体が、土星以遠の天体の支配下にある質問の場合は、ナチュラルルーラーとして注目してもよいでしょう。例えば、原子炉や被爆に関する質問は冥王星に注目すべきですし、アルコール依存症や津波に関する質問も海王星です。独立に関する質問では天王星を参考にできるかもしれません。

目立つ場所にある土星以遠の天体は、人知を超えた作用や運命的な出来事を示す場合もありますから、切り捨ててよいときと注目するときの尺度を、自分なりに確立しておくとよいでしょう。

世界で起こった大きな事件や自然災害などに注意を払って、イベントが勃発した瞬間のチャートのリストを持っておくと、土星以遠の天体の影響力について理解が深まるでしょう。例えば、地下鉄サリン事件のチャートでは天頂にガスを示す海王星と事件を示す天王星の合があり、長崎の原爆投下チャートではプルトニウムを示す冥王星と灼熱の太陽の合が天頂近くにあります。阪神淡路大震災では、ICのルーラー火星８ハウスに対して冥王星がタイトなスクエアをとっています。

♅ 天王星 *Uranus*

【公転周期】約84年かけてホロスコープを1周
【吉凶】中立
【セクト】—
【気質】—
【年齢域】死の直後（バルドー、トンネル、三途の川などの移行期）
【身体部位と病】人口臓器、ボルト、バイパス、シリコンなど／アトピー、喘息、突然変異、奇病全般、多重人格症、解離性障害
【鉱物と色】ウラン／チェック、虹色、蛍光色、電気的な色
【形】傾いた、横倒し、前衛的な、入り組んだ形状、人工的な
【人･物･事象】革命家、改革者、新時代の、反逆児、個性的な、斬新な、ひねくれた、風変わりな、規格外、人工的な、突然変異、ミュータント、新人類、進化した、奇妙な、電化製品、発明、発見、改造、改良
【神話】ユラヌス、ヌト
【国と都市】新大陸、近代独立国家、空中都市
【動物】 新種、突然変異種、品種改良種、進化、クローン

天王星の発見は、それ以前には動かしがたかったヒエラルキーの構造を覆す可能性を人類に与えました。天王星発見の1781年は、その前後にイギリスの産業革命、アメリカの独立戦争、フランス革命など全世界的に変革と新時代の到来を予感させる時代です。そういった時代を経ることで人類が得た価値観が天王星の意味に反映されています。

チャートにおける天王星は突破口のありかを示し、そこにびっくりするような出来事を呼び覚まします。凝り固まったものを切り離して解体するなど革命的な作用を加えます。

天王星とアスペクトをとる天体は、独立をうながされたり、愛着のあるものから切り離されたり、強烈な個性を与えられたりします。例えば、月と天王星は心変わりや母親との分離、水星と天王星は発明やひらめき、金星と天王星は意外性のある魅力、太陽と天王星は独立、火星と天王星は事件や爆発、木星と天王星は突発的自然現象、土星と天王星は秩序の解体や旧体制の解体、といった具合に各天体の特徴と組み合わせて考えるとよいでしょう。

♆ 海王星 *Neptune*

天王星の発見が当時の天文学に与えた衝撃とは違って海王星の発見は混乱に満ちたものでした。海王星の存在は天王星の発見直後から計算上で導き出されていたからです。多くの天文学者が海王星発見に野心を燃やし、計算上ここにあるはずと思われる場所を1846年の発見当時まで観測し続けたわけです。海王星の意味には、1846年の時代背景が反映されるとともに、発見までの推移も大きな影響を与えています。天文学者たちが歴史に名を刻む夢を見たように、1846年前後からヨーロッパやアメリカはゴールドラッシュと呼ばれる一攫千金を夢見た人々の移民が盛んでした。またロンドンではユートピアを夢見て構築されたプロレタリアートに基づいた共産主義宣言がマルクスらによって掲げられたのもこの時代です。海王星は夢やそれに伴う混乱を支配します。

【公転周期】約165年かけてホロスコープを1周
【吉凶】凶
【セクト】—
【気質】—
【年齢域】信念体系、地縛、煉獄、などの浮遊状態
【身体部位と病】身体を取り巻くオーラ、エーテル体／パンデミック全般、夢遊病、アルツハイマー、統合失調症
【鉱物と色】石油／海色、青緑、ターコイズ、灰色、ラベンダー、うすボケた色、ごちゃまぜ色
【形】液状、流動的な、つかみどころのない、透明の、輪郭のぼやけた
【人・物・事象】恍惚の、夢見がちな、酩酊状態の、詐欺師、まやかし、混乱した、亡霊、実態のない、憧れの、手の届かない、消えてしまった、消え入りそうな、目に見えない、とらえどころのない、ぼやけた、流動的な、不安定な、地に足のつかない、夢、幻、幻影、蜃気楼、溶解、霧散、ガス、海
【神話】ネプチューン、ポセイドン、ヌン
【国と都市】海底都市、アトランティス、ムー大陸、レムリア大陸
【動物】馬、深海海洋生物、キメラ

チャートにおける海王星は境界線をあいまいにし、秩序を乱し、混乱を招きます。価値の逆転やまやかし、実態のないもの、集合的無意識、潜在的な恐れや不安、潜在的な期待や願望もそうです。海王星がある場所は、通常の秩序が通用しないと考えてよいでしょう。

海王星とアスペクトをとる天体は、ぼやかされたり、まやかされたりします。例えば、月と海王星は夢見がちな感受性、水星と海王星は嘘や詐欺や誇張癖、金星と海王星は妖艶な魅力や依存、太陽と海王星は自分探し症候群、火星と海王星は社会不安を反映した無差別な暴力、木星と海王星は津波や浸水など、土星と海王星は秩序の乱れや恐慌やバブルなどをあらわします。

♇ 冥王星 *Pluto*

【公転周期】約248年かけてホロスコープを1周
【吉凶】凶
【セクト】—
【気質】—
【年齢域】転生
【身体部位と病】臓器移植された部位、再生医療が施された臓器／死に至る病とそこからの復活、原爆症
【鉱物と色】プルトニウム／漆黒、発光
【形】卵、勾玉、繭、威圧感のある、圧迫感のある
【人・物・事象】圧倒的な、あがなうことのできない、強烈な、宿命的な、粘り強い、執着心、こだわり、威圧感、強制的な、死、闇、漆黒、再生、変容、リセット
【神話】ハデス、プルート、オシリス、アヌビス、シバ
【国と都市】冥界、地底都市
【動物】幼虫、繭、死骸

冥王星の発見もまた、計算上導き出されたことになっていますが、その計算が海王星の質量を誤算したままでの予測値だったことから、むしろあり得ないほどの偶然による発見だったようです。そもそも冥王星の質量は天王星や海王星の軌道に影響を及ぼすほどの大きさに満たないことからも、1930年の発見は驚くべきものだったといえます。冥王星はアメリカ人の手によって発見された最初の惑星ということもあり、アメリカ的な価値観や時代背景が強く反映されているものと考えてよいでしょう。

冥王星発見当時のアメリカは、破竹の勢いで近代科学や医療、宇宙工学の土台となる技術革新を遂げていました。それと反比例するように魔術やオカルティズムなど科学的ではない体系に対する信仰が急激に価値を失っていきまし

た。冥王星は太陽系惑星の終局を移動する惑星ですから、当時人類が認識している価値観の最終形態を担うことになるはずです。近代科学の視点から見た死、軍事力の視点から見た最終兵器がそれにあたります。

冥王星に与えられた多くの意味が、古典的な占星術における土星の解釈に似ているのは、古代の占星術師たちにとって土星は最も遠い最終的な天体だったからです。死のイメージ、その先にある漆黒のイメージ、圧倒的であがない難い事柄すべてをその支配下に収めたという意味では、古典的な土星と現在の冥王星の意味は重複する部分があります。そのため、冥王星の発見によって最も意味が調整された天体は土星といえるでしょう。特に心理学的なシャドーやコンプレックスといった意味合いによって土星に乗り超えることができるというイメージを与えることによる住み分けはモダンアストロロジーの特徴ともいえるでしょう。

2006年8月、発見から76年後に、冥王星は太陽系９番惑星という定義から準惑星という定義に格下げされました。それに伴い、冥王星と同程度に注目されるべき数々の巨大な小惑星たちが浮上しています。近代科学の視点から見た死のイメージを人類は乗り超えようとしているのかもしれません。軍事的には核兵器が強国同士の抑止力としての最終兵器たり得ない時代ともいわれています。テロやサイバー戦争がそれに取って代わるのなら、そのような新しい価値観を支配する天体が浮上してくるはずです。例えば、2005年に発見された冥王星型の巨大小惑星エリスは、その巧みな情報操作によって女神たちを挑発し、かのトロイア戦争の発端となった、不和と争いの女神の名を持ちます。冥王星型の新惑星にはマケマケ、ハウメアがありますが、どちらも創造神や豊穣の神の名前です。特にイースター島の創造神の名前をとったマケマケは、魂不滅の象徴である鳥人伝説に由来しますから、新しい死の可能性を示しているのかもしれません。とはいえ、現在のところ占星術で使用可能な軌道を持つ最遠の天体として冥王星が担う意味は終焉的であることは間違いないでしょう。

チャートにおける冥王星は死と再生の意味を持ち、あらゆるものを完全リセットする破壊力を秘めています。変容は一つの世界観の死を意味しますから、成長するための一つのプロセスだと考えることもできます。冥王星がある場所には、運命的な出来事が起こり、無視することができないような圧倒的な存在感があります。冥王星が運んでくるカタルシスを使って物事は変容や再生を遂げることができるのです。

冥王星とアスペクトをとる天体は、その天体が持つ潜在的なエネルギーを限界まで引き出されます。例えば、月と冥王星は圧倒的支配力を持つ母子の強烈な結び付き、水星と冥王星は強迫観念、金星と冥王星はストーカーなどの愛憎劇、太陽と冥王星は人生を変える運命的な出来事、火星と冥王星は暴力による支配、木星と冥王星は個人の領域を超えた成功や繁栄、土星と冥王星は死を暗示します。

天体の性別

Column

天体にはそれぞれ男性的なものと女性的なものと中性的なものの３種類があります。伝令の神である水星は性別を持たず中性になります。太陽、火星、木星、土星の四つの天体が男性的な性質を持ちます。王、騎士、僧侶、老人（賢者）、など社会を構成する主体のほとんどが、これらの男性原理で成り立ちます。それに対し、女性原理は月と金星の２天体のみとなります。女性は母か恋人の二通りでしかないわけです。

そこに土星以遠の不可視天体が加わるとどうなるでしょう？　以下はあくまでも私個人の仮説で、これが世界共通の認識ではありませんが、土星以遠の天体の扱いの一案として参考にしてください。

水星は言葉、呼吸、通信、回路など「空」をつなぐシナプス的役割を果たしますから、土星の枠に風穴を開け、天空を支配する天王星は、水星のオクターブ上のバージョンとして中性と考えることができます。海王星は幻惑や中毒を支配し、恋人や娼婦を支配する金星のオクターブ上のバージョンで女性です。月は肉体的な意味で母親の子宮を指し、冥王星は恒星たちを育む漆黒の宇宙としての子宮なので女性です。

つまり、三つの土星以遠天体を加えることで、女性原理が二つ増えると考えることができます。目に見える実質的な社会構造は男性原理で動かされていますが、背後には女性原理が隠されているという実社会の構造は、天の惑星たちの構造にそっくりな写し絵であるように見えます。

男性	中性	女性
☉	☿	☽
♂		♀
♃		(♆)
♄	(♅)	(♇)

Step 5

関係者同士の関係

Step 5のポイント

★ エッセンシャルディグニティー：天体の品格
★ アクシデンタルディグニティー：天体の稼動力
★ レセプション：天体同士のつながり

チャートを読み解く上での決定要因にはなりませんが、想像力を掻き立てられるステップです。ここでは、三つの技法を用いりながらStep 4で選抜された関係者たちがどのような状態にあるかを徹底的に肉付けしていきます。Step 6では最終的なアクションを読むことになるため、その前にアクションを誘発する「動機」や「裏付け」を探ろうというわけです。

天体の高揚や衰弱を決定付ける要因を理解するためには、天体やサインの性質を分けるさまざまな区分方法を知る必要があります。天体とサインの関係は無秩序にあてはめられたものではなく、相互間に何らかの共通した性質があるということを根拠に持つからです。

1・四大元素

元素を知ることは万物の成り立ちを探求することにほかなりません。占星術や古代自然科学の思想では、宇宙創始以前から存在する一つの「何か」に温度と湿度とが結びつくことによって四つの元素ができていると考えられていました。その「何か」はプリマ・マテリアなどと呼ばれ、第1の質量とされます。プリマ・マテリアは、ヴェーダ哲学におけるブラフマンや陰陽思想における太極のようなもので、この世の森羅万象の源を指します。

第1質量 + 熱 + 乾 = 火
第1質量 + 熱 + 湿 = 風
第1質量 + 冷 + 乾 = 土
第1質量 + 冷 + 湿 = 水

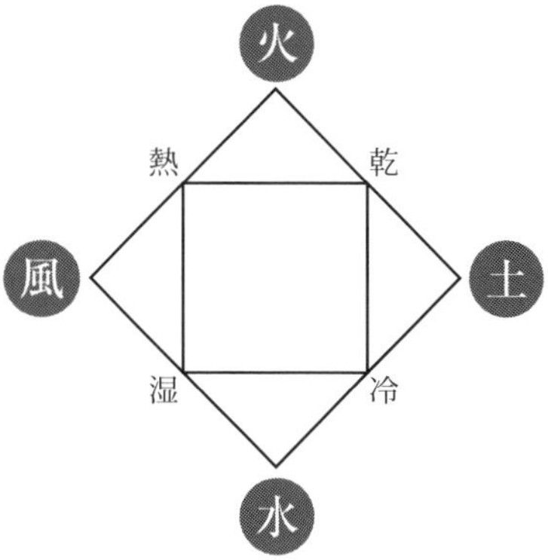

第1質量に温度や湿度を結び付けている第5の元素は、宇宙空間に充満しているエーテルです。エーテルは天体を動かす原動力とも考えられ、プネウマあるいはスピリットなどと呼ばれることもあるようです。占星術を含む西洋の神秘思想では、湿度や温度を結び付ける「+」の部分を特別視して四元素と同列に扱っていませんが、ヴェーダ哲学や陰陽思想においては、五大元素や五行が万物の大本と考えられ、四大元素に「空」や「金」などが加えられます。「空」はプラーナのことで、プラーナは呼吸を意味し、ヴェーダ

哲学では呼吸は宇宙に充満する命そのものと考えられていますから、エーテルと同じものを指しているはずです。星を動かし元素を作り出すのに必要な素材を結び付ける「意図」のようなものを特別視するかしないかが、西洋と東洋の思想を分かつのかもしれません。

天体とサインの温度と湿度表

	熱	冷
乾	太陽　火星 牡羊座、獅子座、射手座	土星　水星 牡牛座、乙女座、山羊座
湿	木星 双子座、天秤座、水瓶座	月　金星 蟹座、蠍座、魚座

2・セクト

昼夜の区分はセクトと呼ばれ、四大元素に匹敵するくらい根源的な区分法であることから、古来から受け継がれてきた判断基準なのですが、近代になってからは、Robert Handによって実践的に検証しながらまとめられた“Night and Day : Planetary Sect in Astrology”で脚光を浴びるまでは、まるで忘れ去られたように注目されることのなかった概念です。

そもそも「セクト」とはラテン語の“seco”「切り離す、分ける」を語源にもち、天体やサインを二つの性質に分ける区分方法そのものを指す言葉です。哲学や自然科学などあらゆる知の体系における「二区分」は通常、陽と陰、＋と－、男と女、など対極的な能動原理と受動原理とに分けられます。

ここで占星術の基本に帰ると、占星術とは空を見て星を観測する科学ですから、空にある能動と受動は太陽と月、すなわち昼と夜であることを思い出すことができます。セクトとは、太陽的で昼の性質を帯びるものと、月的で夜の性質を帯びたるものとを分ける概念で、性別や吉凶とは別の区分方法のことです。

[1]　昼と夜の区分

①天体には昼の性質を帯びたものと夜の性質を帯びたものがあること。その次に、②太陽が地平線の上にあるチャートは「昼のチャート」と呼ばれ、地平線の下にあるチャートは「夜のチャート」と呼ばれること。③太陽がある半球が「昼の場所」太陽がない半球が「夜の場所」とされ、④サインにも昼と夜の二通りがあります。

①天体の昼夜

水星を境に太陽に近づくほど昼の性質が強められ、月に近づくほど夜の性質は強められることを示します。水星は太陽の右側にあるときは昼の性質を持ち、左側にあるときは夜の性質を持つと考えられています。

昼 **ダイアーナル**
太陽
木星
土星
── 水星 ──
金星
火星
月
夜 **ノクターナル**

②チャートの昼夜

太陽が12ハウス～7ハウスまでを経過する日中に立てられたチャートは「昼のチャート」と呼びます。

太陽が6ハウス～1ハウスまでを経過する日没後に立てられたチャートは「夜のチャート」と呼びます。

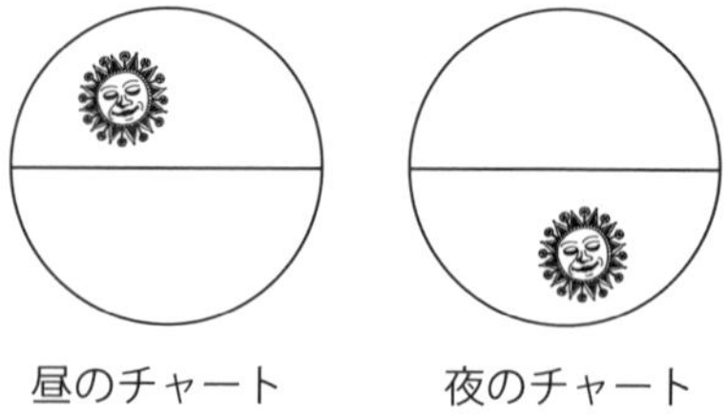

③ 昼の場所、夜の場所

太陽のある半球を昼の場所、その反対側を夜の場所とします。

夜のチャートにおける６ハウス～１ハウスまでが「昼の場所」です。

昼のチャートにおける12ハウス～７ハウスまでを「夜の場所」です。

つまり昼のチャートであろうが、夜のチャートであろうが、太陽がある半球が昼の場所になり、その反対側が夜の場所です。

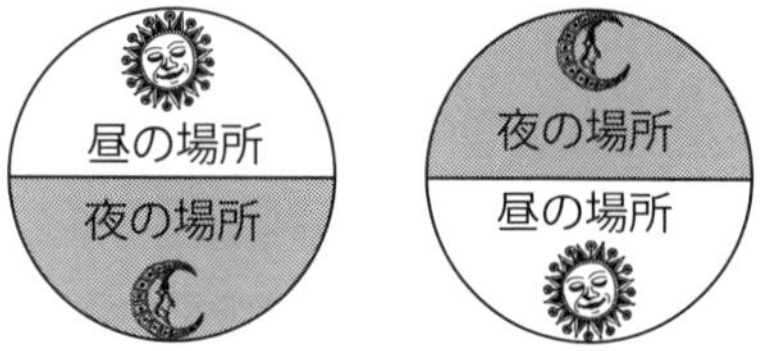

④ サインの昼夜のセクト

昼のサイン	夜のサイン
牡羊座、双子座、獅子座 天秤座、射手座、水瓶座	牡牛座、蟹座、乙女座 蠍座、山羊座、魚座

［2］　ヘイズ

①天体のセクトと、②チャート ③場所 ④サインのセクトがすべて一致したとき、その天体は「ヘイズ」というコンディションにあるとみなされ、使い勝手が飛躍的によくなります。昼の天体が、昼のチャートで昼の場所に

あり昼のサインに位置する、という状態です。逆にすべての要素が相容れない場所にある天体は、「エクストラコンディションにある」とされ、存分に力を発揮することが困難と考えられています。

[3] 火星と土星の配置

四大元素の表から火星は熱くて土星は冷たいことがわかります。セクトにおいては、熱い火星が冷たい夜、冷たい土星が熱い昼間に置かれることで、その凶意が中和されると考えられた痕跡が見て取れます。ほかの天体は昼間に熱い天体、夜に冷たい天体という具合に属性に基づいて配置されているからです。

さらに火星に関しては特別な配慮が必要です。火星は男性的な天体ですから、火星がヘイズを得るためには男性的なサインにあったほうがよいという考え方もあります。男性的なサインとはすなわち昼のサインですから、火星がヘイズになるためには、夜のチャートにおける夜の場所で昼のサインにあらねばならないということです。このような不自然な調整が必要である背景には、そもそも火星が女性的な天体だったのではという説をRobert Hand が持ち出しています。この説はそれほど斬新なものではなく、火星は女性的なサインにあるときにさまざまな品位を獲得することからも裏付けることができます。

例）昼生まれのチャート

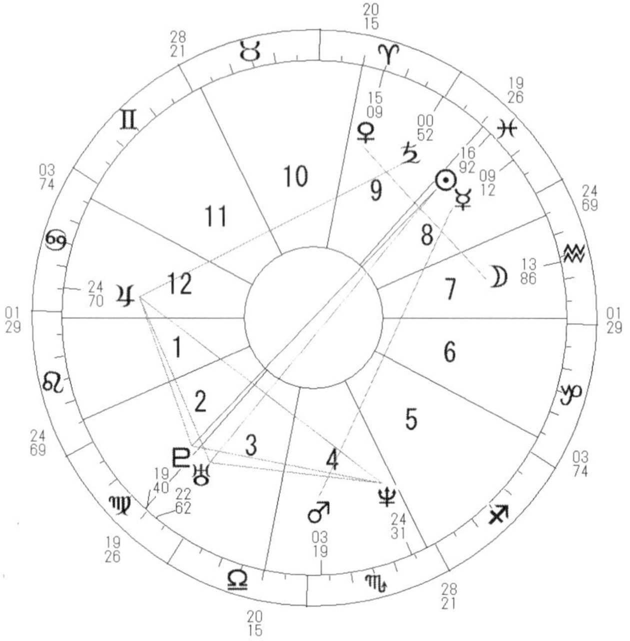

天体	チャート	場所	サイン	コンディション
月（夜）	昼	昼	昼	Ex con
水星（右昼）	昼	昼	夜	
金星（夜）	昼	昼	昼	Ex con
太陽（昼）	昼	昼	夜	
火星（夜）	昼	夜	夜	
木星（昼）	昼	昼	夜	
土星（昼）	昼	昼	昼	ヘイズ

＊エクストラコンディションはEx conと書いてあります。

例）夜生まれのチャート

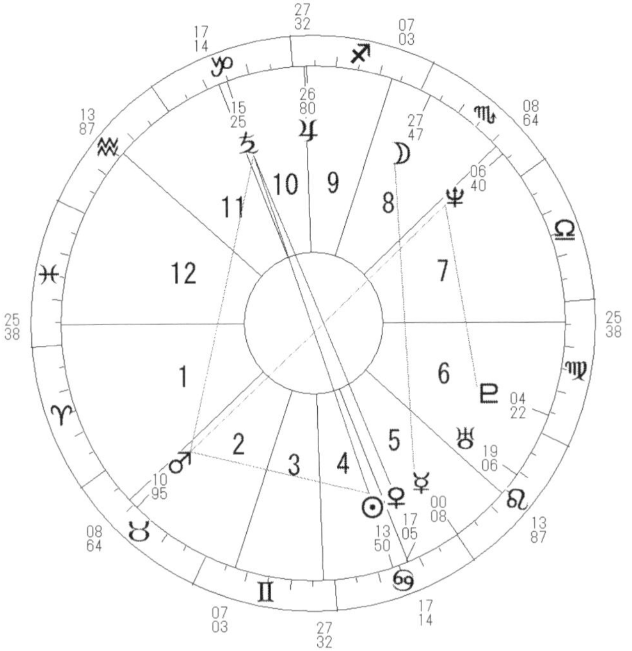

天体	チャート	場所	サイン	コンディション
月（夜）	夜	夜	夜	ヘイズ
水星（左夜）	夜	昼	昼	
金星（夜）	夜	昼	夜	
太陽（昼）	夜	昼	夜	
火星（夜）	夜	昼	夜	
木星（昼）	夜	夜	昼	
土星（昼）	夜	夜	夜	Ex con

＊エクストラコンディションはEx conと書いてあります。

ヘイズにある天体の働きは、天体の稼動力に関わるため、後に説明する２種類の品位のうち、アクシデンタルディグニティーに分類されます。また、セクトの概念を知ることは四元素を知ることに匹敵するほど基本的なことであり、ここでセクトの紹介をした意図は、品位を構成するサインと天体の関係を推理する上で、知っておかなければならない区分方法だからです。

３・天体の品位

天体の品位とは、あるコンディションに置かれたときに、天体がのびのびとその潜在能力を発揮できるか、逆に萎縮したりそれらしさを発揮できないかを見る尺度のことです。品位を測る方法は、大きく分けて二つあります。一つが天体とサインの関係を考える**エッセンシャルディグニティー**で、もう一つが天体とハウス、天体と太陽の位置関係、天体の速度や運行状況、他の天体とのアスペクトなどの二次的な側面を測る**アクシデンタルディグニティー**です。

前者に関しては、国内の占星術支援ソフトをはじめ、多くの占星術チャート作成ソフトで自動計算されるようになっていますから、それほど面倒な作業ではなくホラリー解読のヒントとして気軽にエッセンシャルディグニティーを考慮することができると思われます。しかし、後者に関しては内容がそれほど厳密ではなく、流派や占星術師によって考慮する点が違ってくる場合もあり、限られたソフトでしか自動計算されません。私はそれが不便だとは考えていません。というのは、アクシデンタルディグニティーは占星術師が注目すべき点や注意を払うべき点を簡易的に数値に置き換えているだけで、チャートを読む能力がある占星術師であれば、わざわざ数字に置き換えずとも自然に注目している点の列挙だからです。

例えば、アクシデンタルディグニティーでは天体が10ハウスにあれば５ポイント獲得します。あるいは、木星とタイトな吉角度をとっていれば４ポイント獲得します。いずれの配置もその天体の力を引き出し加勢する要素だからです。前項で説明したヘイズも天体の稼動力をアップする要因ですが、こちらを加点する流派は少ないようです。

チェック項目が多すぎて頭の中を整理するのが困難だったり、客観的目安として数値を出すことは有効ではあります。しかし、人間の直観力に制限はありません。人間にはあらゆる暗示を総括して一つの答えを導き出すことができるだけの処理能力が備わっていると私は考えています。ヘタに数値に置き換えることによって、機械的な作業だけでは拾いきれない星々の表示を見逃してしまうかもしれない弊害もあるのです。ですから、もしも占星術師が、これから列挙されるアクシデンタルディグニティーたちそれぞれの意味と、なぜそうなるかを深く理解しているのなら、わざわざ点数に置き換える作業をせずに自分の技を信じてほしいと考えています。逆にアクシデンタルディグニティーの理由がよくわからないようであれば、地道に計算さえしておけば、一定水準以上の的中率が保てるのではないかと思われます。

４・エッセンシャルディグニティー

天体がどのサインのどの位置にあるときに、水を得た魚のように振舞えるか、逆にどこにあるときにその本領を発揮しにくいかの相互関係をまとめたものです。現在の占星術では、「ルーラー」「エグザルテーション」「デトリマント」「フォール」の４種類が紹介されています。ホラリー占星術ではこれに「トリプリシティー」「ターム」「フェイス」「ペリグリン」の４

種類が加わることになります。

それぞれのシステムと一致した場所に天体があるごとに天体はいくらかの点数を獲得し、多くの点数を獲得した天体は「品位が高い」と考えます。逆にどのシステムにおいても点数を得ることができなかった場合や減点されるサインに天体がある場合は「品位が低い」ということになります。

エッセンシャルディグニティーが高い天体は、一様に品格があり価値が高いとみなされますが、質問の性質に応じて読み方を工夫する必要があるでしょう。人物を指す天体では、品位を上げるサインにあれば、育ちの良さや知名度の高さ、あるいは体調が良好でコンディションが良いことを示します。逆に品位を落とすサインにあるときは、品行方正ではなく、厭世的な人物になり、その人が周囲から敵対視されやすい状態にあることが示されています。健康状態がよくなかったり、徹夜明けなどの理由からコンディションも悪いことを示すこともあるでしょう。物品を指す天体の場合はその物品の価値の高さ低さ、状態の良し悪しがわかります。また、企業や団体の場合も品格の良し悪しで資本力や団体の体力を測ることができるでしょう。

[1]　ドミサイル

ルーラーのことです。ルーラーというのは「支配する者」の意ですから、占星術用語として多用されます。例えば、土星は時間を支配する、3ハウスは兄弟を支配するなど、「関連性がある」ことを指す場合も多いため、エッセンシャルディグニティーでのルーラーと区別する必要があります。

ところで、「火星は牡羊座のルーラー（支配者）です」という言葉はおかしい表現です。占星術における宇宙観では、サインは天体よりも威厳や普遍性があると考えられていたからです。サインは恒星ですから、地球から距離がありすぎて一見不動にして不滅のもののように観測できます。それに比べて太陽系惑星や衛星たちはフラフラさまよい、ときに逆行したり留まったり、輝きを増したり弱めたり、月は満ちたり欠けたりと、不安定です。Planetの語源は「フラフラさまようもの」の意です。ですから、本来は「牡羊座は火星をルールします」というのが正しい表現になります。

これらもろもろの利便性を考えると、「火星は牡羊座のドミサイルです」または「牡羊座のドミサイルは火星です」というほうがずっとすっきりするのです。

さて、このドミサイルの配置を決定付けた要因として、占星術の起源にあたるバビロニアからエジプト、ギリシャに至るまでの地域がすべて北半球に位置していたことが挙げられます。北半球では7月～8月の盛夏に最も太陽が猛々しく輝くため、夏の星座である蟹座か獅子座が太陽の居場所になることが決定付けられます。太陽は昼間の性質を持つ天体ですから、昼間の性質を持つ獅子座と親和性があるため、獅子座が太陽のドミサイルに最もふさわしいことに異議はないはずです。月は常に太陽と対を成しますから、夏の夜にあたる蟹座には月が配置されるのも自然な流れでしょう。

太陽と月の位置が決まればほかのすべての配置がおのずと決定されます。太陽と月を最も苦しめる180度のサインに土星が置かれ、太陽と月と対立する90度のサインに火星が置かれます。太陽と月から見て120度の吉角度に木星、60度の生産的な角度に金星があり、隣のサインには水星です。

それ以前に、月と太陽を軸に土星に向かっての天体の並びは単純に公転周期が速いものから遅いものへという順列で並んでいることに注目してください。この事実から、角度に与えられた吉凶の意味から天体の意味がそもそも決定付けられたのか、という仮説が成り立ちます。つまり、天体の吉凶の象意は角度に由来するのかもしれないのです。

ドミサイルの位置に天体があるとき、その天体は5ポイント獲得します。

エッセンシャルディグニティーの中では最高得点になりますから、ドミサイルが天体の品格を決定付けるときに最重要視されていたことは明らかでしょう。

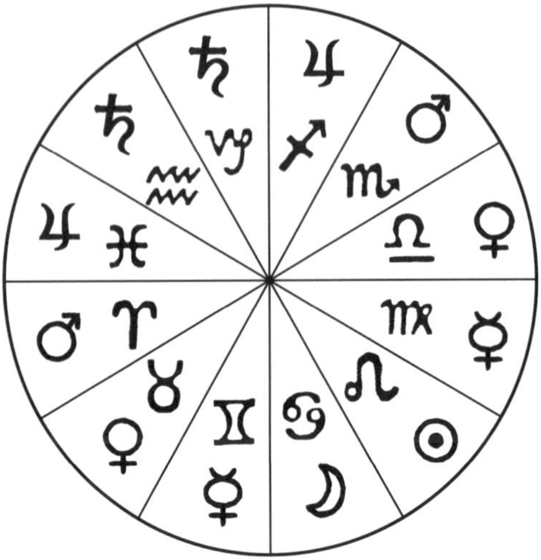

[2]　エグザルテーション

ドミサイルでは、太陽と月以外はすべての天体が二つずつのサインに支配されていましたが、エグザルテーションでは一つのサインに一つの天体です。サインは12種、天体は七つですから、５種のサインはエグザルテーション天体を持ちません。７天体にノースノードとサウスノードが加えられていることもほかのシステムとは一線を画しています。

エグザルテーションの根拠は謎だらけとはいえ、全く整合性がないわけではありません。水星のエグザルテーションが乙女座のドミサイル天体の水星と０度になっていますが、これをのぞくすべてのエグザルテーション天体は、ドミサイル天体と60度か120度の吉角をとっています。仲良しで居心地が良いという以上の意味はないのかもしれません。とはいえ、エグザルテーションの位置に天体があるとき、その天体は4ポイント獲得します。

[3] トリプリシティー

トリプリシティーの位置に天体があるとき、点数の上では3ポイントしか獲得しませんが、影響力のあるシステムです。ドミサイルやエグザルテーションをはじめほかのシステムではチャートが昼か夜かによって支配する天体が変化することはありませんが、トリプリシティーでは昼のチャートと夜のチャートでそれぞれ別の天体を受け持ちます。さらに、流派によっては「昼」「夜」に加えて「控え」の天体があり、一つのサインに三つの天体が候補に上がることになります。

トリプリシティーはその名のとおり、三角で考えるとわかりやすいでしょう。円の12分割の中に出現する三角といえば元素です。火のサインは、昼間は太陽、夜は木星を支配。土のサインは、昼間は金星、夜は月を支配。風のサインは、昼間は土星、夜は水星を支配。水のサインは、昼間は火星（金星）、夜も火星を支配します。セクトの区分では、火と風の元素は昼を支配するサインですから、それぞれに昼の性質を持つ天体を管轄し、土と水の元素は夜を支配するサインですから、それぞれに夜の性質を持つ天体を管轄しています。トリプリシティーのシステムにおいてはセクトの概念が厳密に反映されているのがわかります。

William Lilly以前のギリシャのDorotheus of Sidenは、昼夜に加えて控えの天体を採用し、水のサインが昼間支配するのは火星ではなく金星としています。Dorotheusの時代では、出生図のトリプリシティーから、天職や伴侶など、人生における重大事項をかなり具体的に占っていたようです。その際に控えの天体を仕事や伴侶の第三候補として挙げていたようです。

トリプリシティーの位置に天体があるとき、その天体は３ポイント獲得します。

[4] ターム

タームは一つのサインを五つに分け、360度に72個の切り替わり点を持ちます。しかし、この区切り方が、円を等分に60分割したものではなく、８度〜３度ごとに分けられています。タームの初めを受け持つ天体は、そのサインで高めの品位を得ているものばかりですが、獅子座と蟹座にはそうともいえない、火星と土星をそれぞれに振り当てられています。そもそもタームは太陽と月を抜きにした５個の天体から構成されているので、エグザルテーションを持たない獅子座には、トリプリシティーから品位のある天体を引っ張ってくるしかないのですが、なぜ木星ではなく、控えの土星から始まるかは謎です。一番最後に振り分けられるのは、土星か火星の凶星。そして最後の天体が受け持つ領域は４度〜３度と狭くなっています。

謎の多いシステムではありますが、古代の占星術師たちはタームに基づいて個人の体質や寿命を推測したといわれています。タームの位置に天体があるとき、その天体は２ポイント獲得します。

[5] フェイス

フェイスはサインを10度ずつ等分に区切ったシステムです。現在では、「デイカン」と呼ばれる、サインの３分割が知られていますが、デイカンとフェイスは同じものではありません。フェイスではカルディア人の天体順列が使用されています。牡羊座の火星から始まって反時計回りに、太陽→金星→水星→月→土星→木星→火星……と並びます。サインの頭に注目すると、牡牛座は水星、双子座は木星、蟹座は金星と並び、曜日の並びと符合します。火、水、木、金、土、日、月、火……。

フェイスはヘレニズム時代の占星術から派生しているようですが、Claudius Ptolemaeusは彼のシステムの中にフェイスを入れていません。しかし、中世に入ってからのホラリー占星術ではチャートの有効性の判断や、性格分析でもフェイスはそれなりに重要な役割を与えられることになります。フェイスの位置に天体があるときに、天体が獲得するポイントは1ポイントです。

カリディア人の順列→

火曜日から始まる、曜日順になっている↓

♈	♂ 10	☉ 20	♀ 30
♉	☿ 10	☽ 20	♄ 30
♊	♃ 10	♂ 20	☉ 30
♋	♀ 10	☿ 20	☽ 30
♌	♄ 10	♃ 20	♂ 30
♍	☉ 10	♀ 20	☿ 30
♎	☽ 10	♄ 20	♃ 30
♏	♂ 10	☉ 20	♀ 30
♐	☿ 10	☽ 20	♄ 30
♑	♃ 10	♂ 20	☉ 30
♒	♀ 10	☿ 20	☽ 30
♓	♄ 10	♃ 20	♂ 30

[6] デトリマント

天体がドミサイルルーラーの対向にあたるサインにあるとき、その天体は著しく萎縮するとされ、それをデトリマントといいます。例えば、太陽のドミサイルルーラーは獅子座ですから、獅子座のオポジションにあたる水瓶座に太陽があるときはデトリマントです。山羊座の月、牡羊座の金星もそうです。デトリマントの位置に天体があるとき、その天体は５ポイント減点されます。

[7] フォール

天体がエグザルテーションルーラーの対向にあたるサインにあるとき、その天体は十分に能力を発揮できないとされ、それをフォールといいます。例えば、太陽のエグザルテーションルーラーは牡羊座ですから、牡羊座のオポジションにあたる天秤座に太陽があるときはフォールです。蠍座の月、乙女座の金星もそうです。フォールの位置に天体があるとき、その天体は４ポイント減点されます。

[8] ペリグリン

天体がドミサイル、エグザルテーション、トリプリシティー、ターム、フェイスのいずれの品位も獲得しない位置にあるとき、その天体は後ろ盾のない不安定な状態にあるとみなし、ペリグリンであるといいます。ペリグリンの定義は流派によってさまざまで、ミューチュアルレセプションがあればペリグリンとみなさない場合もあります。また、ペリグリンの天体は５ポイント減点されると考える場合と、特に減点はしない場合がありますが、いずれの場合もペリグリンにある天体は予測できない動きをする場合があるため、犯人探しなどでは要注意視されます。

[9] ミューチュアルレセプション

レセプションは天体と天体の相互の関係あるいは、一方的な伝手のことを指します。相互に関係があることをミューチュアルレセプションといいＭ／Ｒと記します。例えばドミサイル同士のＭ／Ｒは、獅子座の土星と水瓶座の太陽、蟹座の金星と天秤座の月、といった具合に、二つの天体がそれぞれに相手のサインにある状態を指します。エグザルテーション同士のＭ／Ｒであれば、天秤座の水星と乙女座の土星、魚座の木星と蟹座の金星などで成立しています。

Ｍ／Ｒの関係にある天体は、自分とは関係の深くないサインにあっても、つながりを持った天体と入れ替わっていることで安全が保障されていると考えることができます。また、Ｍ／Ｒ同士の天体はまるで我が家にあるときのように活き活きと活躍できると考えてもよいでしょう。例えば、獅子座の土星と水瓶座太陽の例では、本来ならデトリマントなサインであるにも関わらず、相互に天体を交換しているおかげで安全が保障され、緊張感が緩和されると考えることができます。

点数計算においては、同じシステム内でＭ／Ｒが発生した場合は、システムに準じた加点がなされます。ドミサイルで発生したＭ／Ｒであれば＋５ポイント、エグザルテーションであれば＋４ポイントです。通常トリプリシティー以下のシステムで発生したＭ／Ｒは点数に反映されないことが多く、私もそのスタンスをとっています。

例）エッセンシャルディグニティーの点数計算

Ptolemaeusによるエッセンシャルディグニティー表													
システム	ドミサイル	エグザルテーション	トリプリシティー 昼 夜	ターム					フェイス			デトリマント	フォール
♈	♂	☉ 19	☉ ♃	♃ 6	♀ 14	☿ 21	♂ 26	♄ 30	♂10	☉ 20	♀ 30	♀	♄
♉	♀	☽ 3	♀ ☽	♀ 8	☿ 15	♃ 22	♄ 26	♂ 30	☿10	☽ 20	♄ 30	♂	
♊	☿	☊ 3	♄ ☿	☿ 7	♃ 13	♀ 21	♄ 25	♂ 30	♃10	♂ 20	☉ 30	♃	☋
♋	☽	♃15	♂ ♂	♂ 6	♃ 13	☿ 20	♀ 27	♄ 30	♀10	☿ 20	☽ 30	♄	♂
♌	☉		☉ ♃	♄ 6	☿ 13	♀ 19	♃ 25	♂ 30	♄10	♃ 20	♂ 30	♄	
♍	☿	☿ 15	♀ ☽	☿ 7	♀ 13	♃ 18	♄ 24	♂ 30	☉10	♀ 20	☿ 30	♃	♀
♎	♀	♄ 21	♄ ☿	♄ 6	♀ 11	♃ 19	☿ 24	♂ 30	☽10	♄ 20	♃ 30	♂	☉
♏	♂		♂ ♂	♂ 6	♃ 14	♀ 21	☿ 27	♄ 30	♂10	☉ 20	♀ 30	♀	☽
♐	♃	☋ 3	☉ ♃	♃ 8	♀ 14	☿ 19	♄ 25	♂ 30	☿10	☽ 20	♄ 30	☿	☊
♑	♄	♂ 28	♀ ☽	♀ 6	☿ 12	♃ 19	♂ 25	♄ 30	♃10	♂ 20	☉ 30	☽	♃
♒	♄		♄ ☿	♄ 6	☿ 12	♀ 20	♃ 25	♂ 30	♀10	☿ 20	☽ 30	☉	
♓	♃	♀ 27	♂ ♂	♀ 8	♃ 14	☿ 20	♂ 26	♄ 30	♄10	♃ 20	♂ 30	☿	☿
得点	＋5	＋4	＋3	＋2					＋1			−5	−4

＊ タームとフェイス数値は、すべて記載数値の小数点以下最小値から次の数字までを網羅するものとする。

例）牡羊座タームは1度～5度59分までを木星が支配、6度～13度59分までを金星が支配、14度～20度59分までを水星が支配。牡羊座のフェイスは1度～9度59分までを火星が支配、10度～19度59分までを太陽が支配、11度～29度59分までを金星が支配。

＊ エグザルテーション数値は、表示の度数において、特に天体が高揚するとされる度数を記載。直接得点には影響しない。

エッセンシャルディグニティーの計算例

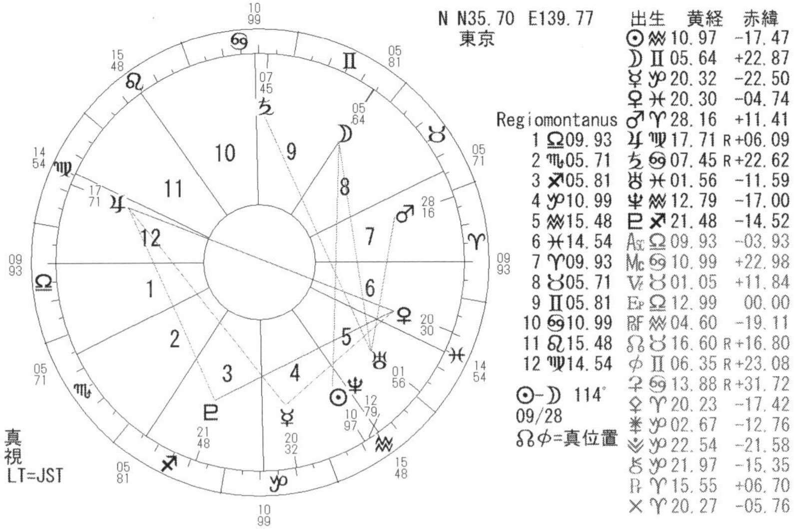

「私の歯はどうなってしまいますか？」という質問のチャートにおけるエッセンシャルディグニティーを検証してみましょう。

今回の例題ではペリグリンにある天体を－５として計算してみました。

月（＋4）

双子座にあって、ドミサイル、エグザルテーション、夜のトリプリシティー、ターム、フェイスのいずれにおいてもディグニティーを得ず、この月はペリグリンのコンディションになります。マイナス要因である、デトリマントとフォールはありません。ところが、双子座の月と牡牛座のドラゴンヘッドの間でエグザルテーションにおけるＭ／Ｒが発生しています。そのためペリグリンにはならず、エグザルテーションで獲得できる4ポイントを獲得します。

水星（−5）

山羊座にあって、ドミサイル、エグザルテーション、夜のトリプリシティー、ターム、フェイスのいずれにおいてもディグニティーを得ず、この水星はペリグリンのコンディションになります。マイナス要因であるデトリマントとフォールはありません。

金星（＋4）

魚座にあって、エグザルテーションを獲得しています。

太陽（−10）

水瓶座にあって、ドミサイル、エグザルテーション、夜のトリプリシティー、ターム、フェイスのいずれにおいてもディグニティーを得ず、この太陽はペリグリンのコンディションになります。さらにマイナス要因になるデトリマントになります。−5−5＝−10

火星（＋5）

牡羊座にあって、ドミサイルを獲得しています。

木星（−3）

乙女座にあって、17度ですからタームを獲得していますが、デトリマントで減点されます。＋2−5＝−3

土星（−10）

蟹座にあって、ドミサイル、エグザルテーション、夜のトリプリシティー、ターム、フェイスのいずれにおいてもディグニティーを得ず、この土星はペリグリンのコンディションになります。さらにマイナス要因になるデトリマントになります。−5−5＝−10

このチャートの質問者は筆者です。私の出生のASCはこのホラリー図と同じ天秤座にあるため、質問者に親和性のあるチャートです。私が問題にしていたのは、右上の奥歯７番と８番。上顎と上の歯を支配するのは１ハウス後半。男性サインは身体の右半身を支配し、さらに天秤座は７番目のサインです。１ハウスは見事に右上奥歯７番を示しているように見えます。

１ハウスルーラーは金星です。歯そのものを示す金星はエグザルテーションしていてなかなか良好なようです。実際私の歯は丈夫でエナメル質が固く27歳まで虫歯とは縁のない良好な歯です。問題は歯を支えている土台にあたる歯周骨のほうです。レントゲンを撮ると、歯周骨が溶けて歯の根っこを支えることができない状態になっています。重度の歯周病の症状ですが、後に原因は若年期の歯列矯正によるものだと判明しました。いずれにせよ、歯を支える土台を示すハウスを見つける必要がありそうです。

歯を示す１ハウスから見た４番目のハウスがその基盤にあたる歯周骨を支配する場所です。つまり４ハウスです。４ハウスのカスプは山羊座で支配星は天頂の土星です。４ハウスには水星がありますから、土星と水星が歯周骨です。土星はデトリマントの蟹座にあり、ペリグリンですからかなり品位が悪い。水星もまたペリグリンで不安定です。歯のほうは質も良く問題はないようですが、それを支える骨が著しく状態が悪いのです。

病を示す６ハウスの支配星は木星で、12ハウスにあり品位を落としています。外側からは見えない箇所が蝕まれているのです。

歯医者を支配するのは７ハウスで、その支配星であり７ハウスにある火星が医者です。医者は本来のサインであるドミサイルサインにありますから、医者の質は良いといえるでしょう。しかし、エッセンシャルディグニティーでは医者の腕や能力を測ることはできず、その医者の出自の良さを推測できるのみです。腕が良いかどうかは、アクシデンタルディグニティーを見ないことにはわからないのです。ですから、この医者は雇われの非常勤ではなく、開業医の院長が出頭してくれることが示されています。実際当時私がかかっていた医者は地元の開業医の若い院長でした。

治療方針を示す10ハウスには、土星がぴったり張り付いているため、この治療には時間がかかり、苦痛を伴い、見通しが悪いことを暗示しているようです。とはいえ、10ハウスの支配星である月はペリグリンではありますが、辛うじてドラゴンヘッドとのＭ／Ｒに救われ品位を得ています。月は私自身をも示すため、このチャートにおける救いは私の強さと医者の質、それから治療方針の良さといえます。

その後どうなるかは、このステップで読み進めることはできませんが、天体のエッセンシャルディグニティーがわかっただけでも、どこが悪くてどこは良好なのかをここまで正確に知ることができるのです。

5・アクシデンタルディグニティー

天体とハウス、天体と太陽の関係、天体の速度、天体の運行、天体とほかの天体との関係、天体と恒星、など二次的な要因に注目した計算方法です。アクシデンタルディグニティーによって、その天体の実力がわかるのです。エッセンシャルディグニティーは単に生まれの良さや品性が示されるだけだったのに対して、こちらは実際にその天体が発揮できる行動力や巧みさを暗示します。いくら生まれが良くて品性があっても、アクシデンタルディグニティーで動きにくい場所に閉じ込められた天体は、物事を動かす力に欠けているのです。

例えば、火星のエッセンシャルディグニティーが低くアクシデンタルディグニティーが高い場合を例にとると、安物の古びたハサミであってもリビングのペン立てにつっこんであるものは毎日のように借り出される様子を示します。逆にエッセンシャルディグニティーが高得点でアクシデンタルディグニティーが低い場合は、よく切れる高価なハサミが木箱に入れたまま仕舞い込んであるがためにめったに借り出されない状態を想像してください。

エッセンシャルディグニティーと違って、アクシデンタルディグニティーを厳密な加点方式にすることには疑問が残ります。チェックすべきだと感じる項目が、占星術師がチャートの何に注目するかによってかなり違ってくるはずだからです。ここでは参考までにWilliam Lillyの加点方式を紹介しますが、それが絶対ではないことを念頭に置いて読み進めてください。

[1] ハウス

天体は、Angular（1－4－7－10）にあるときに最も目立ち、衝動が表面化や行動化しやすいため、ホラリーではこのハウスが最も力を持つとみなします。Succedent（2－5－8－11）がその後に続き、Cadent（3－6－9－12）は弱いとされますが、ハウスのクオリティーよりも注目すべき点があります。1ハウスから見た位置関係です。1ハウスから見てメジャーなアスペクトをとらない2ハウス、6ハウス、8ハウス、12ハウスには、表面化しない問題や潜在的な問題が意味合いに含まれています。

ホラリーは事象を占う技法ですから、動きがあるかどうか、表面化するかどうかが最大の論点になります。性格判断や運命判断を扱うネイタル占星術では重要な意味を持つハウスであっても、ホラリーでは原因を扱うハウスに天体があれば、その天体の稼動力は弱いとみなされます。点数とは必ずしも連動しませんが、以下がハウスの強さの順です。上が1世紀ギリシャヘレニズムの占星術家Dorotheus of Sidonのもので、下が17世紀イギリスのWilliam Lillyの順列です。

Dorotheus	1＞10＞11＞5＞7＞4＞9＞3＞2＞8＞6＞12
Lilly	1＞10＞7＞4＞11＞5＞9＞3＞2＞8＞6＞12

〈ジョイ〉

各天体にはそれぞれに、喜びを得る場所があるという考えです。逆の立場で考えると各ハウスには支配する天体があるということで、エッセンシャルディグニティーに近い考え方です。天体がジョイのハウスにあるときは嬉々として輝くと考えてください。ハウスは12ハウスで天体は七つですから、どの天体とも関連付けられていないハウスもあり、不完全な感も否めませんが、ジョイの影響力は大きいと私は感じています。しかし、アクシデンタルで直接加点されない場合が多いようです。

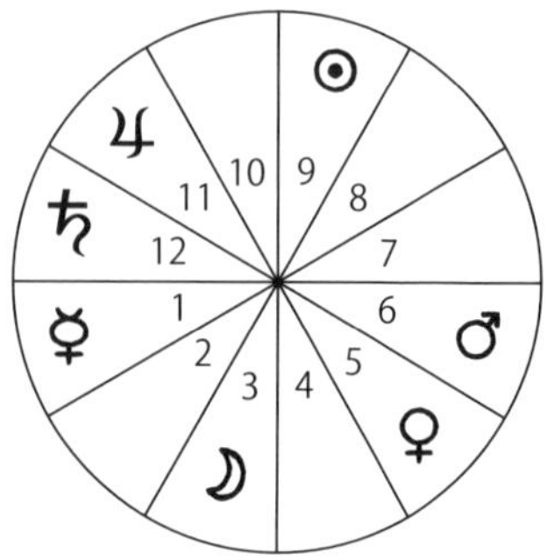

[2]　太陽との関係

天体を肉眼で観測する場合、太陽との位置関係によってその天体がどのように輝くかが左右されます。星が太陽から十分に離れていればその輝きを肉眼で認めることは容易ですが、太陽に近づきすぎると陽光にかき消されてその姿を観測することができなくなります。天にあるものは地上にあるものの映し絵なのですから、ある星の姿が観測できないのであれば、その天体がホロスコープの象意として力を弱めると考えるのは自然なことです。

〈オリエンタルとオキシデンタル〉

太陽から見て天体が右側にあるか左側にあるかを考えるときに用いる概念です。一体なぜそんな概念を知る必要があるのでしょう？
月のことを考えてみると、新月のときにすっかりやせ細っていた月は、太陽から離れ輝きを増しながら満ちながら満月を向かえます。これは太陽の左側を月が移動しているときの光の移り変わりです。太陽から180度の位置まで達し満月に至った月は、今度は徐々に欠けながら新月に至ります。これは太陽の右側を移動しているときの光の移り変わりです。このように月は満ちていくプロセスで勢いを増し、欠けていくプロセスで弱まっていきますから、太陽の右側にあるか左側にあるかで随分とコンディションが違ってくるはずです。

同じく、水星や金星のように太陽よりも動きの速い天体は、太陽の左側にあるときには太陽から離れていきながら力を増しますが、太陽の右側にあるときは太陽に接近し続け最後には光を吸収されてしまいます。逆に太陽よりも動きの遅い天体は、太陽の右側にあればより動きの速い太陽が離れていくことで夜空に際立って輝くことになり、左側にあるときは太陽が接近してきますから、どんどん光を弱め最後には見えなくなってしまいます。以上の理由により、太陽よりも動きの速い、月、水星、金星は太陽の左側にあるほうが好ましく、太陽よりも動きの遅い、火星、木星、土星は右側にあるほうが好ましいとみなされるのです。

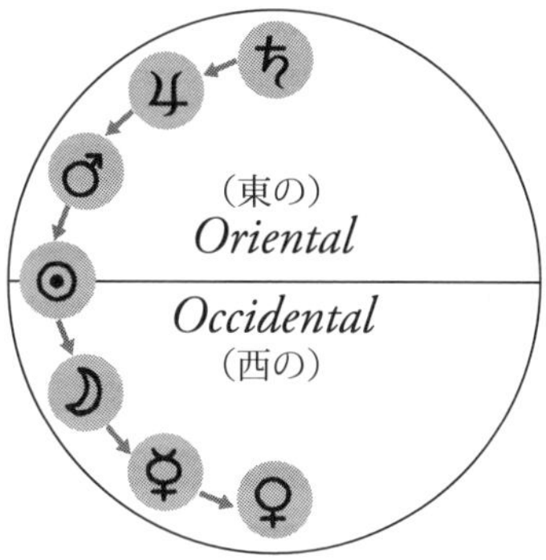

オリエンタルは「東の」という意味で、オキシデンタルは「西の」という意味です。例えば、金星を例に東と西を考えてみましょう。金星が太陽から離れながら光りを増していく状態で日没を迎えた場合、その光度は最大で１等星の170倍にもなり、まだ明るさの残る空に

あってもひときわ輝いて見えます。その夕方の西天に見えるものを「宵の明星」といいます。逆に太陽に接近しながら明け方の東天に見えるものを「明けの明星」といいます。いずれの場合も太陽から十分離れているからこそ美しい姿を観測でき、古来からその神秘的な姿はさまざまな予兆として人々の空想力を掻き立てました。占星術の世界では、ただどちらも美しいでは済まず、金星の行く末を考慮して、太陽から離れていくほうが太陽に接近して飲み込まれるより星のコンディションが強まると考えたのです。

〈東天と西天の対比図〉

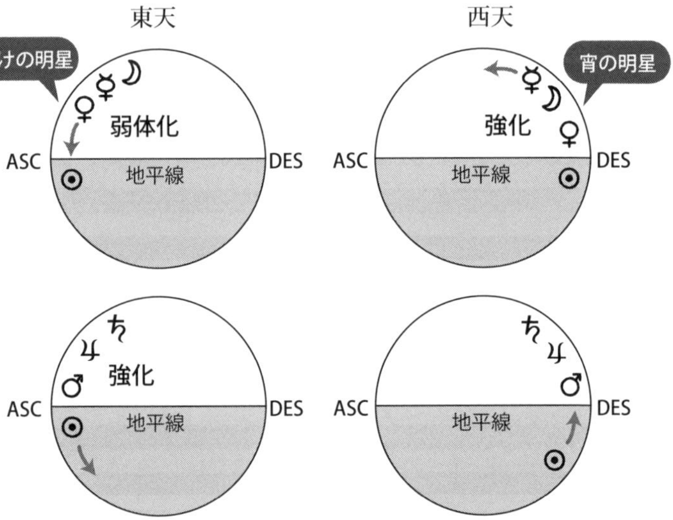

このように、オリエンタルとオキシデンタルの「東の」「西の」というのは、星が東天に輝く状態と西天に輝く状態を指すのであって、太陽を基点に円を半分に分けたときの右側と左側をASCとDESの位

置から考えての東と西ではありません。太陽より速い天体は東天（オリエンタル）で観測されるときは弱体化し、西天（オキシデンタル）に観測されるときに強化します。逆に太陽より遅い天体は東天（オリエンタル）で観測されるとき強化し西天（オキシデンタル）に観測されるときに弱体化します。

以上の理由から、月、水星、金星がオキシデンタルであれば加点され、火星、木星、土星がオリエンタルであれば加点されます。逆に月、水星、金星がオリエンタルにあれば減点され、火星、木星、土星がオキシデンタルであれば減点されます。

〈ルミナリーズによる吉報〉

何かを始めるのに良い日を人為的に選定するエレクショナルの技法でもそうですが、太陽と月の関係は大きな意味を持ちます。月が太陽に対してセクスタイルあるいはトラインの角度を完成させようとしているときに立てられたチャートは、良い結果への確証を得たも同然と考えられます。

〈月の相〉

新月は生物の生体エネルギーを低下させ、士気を下げたり眠気を誘ったりします。逆に満月には興奮作用があり、エネルギーが上昇すると感じる人が多いようです。占星術でも、新月の、特にこれから太陽の懐に収まろうとする月の状態、すなわち第28相あたりはエネルギーの低下が起こると考えられます。物事の終局を暗示し、もう何も生まれない状態を予感するのです。それに対して、満月は完成を意味し物事が最も充実して満たされた状態を示すと考えられます。

このような月の相の大原則を理解した上でチャートに取り組むと、

その事柄がどのようなエネルギー状態にあるのかの目安になります。

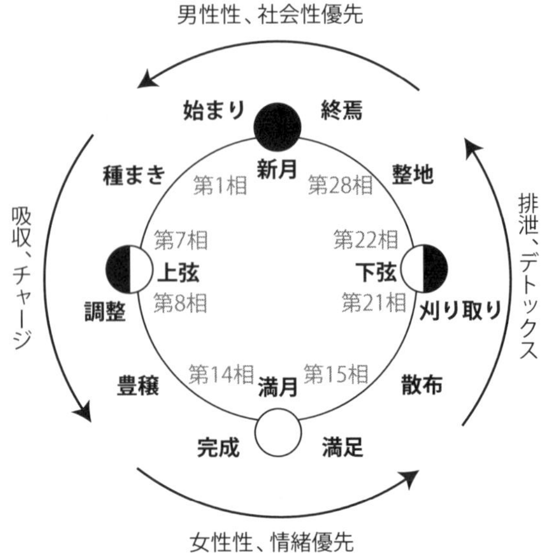

〈コンバスト〉

太陽の左右8.5度以内に位置する天体は、コンバストと呼ばれる絶望的なコンディションにあると考えられます。コンバストゾーンに位置する天体の弱体化はほかのどのコンディションよりも激しいとされ、それだけで勝敗を占えるとする占星術師もいます。「オリエンタルとオキシデンタル」の項で述べたように、太陽の光のそばにある天体はその光を陽光にかき消され、地上から全く観測できなくなることから、そのように考えられたのでしょう。勝敗ごとではコンバストされている天体に勝ち目はないと読んでかまわないのですが、例えばコンバストゾーンにある天体が、自分の姿が明るみに出ることを望まない場合はそのかぎりではないはずです。何かから逃げていたり、姿を隠すことによるメリットがある場合です。

コンバストはサインをまたいで考慮されることはなく、また、同じ度数離れていても、太陽につっこんでいく場合のほうが事態は深刻で、太陽から離れていく場合のほうが緩和されると考えてよいでしょう。

〈アンダーザサンビーム〉

コンバストゾーンから、さらに8.5度光を伸ばしたゾーンがアンダーザサンビームエリアになります。太陽の左右17度です。アンダーザサンビームはサインをまたいでも考慮するようです。そして、コンバストほどではないにせよ、天体を弱体化させる要因になります。コンバストと同じくゾーンにつっこんでくる天体のほうが、離れていく天体よりも深刻な状態にあると考えられ、太陽までの距離が狭ければ狭いほど危険とみなされます。アンダーザサンビームには光をかき消すほどのエネルギーはないため、「姿を隠す」という意味を読むことはできないものの、「見えにくい、見逃されがち、光が弱い」という読みは成立するでしょう。

私の実感では、コンバストに比べ著しく影響力のないセオリーのように思えます。天体を弱体化させる要因として参考にする程度で、ほとんど気にする必要がないといってもよいでしょう。

〈カジミ〉

太陽から０度17分しか離れていない極近エリアがカジミです。こちらは意味が好転し、完全に安全な状態にあるとみなされます。カジミエリアにある天体は、王の懐に入り玉座に一緒に座れるほどの身分に昇格したとでもみなされるのでしょうか。カジミによって身分が保障された天体は、コンバストのときとは全く逆に、それだけでほとんどの天体を圧する力を持つと考えてよいほど強化されます。

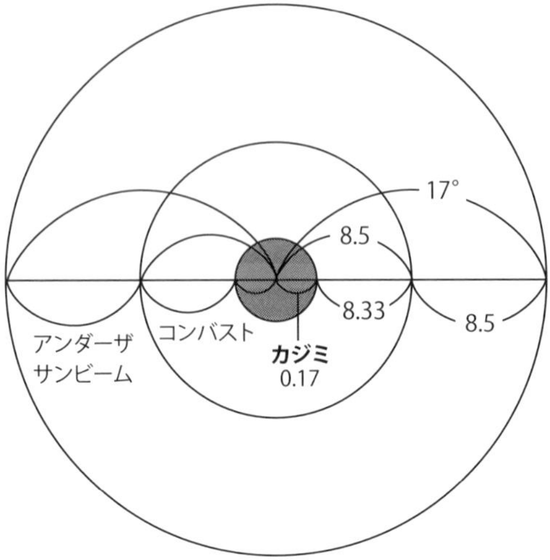

[3] 天体の運行状況

占星術では天動説で星の運行を観測するため、地上と相対的に見て天体がとどまっているように見えたり、反対方向へ移動しているように見えるときがあるだけでなく、その歩みを速めたり遅めるようにも見えます。また、近地点を経過するときは光を増し、遠地点を経過するときは同じ星なのに弱々しく輝いているように見えます。ずっと遠くに輝く恒星たちに比べ、太陽系惑星たちの動きは不安定で夜空をフラフラさまよっているように見えたに違いありません。そしてごく自然にその動きに意味を見出したのでしょう。

〈速度〉

天体が速く移動しているときは、その天体が力を増していると考え、遅く移動しているときは、力を弱めていると考えます。天体がまるで動きを止めているように見えるときのことを「留」とか「ステーション」と呼び、その状態はさらに衰弱しているとみなします。惑星たちの不安定な動きは、それらが地球と共に太陽を周回していることに由来するため、太陽の動きのふり幅はずっと少なく、安定しています。

天体が速いか遅いかを見極めるためには各天体の平均的な速度を知る必要があります。現在移動中の天体の速度を知るためには、ある日の正午から次の日の正午まで天体がどれだけ移動したかを計算するか、天文暦や占星術支援ソフトでその日の天体の移動速度を表示できるものを参照するとよいでしょう。平均速度とその日の移動速度との対比で速いか遅いかを導きだします。

しかし実際にチャートを解読する上で、天体の速度に大きな影響力があるかは疑問です。とはいえ、陸上競技や競馬、移動や運搬など「速さがカギとなる」質問内容では速いほうが有利でしょう。また、留の状態は病状などを見るときには進展を見せない、起き上がれないほど衰弱が激しい状態を暗示するはずです。質問内容によって要チェックというくらいの認識でよいのではないでしょうか。

	1日に移動する平均速度
月	13° 10'36''
水星	0° 59'08''
金星	0° 59'08''
太陽	0° 59'08''
火星	0° 31'27''
木星	0° 04'59''
土星	0° 02'01''

〈進行方向〉

天体がサインの度数を進めながら通常方向に運行することを「順行」といい、状態が良好であると考えます。天体が通常とは逆の方向に移動しているように見え、サインの度数をさかのぼることを「逆行」といい、必ずしも弱まるわけではないが異常であると考えます。太陽と月以外の惑星はすべて逆行運動します。

太陽と月に順行の加点をするかという問題は、私は、太陽も月もいかなるチャートにおいても重要な役割を果たすキーパーソンであることからも、ほかの天体よりも稼動力や支配力があってもおかしくないことからも、ここで自動的に加点されてもよいと考えます。ほかのほとんどの天体がこの項目で加点されている中、太陽と月だけそれがないとアンバランスな総合点になることがすぐにわかります。また、ほかの惑星が太陽から十分離れているという理由から5ポイントも獲得している中、太陽はその加点がないことからも平均的に低い総合点になりやすいため、巡行することで自動的に5ポイントもらえることはバランスをとる上で強い意義があります。

ホラリー占星術では、天体を質問者や関係者を代弁して動く象意としてとらえますから、度数をさかのぼって逆向きに移動する天体は、あたかも忘れ物をとりに帰っているように見えたり、元の鞘に収まろうとしているかのように見えます。特にある天体が逆行しながらいったん離れていった天体に再び会合するような場合は、そこに物語性を読み取って当然といえるでしょう。例えば、失踪者や紛失物を示す天体が逆行しているときは、それが戻ることを暗示します。また、復活愛や社会復帰などのカムバックを望む人にとっても逆行が吉意に見えるでしょう。

逆行している天体を特定の関係者の象徴としてみなさずに、各天体の役割に基づいて意味を考えた場合のリストは以下を参考にしてください。

水星	誤報、誤解や思い違い。コミュニケーションの錯誤。交通機関の混乱や渋滞。物事を変わった視点からとらえたり熟考する傾向。過去を検証したり歴史をさかのぼって紐解く調べ物にも有効。
金星	退廃的な快楽主義、デカダンス。浪費。未練、復活愛。甘えや共依存傾向。
火星	復讐心。情熱やトラブルの再燃。判断ミスによるけがや事故。過剰な欲望。
木星	自堕落、甘やかし、無頓着、ダイエットのリバウンド。多忙。
土星	見直し、再検討、再構築。見過ごされたと思ったミスや手抜きにつっこみが入る。問題の再浮上。落胆。失望。

[4]　ほかの天体や感受点との関係

ここでいう「関係」とは、アスペクトのことです。アスペクトは通常「動き」を示し、Step 6においては、最終的に物事が成就するか物別れに終わるかなどの方向性を決定付ける表示として掘り下げます。そのような切り口でアスペクトを考える場合は、ホラリー特有の「接近」と「分離」の動きを考慮しながら、時系列的に天体の動きを見極める必要があります。しかし、ここでは天体Ａを見たときに、天体Ｂとのアスペクトが、天体Ａに力や幸運を与える、あるいは逆に、弱めたり凶意を与える、という配置を列挙します。その場合、アスペクトが成立しているとみなすための「幅（オーブ）」や「接近、分離」などのいっさいの考慮を認めるべきではないのです。つまり、角度が「ぴったりと」形成されている必要があります。

角度がぴったりと形成されている状態を「パーチル（partile）」といいます。パーチルの定義では、小数点以下を単純に切り捨てて１の位と10の位が同じ数値であることを求めます。例えば、00.99度と01.00度の距離差はわずか00.01度ですがパーチルとみなされず、00.01度と00.99度の距離差は00.98度でほぼ１度に近いのですがパーチルです。このように、パーチルの定義では実際の距離の開き以上に数霊（かずたま）的意味合いが重視されているのは興味深いところです。

また、ノード、恒星、感受点、アラビックパートに関してはいっさいのアスペクトは成立しません。それらのポイントと同じ位置にあるかその周辺にあることを重要視します。

〈吉星、凶星とのアスペクト〉

金星あるいは木星とのコンジャンクション、トライン、セクスタイルが、パーチルで成立している場合、その天体はラッキーな状態にあると考えます。火星あるいは土星とのコンジャンクション、スクエア、オポジションが、パーチルで成立している場合、その天体は残念な状態にあると考えます。

〈包囲〉

ある天体が、土星と火星などの凶意を持つ天体に挟まれている状態を特に「絶望的な状態」とみなす考え方です。その不幸な天体は後退しても先へ進んでも凶星の懐へ入らざるを得ないからでしょうか。これと逆に、二つの吉星に挟まれた場合も「包囲」が成立し、その天体の成功や繁栄が強くサポートされた状態とみなすようです。

占星術師によって、包囲は同じサイン内でしか成立しないとみなす場合と、別のサインにあっても成り立つとみなす場合があるようです。同じサインの包囲を見つけるのはたやすく、例えば牡羊座5度に火星、牡羊座7度に水星、牡羊座16度に土星があれば、水星が包囲されていると考えます。別のサインで発生している、例えば、牡羊座5度の火星、蟹座7度の水星、牡羊座16度の土星といった場合です。

それにしても、この考え方をわざわざ「包囲」などと名づけて特別視する意味があるでしょうか。普通にチャートを読んでいれば上記の水星の絶望的状況は見て取れるはずです。あるいは、上記の配置から絶望的なメッセージ以外を読み取ることも可能であって、その可能性を残すためにも、「包囲」などという定義に押し込めるメリットは少ないと私は考えます。

〈ノード〉

天の白道（月の通り道）と天の黄道（太陽の通り道）が北で交差するポイントがノースノード（ドラゴンヘッド）で、南で交差するポイントがサウスノード（ドラゴンテイル）になります。新月や満月がノード上で発生すると日食や月食が起こります。ノードは天体ではなく感受点と呼ばれる特定のポイントですから、ほかの天体のようにアスペクトを考慮しませんが、そのポイントに威力がないわけではなく、むしろ強烈な磁場を作り出している可能性が高いようです。

ホラリーではノースノードに大きな吉意、サウスノードには不吉な意味が与えられています。占星術にカルマティックな意味を持ち込んだ分野では、ノースノードが良縁でサウスノードが悪縁と考えられたりもします。いずれにせよ、ノードは「食」に関係しますから規模の大きなものを扱い、政権の交代や王位の異変あるいは天変地異や革命など集団を巻き込む出来事を暗示させるポイントとして注視されます。

サインを問わずノードのある度数（小数点切り捨て）に天体があれば、その天体は吉凶関わらず大きな影響力を持ちます。また、サインを同じくしたサウスノードの近くの天体は多くの良縁を引き寄せますし、ノースノードの近くの天体は本人が望まない縁を多く引き寄せるかもしれません。その場合のオーブを私は広めに取りますが、サインをまたいでいれば考慮しません。

〈恒星〉

恒星とは自ら輝きを発する天体のことを指し、太陽も恒星の一つです。しかし恒星たちは太陽と違って地球からの距離が数億光年にもなるため、地球の公転や太陽系との相対運動によって生じる見かけ上の位置変化はわずかとなります。恒星の語源は「恒(つね)に」その場所にあって動かないことから来ていて、惑星の「惑う」と相対して威厳があることに由来します。

恒星そのものの移動を観測することは気が遠くなるのですが、歳差運動が加わることによってわずかずつではありますが、位置がずれていきます。おおよそ72年かけて１度移動。１年で0°0'50"、10年で0°8'33"移動します。この移動によって2010年には２千年以上獅子座にあり、「獅子の心臓」の名を持つレグルスが乙女座の0度に移るという大きな変化も控えています。これはもちろん四季と一致させたトロピカルゾディアック（移動春分点を元にした12宮）における乙女座０度ですから、実際の星座位置は2千年前と変わらず獅子の心臓部で輝いていることになります。

それでは、ホラリーではどの程度恒星を考慮するかというと、William Lillyは、クリスチャンアストロロジーで実に50もの恒星を用いてチャートを解読しています。恒星の意味はその星にまつわる神話から推測される場合がほとんどですから、質問内容が神話につながりを持ったものであれば特に注目することになります。例えば、御者座α星のカペラは、全天５位の明るさを誇り古来から数々の神話を持ちます。ギリシャではクレタ島に逃れたゼウスに乳をやって育てた雌山羊とみなされていました。質問が授乳期のおっぱいトラブルについてであれば、カペラと質問者を示す星のコンジャンクションは、先行きの明るさを暗示しているはずです。最高神ゼウスを育てるほどの乳ですから、質問者のおっぱいは間違いなく質も良く出も良くなることでしょう。

しかし、専門家になろうというのでもなければ、いくつあるとも知れない膨大な恒星を駆使しながらチャートを読む技術はすぐには身につきませんし、ホラリー占星術にどうしても必要な技法ともいえません。一般的に取りざたされる主な恒星はコラム「恒星の種類とその意味」を参照してください。ディグニティーの計算に加点減点されるものはレグルス、アルゴル、スピカの三つです。

恒星を参考にする場合、アスペクトの概念は適応できません。惑星と同じ位置に天体があればその恒星が持つ意味の影響を受けると考えます。オーブもせいぜい１度〜２度もとれば十分でしょう。例えばAnthony Louisは１度まで実感があると述べています。

〈特定の度数〉

① 獅子座22度

この度数にはあまり良い意味が与えられておらず、ここに天体があると他者に最悪な印象を与えることでチャンスを逃すことを暗示するようです。例えば、水星があれば、口が災いの元になり悪い印象を与えるなどの解釈ができるなどです。

②蠍座19度

呪われた度数ともいわれるほど不吉な意味が与えられた場所です。しかし、その真意は疑わしく、例えば、Olivia Barclayのテキストでの旅行の質問では、質問者を示す星がここにあったにもかかわらず結果がすばらしかったとのことです。

③サインの境界線　29度〜0度

サインが切り替わる直前と始まった直後には、ほかの場所が持たない不安定さがあることから、そのような場所に質問に関係する天体を認めた場合、特別な注意を払います。29度では、ある種の決断を下さざるを得ないほど状況が熟している可能性が高く、0度では強烈な引っ張りや、のっぴきならない衝動や無分別などが暗示されます。

④ルナーマンション　月の28境界線

サインの切り替わりと同じように、月の相を28相に分けた場合の切り替わり境界線にも注意を払う必要があるという考え方です。360度を28分割すると、活動宮の起点から起点への一区切りを七つのエリアに分けることができます。円を活動宮を起点とした4区画で考えると、28の境界線すべてを覚えなくても、クオリティー別にどの度数を問題視するかが簡単にわかります。

活動宮	0度、12度、25度
不動宮	8度、21度
柔軟宮	4度、17度

以上がルナーマンションの境界線の位置になり、この度数に天体があるとき、不安定であるとみなして注意を払うわけです。実際にこのセオリーが使いものになるかどうかは、筆者の浅い研究では未知であり、今後検証していくしかないでしょう。

「ハウス」「太陽との関係」「天体の運行状況」「ほかの天体や感受点との関係」以上の４項目がアクシデンタルディグニティーで考慮されるポイントです。それらを天体の稼動力を後押しするものと、天体の動きを妨げたり衰退させるものの一例として表にまとめておきます。

天体の稼動力を高める要因		天体を弱体化し動きにくくする要因	
ヘイズ	—	エクストラコンディション	—
ジョイ	—	サインの境界線やルナーマンションの切り替わりポイント	—
太陽と月が吉角度	—	月がバイアコンバスタゾーンを経過	—
１ハウス、10ハウス	＋５	12ハウス	−５
４ハウス、７ハウス、11ハウス	＋４		
２ハウス、５ハウス	＋３		
９ハウス	＋２	６ハウス、８ハウス	−２
３ハウス	＋１		
月が第１相～第15相（太陽に対して０度～180度）	＋２	月が第16相～第28相（太陽に対して180度～360度）	−２

水星、金星がオキシデンタル （太陽に対して0度～180度）	＋2	水星、金星がオリエンタル （太陽に対して180度～360度）	－2
火星、木星、土星がオリエンタル （太陽に対して180度～360度）	＋2	火星、木星、土星がオキシデンタル （太陽に対して0度～180度）	－2
カジミ （太陽の左右0.17度以内）	＋5	コンバスト （同サイン内で太陽の左右8.5度以内）	－5
太陽から十分離れている （コンバストあるいはアンダーザサンビームされていない）	＋5	アンダーザサンビーム （太陽の左右17度以内）	－4
順行	＋5	逆行	－5
平均速度以上の動き	＋2	平均速度以下の動き	－2
金星、木星とのパーチルな0度	＋5	火星、土星とのパーチルな0度	－5
金星、木星とのパーチルな120度	＋4	火星、土星とのパーチルな180度	－4
金星、木星とのパーチルな60度	＋3	火星、土星とのパーチルな90度	－3
吉星による包囲	＋5	凶星による包囲	－5
ドラゴンヘッドとの合	＋4	ドラゴンテイルとの合	－4
レグルス（獅子座29度）との合	＋6	アルゴル（牡牛座26度）との合 （5度程度のオーブ）	－5
スピカ（天秤座23度）との合	＋5		

6・レセプション

天体同士の力関係や各天体の稼動力がわかれば、次にそれらが相互にどのような関係にあるのか、互いをどのように認識しているのかを知ることができれば、もっとリアルにホロスコープを読み解くことができます。

レセプションとは天体と天体の相互の関係あるいは、一方的な伝手のことを指します。相互に関係があることをミューチュアルレセプションといいM／Rと記します。ところで、レセプションは相互に発生しなくても常に起こっています。例えば、牡羊座に金星があれば、その金星は牡羊座の支配星である火星を意識しているのです。その火星が山羊座にあったとします。火星は山羊座の支配星である土星を意識します。火星は土星を意識しつつ、金星から意識されていることを認識しているかどうかは、天体間にアスペクトがあるかどうかによります。John Frawleyは、このつながりのことを「好意を抱いている」と表現しました。

本来レセプションはアスペクトが発生してはじめて起こるとされるのですが、ホロスコープには黙して語らずとも存在している箇所がいくらでもあります。しかし使用されていない場所、注目する必要がない場所だからといって、そこに何もないのではないのです。リーディングに直接関係がないからといって、何も起こっていないとする必要は全くありません。私はレセプションはアスペクトでつながる天体以外を結ぶツテのような役割を果たし、ときにはそれがチャート解読の大きなヒントになると考えています。もちろんアスペクトがなければ、何もアクションはないのですから、答えに影響を与えることはめったにありませんが、アクションがなくても好意を抱いたり招待されていることが大きな意味を持つ質問もあります。特に恋愛や人間関係に関する質問ではそうです。

レセプションはまた、ドミサイル以外の品位でも発生します。例えば、エグザルテーションなら、牡羊座に金星がある場合、金星は火星に好意を持つと同時に太陽にも好ましい印象を持っていると考えます。

例）ホラリーチャートにおけるレセプションの働き

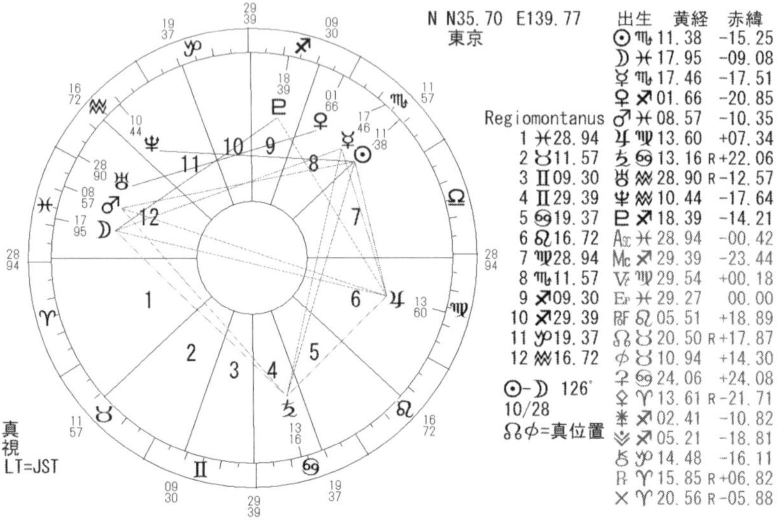

例）「娘はK幼稚園に入園できるでしょうか?」	■**質問者：1ハウス**　乙女座木星 ■**娘：5ハウス**　魚座月 ■**幼稚園**：（娘から見た3ハウス）**7ハウス** 蠍座水星

母親を示すアセンダントの度数はかなり成熟しているため、質問者の中で熟考されたテーマであり答えはもう出ているようです。

母親を示す木星は乙女座にあるため、K幼稚園を示す水星に好意を持っています。ところが、娘さんを示す月は魚座にあるため、水星がデトリマントおよびフォールの天体になりK幼稚園を嫌っています。K幼稚園から見た娘さんもまた、フォールにあたるため好ましくない子どもにみえるようです。つまり乗り気なのは母親だけで、子どもとK幼稚園は互いを嫌っています。

一方、実際のアクションを示すアスペクトのほうでは、娘さんを示す月とK幼稚園を示す水星がタイトなトラインを形成しているため、入園することができることを暗示しています。

「K幼稚園には入ることができますが、娘さんはK幼稚園を好きではないようです。K幼稚園の側も娘さんの性質と園の方針の違いからか、あまり好ましく思わないようなので、入園してから問題が出てくる可能性は否めないでしょう」という答えを出しました。

K幼稚園を示す水星は８ハウス蠍座にあり、この園が血筋や過去の卒園生とのつながりを持つ子どもを優遇することがうかがえます。実際に少人数しか取らずアットホームで親密な関係を築く園だったようです。娘さんを示す月は、母親を示すサインである魚座にあり、12ハウスに隠れてしまっていて、品位も低いことから、まだ十分に成長しておらず、園が望むようなステイタス値に達していない可能性があります。また、水のサインにあり母親から離れる心の準備が整っていないようにみえます。この子は３年保育でK幼稚園に入りましたが、なかなかなじむことができず、毎朝泣いたり腹痛を起すようになり、結局翌年まで休園というかたちで改めて２年保育で入園することになったそうです。

このように、実際のアクションで答えが「イエス」であっても、レセプションが後々まで残る重要なファクターを示している場合もあるため、質問によっては注意を払う必要があるといえるでしょう。

恒星の種類とその意味

（トロピカル12宮の位置は、2008年1月のものになります）

ロイヤルスター

恒星の中でも特に、アルデバラン、アンタレス、レグルス、フォーマルハウトは黄道上にあり、特定の時期に太陽がその真上を経過し、月やほかの惑星も接近することで光がさえぎられて弱まることがあります。そのため、王の運命を占う上で大切な指針になる恒星として注目されました。

【アルデバラン】Aldebaran

双子座9° 53′

アラビア語で「後に続くもの」の意を持つアルデバランは、プレアデス星団に続いて東の地平線から登ることからきています。日本でも「すばるの後星」「尾の星」と呼ばれていたようです。また、コルタウリ「牡牛の心臓」、ブルズアイ「牡牛の目」などの名称を持つロイヤルスターです。神話では絶世の美女エウロペを誘惑するために牡牛に姿を変えたゼウスの姿ですから、権力や雄弁、強引さや好色といった意味が想像できます。「後に続く」の名とは反して、春分点との関係からアルデバランには「物事の始まり」の意が与えられていると、John Frawleyは主張しています。

【アンタレス】Antares

射手座9° 52′

火星に次いで赤く観測できる星であることから、ギリシャ語でアンチ・アレースつまり火星に対抗するものの意を持ちます。蠍座の星々は青い星が多いため、ひときわ目立ってすぐに見つけることができます。日本では、アンタレスと両脇の星とを線でつなぐと「へ」の字になることから農夫が篭を担いでいる姿を連想し、豊作で篭がいっぱいになると重さで農夫の顔が真っ赤になるとし、アンタレスが赤く輝く年は豊作を期待したそうです。日本人としてはアンタレスと豊作を結び付けたリーディングをしたいものですが、「天下一の勇者」と自らを称したオリオンを一撃で処した蠍にちなんだ意味は無視できないでしょう。アンタレスは思いがけない出来事や、一撃必殺、勇気、水面下の取引、などを暗示します。アルデバランの真逆に位置することや秋分点との関係から「物事の終わり」の意味があると、John Frawleyは主張します。

【レグルス】Regulus

獅子座29° 56′

ラテン語の「小さな王」の意。コル・レオニス「獅子の心臓」とも呼ばれるロイヤルスター。エジプトでは毎年夏、ナイル川が氾濫を起こす頃に太陽がレグルス上を経過するため獅子を祭りました。必ずしも幸福とはかぎりませんが、成功、栄光、カリスマ性、統率力、荒々しさ、暴君、孤立などの意味が与えられています。

【フォーマルハウト】Fomalhaut

魚座3° 58′

南の魚座にある明るい恒星で、アラビア語のフル・アル・フート「魚の口」の意を持つロイヤルスター。水瓶座の瓶から流れ出る水（エリダヌス川）はこの南の魚の口の中に流れ込んでいます。遺伝的体質、先天的疾患、オカルト、魔術、汚名、悪名、カルマ、腐れ縁、中毒などの意味があるようです。

【アルゴル】Caput Algol

牡牛座26° 16′

英雄ペルセウスが切り取った怪物メドゥーサの頭。アルゴルは、一定の周期で不気味に光度を変化させる食変光星で、アラビアではラスアルグル「悪魔の頭」と呼ばれていました。ホラリーでは最大ともいえる凶意が与えられ、ギロチンや首切りのような直接的な解釈から、命や人生に関わる深刻な事態や、職を失ったり、恋愛では首ったけになるあまり我を失うような事態を暗示するとされます。

【アルキオネ】Alcyone

双子座0° 06′

プレアデス星団の中央に位置し最も明るく輝くアルキオネは、巨人アトラスと妻プレイオネの娘で、プレアデス7人姉妹の一人。最愛の夫を荒海で亡くし、涙にくれながら夫の後を追って海に身を投げた女性です。その姿を哀れんだゼウスは彼女をカワセミの姿に変え、夜空に上げたといわれます。アルキオネに光を重ねる惑星は、彼女のように涙にくれる事態に見舞われたり、失意や失望を味わうと考えられています。また、身投げや海難事故を暗示することもあるでしょう。

Column

【ビンデミアトリクス】Vindemiatrix

天秤座10° 02′

乙女座銀河団の中で黄色く輝く星。「葡萄を収穫する者」の意味を持つ。未亡人、後家、離縁、愚かさ、無分別などと関連付けられる悲しい恒星です。恋愛に関する質問でこの恒星の度数に重要な天体や場所があれば、無分別な方向へ事態が急転する可能性が高いでしょう。乙女座銀河団の重力は光さえも捻じ曲げてしまうほど大きく、ものすごい勢いで、我々の銀河やアンドロメダ銀河、マゼラン雲などを引き寄せているのです。

【スピカ】Spica

天秤座24° 20′

春の夜に明るく輝く一等星で、ラテン語で「穂先」の意味を持つ。日本語では「真珠星」、中国では「角」と呼ばれます。春分点近くにあるため、Hipparchusや後のNicolaus Copernicusなどが歳差運動の観測に利用。エジプトのテーベの神殿は建築当時にはスピカの方向を指していました。スピカには幸運を保障する力があるとされます。実際的な成果はレグルスのほうが強調されるかもしれませんが、スピカは特に内面の幸福感をもたらすようです。充実、希望、豊穣、人気などの意味が与えられます。

アクションを読む

Step 6のポイント

- ★ **アスペクトを読むことで最終結論を出す。**
- ★ **アスペクトがない場合も、アスペクトの完成を助ける配置がないかをチェック。**
- ★ **アスペクトの完成を阻害する要素がないかチェックする。**

ホラリーチャート解読の最終段階ともいえるステップです。ここで動きを読むことができるため、質問者や関係者や関係物品がどのようなアクションを起こすかがわかります。これまでのステップが物語り性に満ちていて豊かだったのに対し、このステップはシンプルでそっけないかもしれません。行動よりも動機のほうにドラマ性があるのはあたり前のことなのです。忘れてはならないのは、月の動きが示した心情の推移や、関係者同士の力関係やツテと、このステップが示す「行動」が一致しているとは限らないことです。心情と矛盾した行動というのもありがちだからです。行動を左右するほどの強烈な動機がチャートに隠されている場合もないわけではありませんが、基本的にホラリーの答えはアスペクトに求めます。

つまり、ホラリーのチャートに単純な「イエス／ノー」だけを求めたいのであれば、これまでのステップの多くを割愛していきなり結論であるStep 6に目を向けてもよいのです。例えば、Marion D.MarchとJoan McEversによる“The Only Way to Learn about Horary and Electional Astrology”では、ディグニティーやレセプションをはじめ、恒星やノードなどホラリーでは大きなウェイトを占める技法をバッサリ割愛して結論を出す試みがなされています。日本では青木良仁訳『アメリカ占星学教科書第５巻　驚異の実用占星学』として邦訳されており、多くの実践読みが搭載されているため、ホラリーのアイデアに慣れるにはよい本だと思います。

しかし、ホロスコープが私たちに示してくれる情報量は、多くの人が想像するよりもずっとずっと豊かで細密なのです。それにそもそも、質問の結果だけを知りたいのであれば、占いよりも適した科学的方法がいくらでもあるでしょう。例えば、試験に受かるかどうかを知りたいのであれば、偏差値と勉強量を見たほうがずっと的中率が高いはずですし、病状を知りたいのであれば医者に行けばよいのです。占星術と科学の決定的な違いは何でしょう？　占星術は天動説の世界ですから自分を中心に世界を見ているのです。事象だけを追っても特に意味がない出来事であっても、あなたにとってはミラクルでマジカルな意味を持っているのかもしれません。ホロスコープから物語り性を省くことは、占星術の世界観そのものを否定することにほかならないのではないでしょうか。

さらにいうなら、アスペクトだけでチャートを解読したところで、的中率が50％を上回る成果をあげるかどうかすら疑わしいはずです。占星術は科学ではないため、統計学的アプローチに意味があるとは思えませんが、数値的にはそんなものでしょう。そのような数値とは裏腹に、チャートが持つ出来事の写し絵の細密さには戦慄を覚えるほどの的確さがあります。解読は占星術師の力量に左右されるものの、チャートがすべてを示していることに気付くことは、そう難しいことではないはずです。

1・アスペクト

[1] 接近と分離

ホラリーでは、時間の経過に従ってチャートを読むため、アスペクトを「接近」と「分離」で区別します。これから完成されるアスペクトが「接近」で、もう終わっていて離れつつあるアスペクトが「分離」です。逆行運動によるアスペクトの再完成も「接近」です。

例）牡羊座10度の水星と蟹座15度の火星→ **接近**
　　牡羊座10度の水星と蟹座8度の火星→ **分離**
　　牡羊座10度の逆行中水星と蟹座15度の火星→ **分離**
　　牡羊座10度の逆行中水星と蟹座8度の火星→ **接近**

[2] オーブ

オーブに関しても特有の考え方が必要です。元来オーブは各天体の光が及ぶ範囲に付随するという考え方と、オーブはサインに付随するという考え方があります。いずれの考え方においても、オーブはアスペクトに付随しません。アスペクトによってオーブを左右均等にとるという考え方にはさまざまな不都合があります。

例えば、120度の関係のサイン間で90度のアスペクトが成立したり、90度の関係のサイン間で120度のアスペクトが成立したりします。下の図の月と土星は同じ土のサインにあり、サイン同士は調和している120度関係にあるにもかかわらずオーブ2度で90度の角度が成立しています。また、次頁の図では月と水星の関係は、サイン同士が同じクオリティーにあって緊張している90度関係にあるにもかかわらずオーブ1度で120度の角度が成立しています。ホラリー占星術では、このようにサインをまたいだアスペクトを考慮しません。

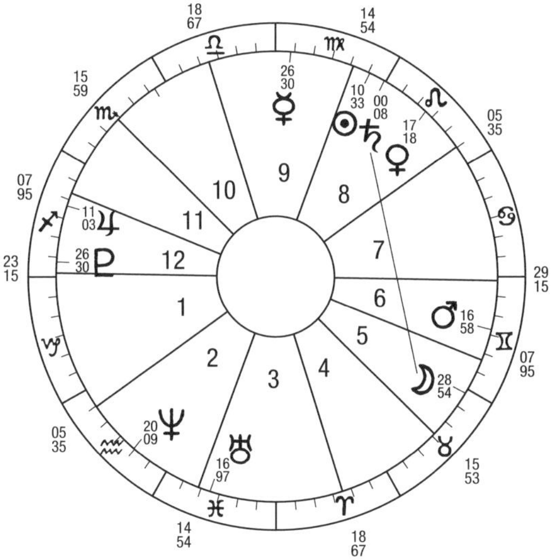

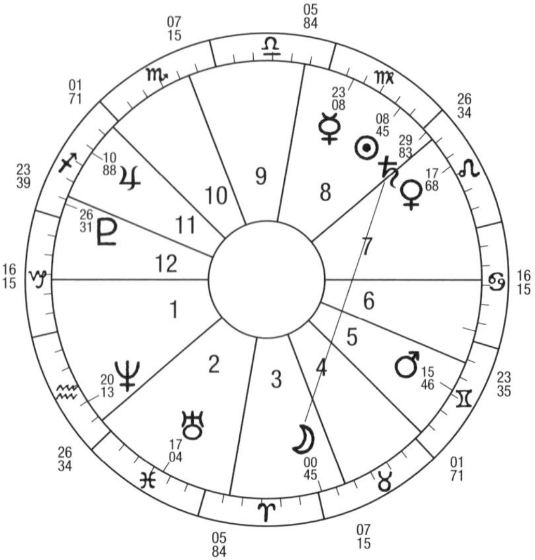

ではどのようにオーブを考えればよいのでしょう？　サイン内でいずれ完成するアスペクトであれば、最大30度までとってもよいのがホラリーのオーブです。その代わり、アスペクトが分離に転じたとたん、1度でも離れてしまうとその角度は意味を失います。逆行して戻ってくることでいずれ完成するのであれば、動きを転じるまでの距離がオーブの範囲内になります。この場合はサインをまたがっても再びもう一方の天体が待つサインに戻ってくるならオッケーです。ホラリーにおける、サインの切り替わりはテーマの切り替わりや状況がいったん変わることを示します。

[3]　光が届く範囲

1度でも離れてしまうと角度は意味を失うといいましたが、影響が全くなくなるわけではありません。通常は1度程度の分離なら影響力が強く残っているとします。天体同士が分離して離れていくときに、互いに影響力を残す範囲に、天体の光が届く距離を考慮するのもよいでしょう。接近のアスペクトにおいても、実際の影響力を実感できるのは、光の届く範囲に入ってからといえます。最大30度離れていてもいずれ完成する動きであれば、未来に起こるアクションを予測することはできますが、離れれば離れるほど、角度が完成するまでに「邪魔」が入ったり「干渉」される可能性も増えますから、ことが成就する可能性は低くなります。

光が届く範囲は天体それぞれによって違い「モエティー」と呼ばれます。表１はWilliam Lillyが、自分の考えとほかの説との間に幅をもたせて示した範囲になります。モエティーは天体を中心に八方に広がるスフィアを指すため、球体を意味するオーブはモエティーの２倍の数値になります。

表1

	オーブ	モエティー
太陽	15～17	7.5～8.5
月	12～12.5	6～6.25
水星	7	3.5
金星	7～8	3.5～4
火星	7～7.5	3.5～3.75
木星	9～12	4.5～6
土星	9～10	4.5～5

天体の組み合わせによって、影響力が及ぶ範囲が変わりますが、それを視覚化すると図１のようになります。また、組み合わせによる範囲がすぐにわかるために表２を参照してください。右上半分が最大に距離をとった場合の数値で、左下半分が最小に距離をとった場合の数値にしてあります。William Lillyはどちらの範囲も臨機応変に考慮したとのことです。

図1

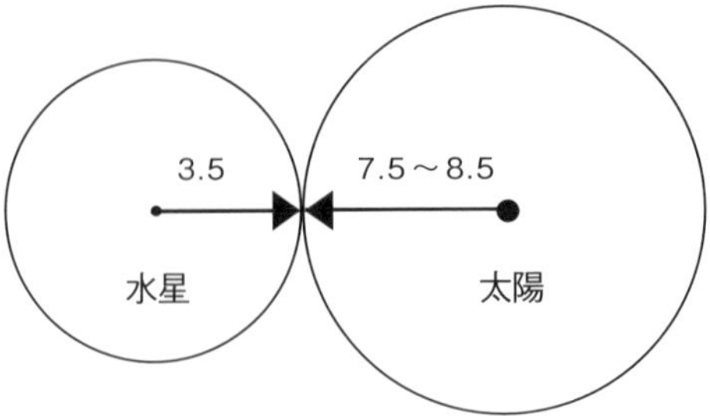

表2

	太陽(17)	月(12.5)	水星(7)	金星(8)	火星(7.5)	木星(12)	土星(10)
太陽(15)		14.75	12	12.5	12.25	14.5	13.5
月(12)	13.5		9.75	10.25	10	12.25	11.75
水星(7)	11	9.5		7.5	7.25	9.5	8.5
金星(7)	11	9.5	7		7.75	10	9
火星(7)	11	9.5	7	7		9.75	8.75
木星(9)	12	10.5	8	8	8		11
土星(9)	12	10.5	8	8	8	9	

[4]　デクスターとシニスター

冒頭でも述べたとおり、ホラリーにおけるアスペクトとは、時々刻々と惑星同士が織り成す図形であり、それはある状態にとどまったものではありません。例えば、同じ角度でも星から見て前方向で形成される角度と後方向で形成される角度とでは影響力に違いが生まれるという概念があります。星と星の前後とは、この場合東の地平線から昇って西の地平線に沈むまでの時計回りの回転で考えます。これは地球が自転していることによって起こる日の出と日の入りの動きでダイアーナルモーションと呼ばれる運動です。この運動を地上から観測したら、星同士が進行方向に顔を向けて先行する星を追いかけているように見えます。これを平面のホロスコープに置き換えると、主軸になる星から見て右側で形成される角度が先行する星との間で形成される角度、左側で形成される角度が後ろの星との角度です。このような視点から見たとき、右側すなわち先行する星との角度のほうがより積極的な影響があるとされます。右側で形成される角度がデクスター、左側で形成される角度がシニスターです。

牡羊座の上昇と共に地上に顔を出す金星を例にとって考えてみましょう。金星より以前に地上に上がってきた星は魚座、水瓶座、山羊座、射手座、蠍座のどこかにあるはずです。ここでは山羊座に土星があるとします。土星は金星に先行するかたちで山羊座を移動していますから、これを金星から見たデクスタースクエアと呼びます。一方で牡羊座より後に地平線を上昇することになるサインは牡牛座、双子座、蟹座、獅子座、乙女座ですから、蟹座に木星があれば、金星から見たシニスタースクエアです。金星は土星に対してのスクエアをより積極的に意識しており、木星とのスクエアは背中で軽く意識していると解釈してもよいでしょう。

「積極的」とは、吉凶どちらの意味においてもです。つまり金星は土星のスクエアを右側に持つほうが左側に持つよりも強く感じるという意味になります。土星ならより苦しむでしょうし、木星とのスクエアなら、右にある木星のほうが左にある木星よりも、より甘やかされると考えてください。

左右に関わらずスクエアが持つ対立構造や反発は健在ですが、左右によって御しやすさに差があることを念頭に置いておくと便利です。このような考え方は、特に天体同士を相談者と第三者の力関係として読む場合に参考になるでしょう。

シニスターとデクスターの概念を考える場合

> ① 主軸になる天体はどれか。
> ② 左右とは天体に対して鏡構造を持った客観的視点から見てのものか、天体になったつもりでの右手左手なのか。
> ③ 前後とは自転による時計回りのモーションにおけるものか、黄道12宮を反時計回りに度数を進めていくモーションにおけるものか。
>
> 以上の３点を明確にしておかないと、左右が丸ごと入れ替わってしまうので注意が必要でしょう。上記の説明では①金星②鏡構造での視点③時計回りのモーション、です。

[5]　アスペクトの種類と意味

関係者同士の間にアスペクトが成立していれば何かが起こります。関係者同士の間に接近のアスペクトが何もなければ、何も起こりません。

① ノーアスペクト

接点を持たないことを意味します。レセプションがあって、互いを認識していたとしても、動きはありません。

【物品】それが戻らないと考えます。

【薬と治療】効き目がないと考えてよいでしょう。治療は行われません。

【恋愛】気持ちがあったとしても接点を持ちにくいでしょう。

② コンジャンクション（0度）

同意、一致、加勢など二人が一緒になること全般を示します。その状態に良し悪しはなく、望まぬ相手と一緒になる場合もコンジャンクションです。

【物品】 それが質問者の手中に収まることを示します。

【薬と治療】 強い効力を発揮しますが、それが良いか悪いかは判断がつきません。

【恋愛】 一緒になる、くっつく。

③ セミセクスタイル（30度）

気持ちの上での深い接点はないままに、建設的な関係になります。どちらかがどちらかを導く関係になりやすいのですが、その場合デクスター角度にあたる天体が後続の天体を導くと考えてもよいでしょう。とはいえ結び付きは弱く、自然消滅しやすい関係です。

【物品】 それが手中に収まる可能性は低いものの希望がないわけではありません。

【薬と治療】 利き方が穏やかすぎて目覚しい改善は望めませんが、気休めにはなります。

【恋愛】 キライではないが、わかりあいにくい関係。接点も持ちにくい。

④ セクスタイル（60度）

協力、建設的、加速を暗示し、相互間に充実感と肯定的な心理状態が生まれる場合が多いでしょう。風は火を煽り、水は土に浸透するため、いったん加速度がつくと調子に乗りすぎて止まることができなくなる可能性を秘めています。

【物品】 それが手中に収まる可能性が高いでしょう。

【薬と治療】 質問者の生命力を誘発する有効な作用を期待できます。ちょっと踏み込んだ治療にも有効な角度です。

【恋愛】 ノリが合い、盛り上がる関係。

⑤スクエア（90度）

対立、否定、相殺を暗示し、最も苦しい自覚を伴う関係ですが、そこから抜けたいという心理になりにくく引っ張り合った状態に安定する傾向があります。品位が高いほうが品位を弱めている側を支配しやすいのですが、支配する側にも同等の苦痛が伴います。

【物品】それが質問者の手中に収まらないことを暗示する場合が多いでしょう。

【薬と治療】質問者の体質に合わないことを暗示しますので注意が必要です。ただ、進行しすぎた病巣を切除したり、壊疽を起した部位を切断するなどの必要に迫られた場合など、切り込めるのはこの角度です。カイロプラクティックなどの矯正療法においても効力を期待できます。

【恋愛】強烈に惹かれるが、対立しやすい関係。

⑥トライン（120度）

調和、同種、楽しい関係を示します。互いに安心感をおぼえますが相手を軽くみたり甘えが発生しやすい関係でもあります。また、同族意識から抜け出ることが困難になり、自分たち以外の周囲に対する配慮を欠いた関係になりやすい傾向も否めません。

【物品】それが手中に収まる可能性が高いででしょう。

【薬と治療】質問者の体質によく合い、ほどよい効力を発揮してくれます。作用も穏やかで気軽に繰り返せ、何より本人が気に入るため常備薬や、かかりつけの医者に。

【恋愛】自然体でよりそい合えるが、吸引力は弱め。

⑦クインカンクス（150度）

全く相容れない要素をもったもの同士が手をとるため、相互理解のないままに役割分担が固定される関係です。いったん分担が決まれば連絡を取り合わなくても機能する不思議な関係です。結び付きが希薄で、ほっておけばたちまち消えていく関係です。

【物品】それが手中に収まる可能性は極めて薄くなります。

【薬と治療】これといった有効な影響を及ぼすことができず、効き目が薄すぎると考えてよいでしょう。あるいは、さしたる理由もなく失念して中断される治療や服薬もこの角度です。

【恋愛】気になる相手だが、理解し合うことは難しい。ちぐはぐ。

⑧オポジション（180度）

対向、敵、パートナー、鏡など強烈に意識する関係です。このアスペクトが成立すると、互いを無視することはまずできないはずです。相対して完全に物別れになる可能性と、婚姻関係や強い取引が成立する可能性の両方を秘めていますが、心情的には苦痛を伴う場合が多いでしょう。

【物品】それが質問者の手中に収まらないことを暗示する場合が多いでしょう。

【薬と治療】作用が強烈で副作用を誘発する恐れがあるものの、効き目もすばらしいので病状に応じた判断が必要になります。抗がん剤や放射線治療のように本人に苦痛を与えたり生命力を奪ってでも退治したい病であればこのアスペクトも有効になり得るでしょう。

【恋愛】無視しがたい関係。

［6］　アスペクトの完成を助ける動き

ある天体同士がアスペクトを成立させることができない場合でも、第３の天体がそれらをつなぐ動きをすることで助ける。あるいは、天体同士の緊張した角度を第３の天体が緩和することができます。

速い天体による橋渡し（Translation of Light）

ケース１

天体Ａと天体Ｂがアスペクトをとれない関係にあるとき、あるいは分離しているときに、天体Ｃが天体Ａ、天体Ｂに次々にアスペクトすることで離れてしまった気持ちを帳消しにすることができる。

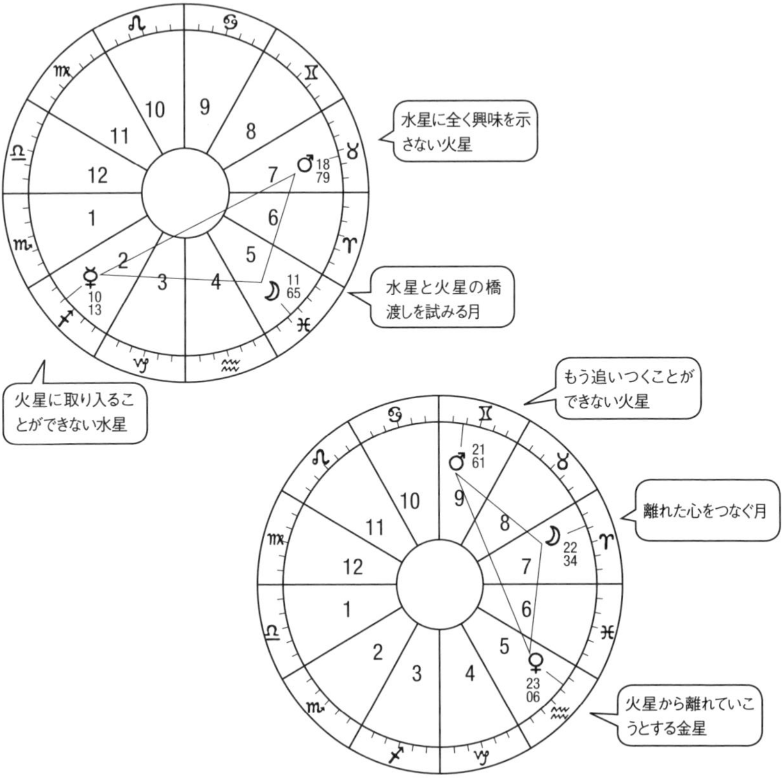
水星に全く興味を示さない火星
水星と火星の橋渡しを試みる月
火星に取り入ることができない水星
もう追いつくことができない火星
離れた心をつなぐ月
火星から離れていこうとする金星

ケース2

天体Aと天体Bが緊張した角度を完成させようとしているとき、天体Cが天体A、天体Bそれぞれに順次吉角度を形成することで、凶意を緩和することができる。

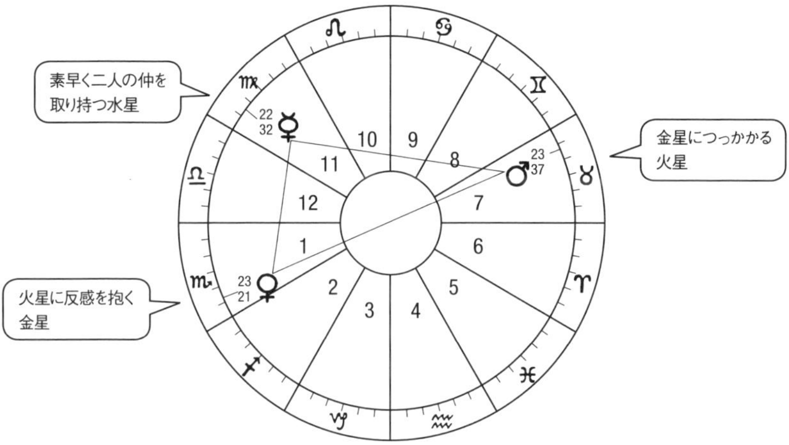

遅い天体による仲介（Collection of Light）

ケース3

天体Aと天体Bがアスペクトをとれない関係にあるとき、あるいは分離しているときに、天体Cが天体A、天体Bそれぞれと角度をとることで仲介することができる。

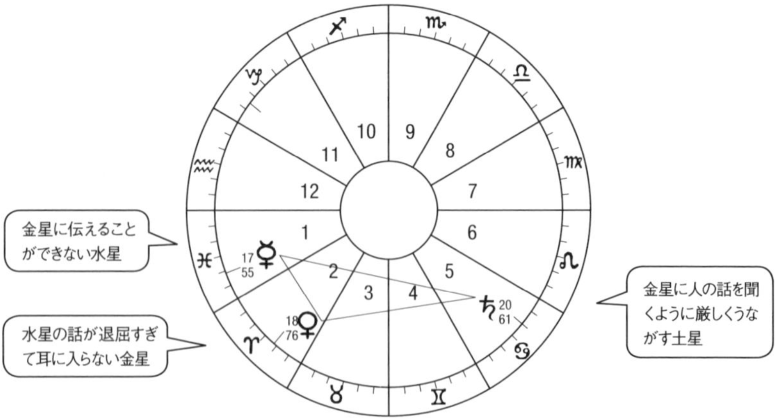
金星に伝えることができない水星
水星の話が退屈すぎて耳に入らない金星
金星に人の話を聞くように厳しくうながす土星

ケース4

天体Aと天体Bが緊張した角度を完成させようとしているとき、天体Aと天体Bが順次、天体Cに対して吉角度を形成していくことで、天体Cにより凶意が調停される。

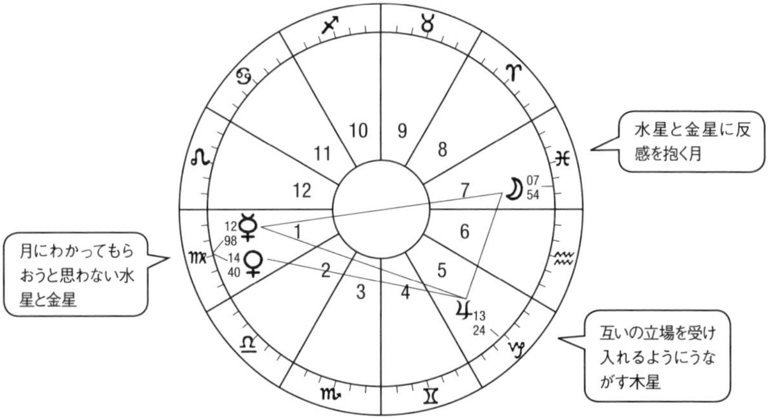
水星と金星に反感を抱く月
月にわかってもらおうと思わない水星と金星
互いの立場を受け入れるようにうながす木星

古典的には第3の天体からの介助は、天体同士が何らかのレセプションを持っていなければならないとされますが、それを気にする必要はないと私は考えます。レセプションがあれば、さらなる助けになることは間違いありませんが、ツテがなくともアクションは起こるのです。

いずれのケースも、第３の天体Ｃを支配するハウスの意味を考えながら、どのような方面からの援助かを推測するとリアルにチャートを読むことができます。

[7]　アスペクトの完成を妨げる動き

ある天体同士がアスペクトを完成させようとしているときに、何らかの邪魔が入り、関係が阻害されることがあります。

第３の天体からの干渉（プロフィビション）

ある天体同士が接近のアスペクトを形成させつつあるときに、第３の天体がどちらかの天体と先にアスペクトを完成させてしまうことで、二つの天体の接近を妨げてしまう場合があります。プロフィビションは、第３の天体が速くても遅くても成立します。

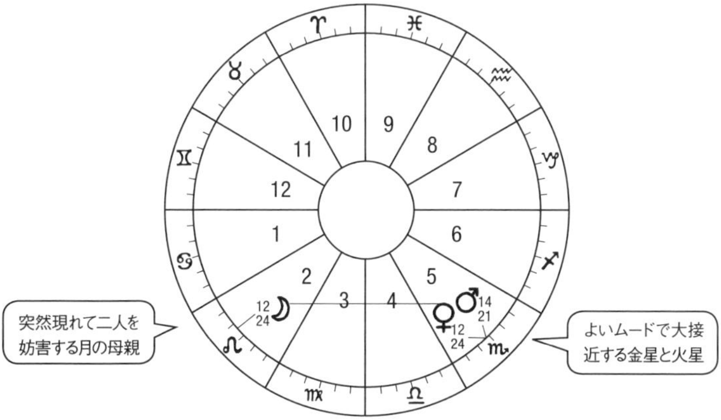

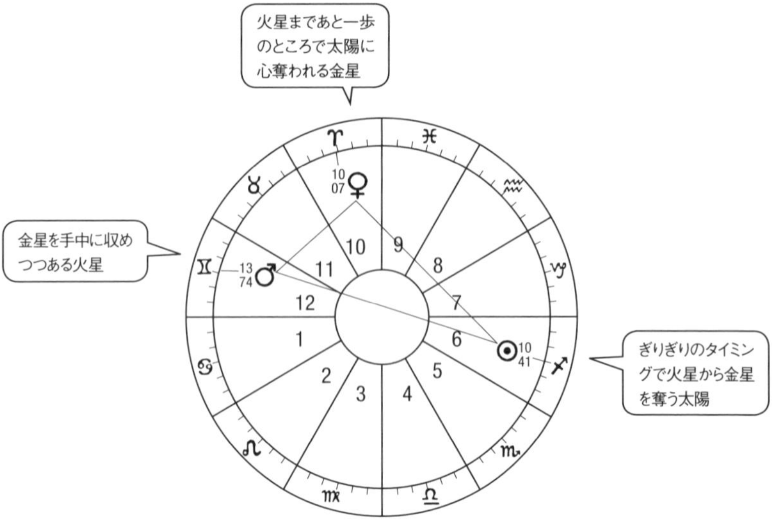
火星まであと一歩
のところで太陽に
心奪われる金星
金星を手中に収め
つつある火星
ぎりぎりのタイミン
グで火星から金星
を奪う太陽

心変わり（リフラネーション）

アスペクトを完成させつつある二つの天体、どちらかの天体が完成直前に逆行運動を開始し、離れていってしまうことを指します。逆行運動が同じサイン内に収まり再び順行に転じ、待っていた天体が次のサインに移動してしまうまでにアスペクトを成就させることができれば、「紆余曲折を経た末に再び結ばれる二人」とみなしてよいのですが、ほとんどの場合、天体Ａが逆行運動によって１個前のサインに再イングレスしてしまうか、天体Ｂが天体Ａの順行再接近を待たずして次のサインにイングレスしてしまいます。占星術におけるサインのイングレスはテーマがガラリと切り替わることを指すため、重要視されるのです。

通常リフラネーションは、わずか１度手前の逆行であったとしても、成就しないものはしないと厳しく判定されるようですが、私の実感では二つの天体が十分接近していれば成就に近い現象を望めることが多いように思えます。接近の距離が二つの天体の隔たりの距離と考えると、リフラネーション中にサインが変わってしまったときにどれだけ待ってあげられるかが隔たりの深さに左右されると考えることもできます。

未完（フラストレーション）

アスペクトが完成するまでに、一方の星が次のサインに移動してしまうことを指します。これが起こると、次のサインに移動してしまった天体は以前とは違ったテーマへとトランスフォームしてしまうため、取り残されたほうの天体とはもう別の心象を向かえてしまいます。いずれ取り残されたほうが追いついて別のサインでアスペクトを完成するのであれば、「二人の状態が全く変化して大きな成長を迎えた末に結ばれる」と解釈することもできますが、通常はテーマの切り替わりが状況の変化を指し、それきりになってしまう場合も多いでしょう。

このようにアスペクトは星たちの動きそのものをとらえるため、それ以前の心情的な物語りよりもずっとドラスティックなものです。星の動きを観察しているうちに、星が織り成す物語りに引き込まれる瞬間があります。そのときが冴えたリーディングが炸裂する瞬間なのです。

[8]　立体的に発生するアスペクト

アスペクトといえば黄道12宮を平面的にとらえたときに、その円盤の中にある星同士に発生する角度しかないように考えがちですが、実際の宇宙は立体構造を持っているため、三次元的な切り口から天体同士の関係に注目することもできます。占星術の技法にも星の位置を高度としてとらえるものがあり、通常のアスペクトと同等かそれ以上の意味を与えられていたらしきものがあります。

チャートの解読をしていて、一見アスペクトが発生していないようにみえる二つの天体の間に実は立体的なアスペクトが発生していることがあるため、注意を払うとよいでしょう。パラレルとコントラパラレルは通常の占星術ソフトの設定で容易に発見することができますが、アンティションとコントラアンティションは見逃しやすいため意識して注目する必要があります。

①パラレルとコントラパラレル

天体同士の赤緯が一致している状態をパラレルといいます。数値は同じで天球の反対側に位置する場合はコントラパラレルです。

夏至の日の太陽は、赤緯０度の天の赤道に対して23.27分の傾斜を持ちますが、冬至には天の赤道に対して－23.27分の傾斜になります。春分と秋分では、天の赤道と黄道が交わりますから赤緯は０度です。太陽赤緯はこのように規則的な軌道を持ちますが、ほかの天体は黄道をぴったりとなぞるわけではなく、黄道12宮上では同じ位置にある天体同士であっても赤緯上では別の数値になったり、12宮のサインが一致しないのに傾斜が一致するために同じ数値になったりします。赤緯とは、天球上での星の位置を、天の赤道に対する傾斜によって求める測度のことです。

パラレルの位置関係にある天体同士は、コンジャンクションと同じような関係にあり、コントラパラレルの位置関係にある天体同士は、オポジションのような関係にあるという考え方があります。通常オーブは狭くとります。ホラリー占星術でこの概念を特に重要視したのは、Ivy M.Goldstein Jacobson です。Jacobsonは１度のオーブを適用して、このアスペクトに注目し、月がボイドにあってもパラレルやコントラパラレルが控えていればボイドとみなさなくてよいと考えていたようです。

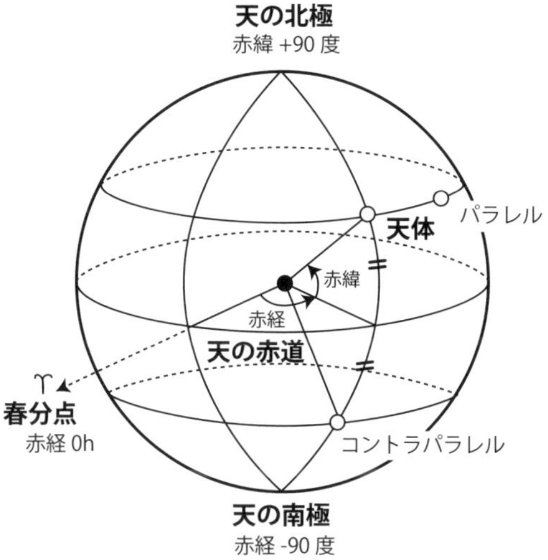

②アンティションとコントラアンティション

夏至点（蟹座０度）を基点に黄道を左右に分けたときに、主体になるサインを反映する場所があります。例えばある天体が蟹座にあったとき、それを反映する場所は双子座、獅子座なら牡牛座、乙女座なら牡羊座……になりますが、この場所をアンティションといいます。互いを反映する場所は、地球から観測したときに同じ高度を持つ場所ということになります。太陽高度で考えると日の出から日没までの長さが全く同じになる二つの日のことですから、この両日の関係が深いことは容易に想像できるでしょう。

その場合、前記の赤緯が等しいことと同じ状態を指すようですが、アンティションの位置を出すときには、単純に黄道12宮における度数を目安とし、パラレルの位置を出すときは、天球における実際の星の位置を示す赤緯の数値を目安とするため、パラレルに黄道12宮の度数は関係ありません。

次に、春分点（牡羊座０度）を基点に黄道を上下に分けたときに、主体になるサインを反映する場所がコントラアンティションです。例えば、ある天体が牡羊座にあったとき、それを反映する場所は魚座、牡牛座なら水瓶座、双子座なら山羊座……になります。こちらは前記のコントラパラレルと同じように天の赤道を境に南北の角度が一致している状態を指します。南半球で太陽高度が同じになる日も二日あるのです。つまり、日の出から日の入りまでの時間が全く同じになる日時は、北半球と南半球合わせると１年間に４日あることがわかります。それが、「蟹座、双子座、山羊座、射手座」「獅子座、牡牛座、蠍座水瓶座」「乙女座、牡羊座、天秤座、魚座」の三つの四角形です。

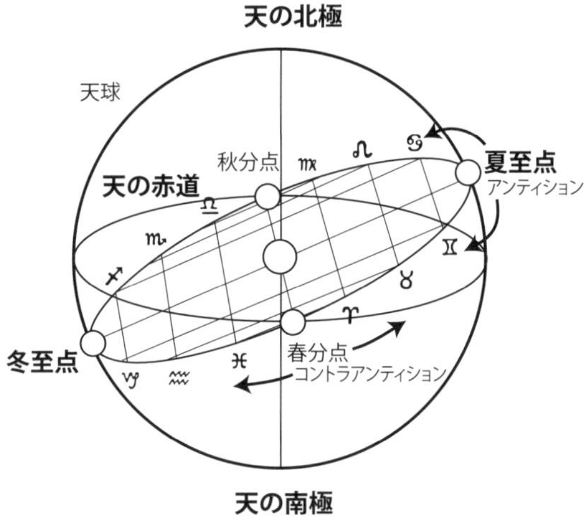

ある天体に対するアンティションの位置に別の天体があった場合、その二つの天体は潜在的に強烈な結び付きを持つことになります。コンジャンクションの結び付きは目に見える結び付きですが、アンティションはより潜在的な事柄を扱う傾向にあるようです。ホラリーの質問で二つの天体が

アンティションの関係にあれば、セクスタイルやトラインと同じように両者が協調することを暗示し、コントラアンティションの関係にあれば、スクエアやオポジションのように両者が反駁しあったり対立することを暗示していると考えます。William Lillyをはじめ、多くのホラリー占星術師が重要視した潜在的な角度は、パラレルよりもアンティションのほうです。

実際のチャートでアンティションを見つけ出すのは慣れれば容易です。夏至点を基点にしたときにシンメトリー状態にあるサインの度数を足して30度になればアンティションです。例えば、蟹座20度に問題の天体があれば、蟹座を反映する双子座を見て、30－20＝10で、双子座の10度がアンティションです。コントラアンティションはアンティションの位置から見てオポジションの位置に見つけることができます。

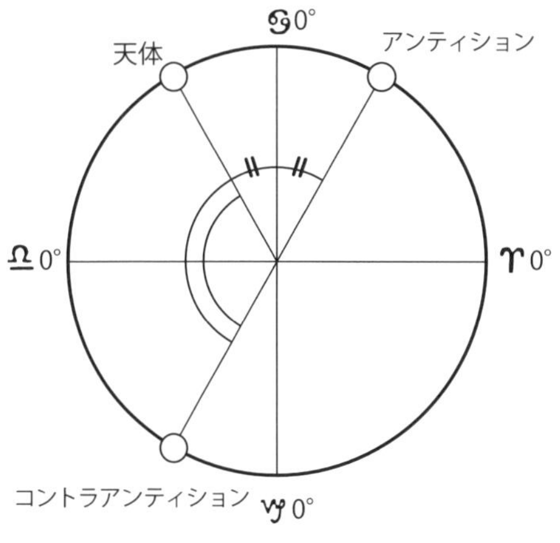

シンメトリー状態にあるサインの一覧

蟹座	—	双子座
獅子座	—	牡牛座
乙女座	—	牡羊座
天秤座	—	魚座
蠍座	—	水瓶座
射手座	—	山羊座

Step 7

絞り込む

Step 7のポイント

★ より具体的なリーディングのために、さまざまな技術を使って細かい時期や場所や部位などを導き出します。

1・12サイン

ホロスコープを構成する天体とハウスとアスペクトとサインは、それぞれに厳密な役割分担がなされています。天体は主体、ハウスは現場、アスペクトは動作、サインは様子です。これらをごっちゃにしていたのでは、どんなに勉強してもホロスコープを読むことはできません。天体は質問者や関係者や物品などの主語の部分を担い、それがどこにあるのかはハウスが示してくれます。天体がどのような様子でそこにあるのかを知るにはサインを理解する必要があります。逆にいえば、サインを深く理解していれば細密に様子を読み取ることができるようになるということです。

牡羊座

♈

1、男性、活動宮、火、火星

[身体部位] 頭、顔、上顎

[色] 白、赤

[様子] 原始的で純粋な様子、早急で突発的な状態、熱狂的だが長続きしないもの、唐突で心もとない様子、電光石火、閃き、創始、開拓、特攻、未熟、勢い、孤立、未開

牡牛座

♉

2、女性、不動宮、土、金星

[身体部位] 喉、首、耳、甲状腺、舌、下顎

[色] 白、レモン

[様子] のんびりとしていて動かない様子、疑り深く頑なな状態、優雅で官能的なもの、育ちの良さ、素材の良さ、本物志向、好色、贅沢、マニアック、才能、個性、豊かさ

双子座

♊

3、男性、柔軟宮、風、水星

[身体部位] 肩、手、腕、指、肺、呼吸器官、神経系

[色] 白、オレンジ、赤

[様子] 好奇心旺盛で絶え間なく動き回る様子、器用で多芸多才、風通しがよく、自由に行き来できるもの、多彩な選択肢、定着しない、実験的、神経過敏、吟遊詩人、素早さ、手軽さ、バリエーション

蟹座

4、女性、活動宮、水、月

［身体部位］ 胃、すい臓、乳房、胸、肋骨

［色］ 緑、小豆色、

［様子］ 親身に心を合わせてくる様子、鋭敏なリアクションと感情移入、反応や感度の良さ、直情的、大衆的、土着的、懐かしさ、共通意識、共感、仲間、育成、安心、安全、保護、排他性

獅子座

5、男性、不動宮、火、太陽

［身体部位］ 心臓、脊髄、脾臓、背中

［色］ 赤、緑

［様子］ 陽々として公明正大な様子、ドラマチックな創造性、遊び心に満ちた若々しさ、中心、統合、表現、創造、主観、意思、ロマンス、喜び、錬金術、オカルト、陶酔、熱狂、誇り

乙女座

6、女性、柔軟宮、土、水星

［身体部位］ 小腸、消化器官、肝臓、脾臓、おなか

［色］ 黒、青の混じった黒

［様子］ 簡素で潔い様子、細密な分析力、無駄のないシステム、ふるいにかけるチェック機能、機能性の追及、批判的、羞恥、潔癖、細やかさ、繊細、調整、純潔、献身的、無味乾燥

天秤座

♎

7、男性、活動宮、風、金星

[**身体部位**] 腎臓、副腎、腰

[**色**] 黒、エンジ、黄褐色、パステル

[**様子**] 均整がとれ周囲と調和している様子、正義とバランス感覚、客観的視点が強まり優柔不断な様子、社交性、比較、検討、洗練、平均的、優美、八方美人

蠍座

♏

8、女性、不動宮、水、火星

[**身体部位**] 直腸、生殖器、膀胱、鼻

[**色**] 茶、黒

[**様子**] ひたむきに没頭する様子、一歩踏み込む力、強烈な欲求と圧倒的な浸透力、不可能を可能に、徹底的に関わる、深入り、捨て身、退路を断つ、支配的、濃密さ、変容、忍耐力

射手座

♐

9、男性、柔軟宮、火、木星

[**身体部位**] 大でん部、もも、脚力、坐骨神経

[**色**] 黄色、緑、血紅色

[**様子**] 大胆で好戦的な様子、広い見聞と冒険心、ざっくばらんで飾らない様子、スポーティー、ナチュラリスト、無骨、陽気、奔放、開放的、英知、道義心、信念、精神性、肯定的、楽観

山羊座

１０、女性、活動宮、土、土星

［身体部位］ 膝、骨、間接

［色］ 暗い色、黒、小豆色、こげ茶

［様子］ 高みを目指して邁進している様子、圧倒的な統率力、目的のためには手段を選ばず、責任感、指導力、メインストリーム、覚醒、社会性、沈着、冷酷、野心、決断力、稼動力

水瓶座

１１、男性、不動宮、風、土星

［身体部位］ くるぶし、ふくらはぎ、かかと、静脈

［色］ 空色、青

［様子］ 平坦でゆるぎない様子、フレンドリーで開けた雰囲気、革新的かつ反抗的な様子、文化、カウンターカルチャー、未来志向、友愛的、博愛的、偏屈、客体、分離、偏見のない、ニュートラル

魚座

１２、女性、柔軟宮、水、木星

［身体部位］ つま先、内分泌機能、リンパ線

［色］ 白、キラキラした色、ターコイズ

［様子］ 流動的でとらえどころのない様子、はかなく弱々しい状態、天使的と悪魔的な二面性、忘却、混乱、非現実的、混在、自己犠牲、不安定、霧散、癒しと浄化、救済、霊的、何でもあり

サインその他の区分による性質の違い

不毛	打ち解けず、生み出さない性質	双子座　獅子座　乙女座
やや不毛	孤立したり、距離をとろうとする性質	牡羊座　射手座　水瓶座
多産	増やし、育み、豊かに実らせる性質	蟹座　魚座　蠍座
やや多産	豊かで、欲張りな性質	牡牛座　天秤座　山羊座
獣	荒々しく、好戦的で、野蛮な性質	牡羊座　牡牛座　獅子座 山羊座　射手座（下半身）
人	理性的で、知性の高い	双子座　乙女座　水瓶座 射手座（上半身）
四足	屈強で、素朴で、よく働く性質	牡羊座　牡牛座　獅子座 射手座　山羊座
水陸両生	変わり身の早さ、順応性	水瓶座　山羊座
二面性	神的側面と人間的側面（双子座）、天使的な側面と悪魔的な側面（魚座）、野蛮な側面と知性的な側面（射手座）、など相反する性質を混在させる	双子座　魚座　射手座(乙女座)
沈黙	おしゃべりが上手ではなく、 おとなしいか、黙しがちな性質	蟹座、魚座、蠍座
指導的	仕切りや、命令的、あるいは 自分のやり方を押し付ける	牡羊座　牡牛座　双子座　蟹座 獅子座　乙女座
服従的	聞き役、周囲に従う、あるいは 他者のやり方を取り入れる性質	天秤座　蠍座　射手座　山羊座 水瓶座　魚座
萎縮	ひねくれた、縮こまった、あるいは 欺くような性質	山羊座　水瓶座　魚座　牡羊座 牡牛座　双子座
伸長	リラックスしていて、真っ直ぐ、 物怖じしない性質	蟹座　獅子座　乙女座　天秤座 蠍座　射手座
陽	能動的、男性的な性質	牡羊座　双子座　獅子座 天秤座　射手座　水瓶座
陰	受動的、女性的な性質	牡牛座　蟹座　乙女座　蠍座 山羊座　魚座

2・時期

ホラリー占星術における、時期の予言はほかの占法に比べてかなり具体的です。失せものや行方不明者が「戻る」と予言する場合でも、その時期を３日後などと具体的に告げることが可能なのです。

例えば、天体同士のアスペクトが完成するまでに要する度数をそのまま時期に換算するという概念があります。魚座10度金星が蟹座15度火星に接近のトラインを形成しつつある場合、金星はあと５度その歩みを進めることで火星とのトラインに至ると考えます。より動きの速い惑星から動きの遅い惑星への開きを計算します。この「５度」の開きがそのまま５秒、５分、５時間、５日、５週間、５年……というスケールに置き換えられます。

ではこのスケールはどのように使い分ければよいのでしょう？　単純に活動宮を最も早い時期とし、柔軟宮がそれに続き、不動宮が最も長期化すると考えてもよいでしょう。この場合、金星は魚座柔軟宮にあって、火星に接近していますから、中くらいの期間を要して戻ってくるという解釈です。なかには厳密に活動宮を「日」、柔軟宮を「週」、不動宮を「年」さらに惑星があるハウスがAngular、Succedent、Cadentにあるかを配慮しながら計算するという占星術師もいるようですが、私はそのような厳密な方法を推奨しません。なぜなら、三原質による時期の見分け以前に、質問の性質に最も似つかわしい期間というのがあるからです。

実をいうと、実際に質問者に対して情報を与える場合、単位にこだわらず数字を知らせるようにしています。「５秒、５時間、５日間、５週間、あるいは５年後にこうなるでしょう。星は比較的時間を要するサインとハウスにありますから、５年かかるという可能性が最も高そうではありますが」といった具合です。数値とおおよその単位を明示したことによって質問者はある種の心構えを十分得ることができるからです。

さて、ここでいう惑星同士の距離感ですが、実際には火星も移動していますから正確に５度でアスペクトが完成するとはかぎりません。もっと速く動く星同士の場合はさらに天文暦上の距離感と度数を単純に進めた距離感では開きが出るはずです。ホラリー占断では、度数上での単位と、天文暦上で実際にアスペクトが完成するまでに要する度数の両方を考慮します。情報は多いほうがよいのです。とはいえ、土星に対する月のアプローチなど、二つの天体の測度に十分な開きがある場合は、天文暦をわざわざ確認するまでもなく、土星は月が度数を進めるのをとどまっているかのように待っていてくれるでしょう。

3・ハウスが示す場所

ハウスが示す場所は具体的には以下のようになります。

1ハウス	本人がいる場所、身につけている、自室
2ハウス	本人所有、蔵、金庫、貯蔵庫、宝石箱、銀行
3ハウス	本人がいる場所周辺、廊下、通路、風通しのよい場所、通勤通学路、近所、散歩コース、郵便受け、移動中、小学校、神社、祭り会場、異教徒が集まる場所、フェミニズム運動場、兄弟姉妹が持っている、近隣者が持っている、ライバルが持っている
4ハウス	自宅、地下に埋まっている、庭、墓場、故郷、地元、父親が持っている、家族が持っている
5ハウス	遊び場、子ども部屋、オモチャ箱、子どもが持っている、遊園地、劇場、映画館、歓楽街、賭博場、飲み屋、宴会パーティー

	会場、ジャンボリー会場
6ハウス	作業部屋、家畜小屋、お手伝いさんの部屋、まかない部屋、雇用者が持っている、病院、スポーツジム、工場、タコ部屋、労働場、下座、風呂場
7ハウス	他者がいる場所、パートナーの部屋、伴侶や関係者の懐
8ハウス	関係者所有、関係者金庫、葬式会場、焼き場、被災現場、特許庁、税務署、大蔵省、証券取引会場、財務省、実験室、栽培所、先祖から継承したもの、譲り受けたものの近く
9ハウス	広い場所、開けた場所、遠方、教会、海外、図書館、書斎、寺、道場、アーシュラム、山、高台、大学、師が持っている、大使館、飛行場、船着場、展望台、屋上、研究室、競技場、皇居、裁判所
10ハウス	リビングルーム、メッカ、中心街、首都、公の場、公園、役所、国会議事堂、首相官邸、ホワイトハウス、社長室、司令室、表彰台、発表会場、記念碑近辺、玉座、上座、母親が持っている、上司が持っている、職場
11ハウス	離れ、ゲストハウス、客室、空き部屋、友人宅、友人が持っている、文化会館、公民館、のっぺりとした殺風景な場所、何もない場所、建設中の場所、レンタルルーム、レンタルスペース、展示場、イベント会場、雑居ビル、集会室
12ハウス	目に見えない場所、何かに隠れている、誰かによって隠された、秘密部屋、隠し部屋、密会場所、愛人宅、座敷牢、隔離病棟、ゴミ箱の中、牢獄、刑務所、ホスピス、ゴミ集積所、下水道、汚水場、汲み取り場、廃墟、心霊スポット、見世物小屋、海

4・元素と高さ

火土風水の四元素には、それぞれより場所を特定するためのキーワードがあります。具体的には以下のようになります。

風の元素	頭上、高所、最上階、窓辺、屋外、風通しのよい場所、換気扇周辺、空調周辺、高台、丘の上
火の元素	目線程度、中階、火気周辺、火事場、煙突、壁際、パーテーション際、暑い、カラカラに乾いた、日光が照りつける場所
土の元素	地面の高さ、足元、1階、床の上、プランターの中、土のある場所、ヒンヤリとした、乾いている、ほこりっぽい
水の元素	地面より低い高さ、地下室、地階、地底、水場周辺、じめじめした、湿った場所、かび臭い部屋、思い出や愛着のあるもの近辺

5・方位

ハウスと方位

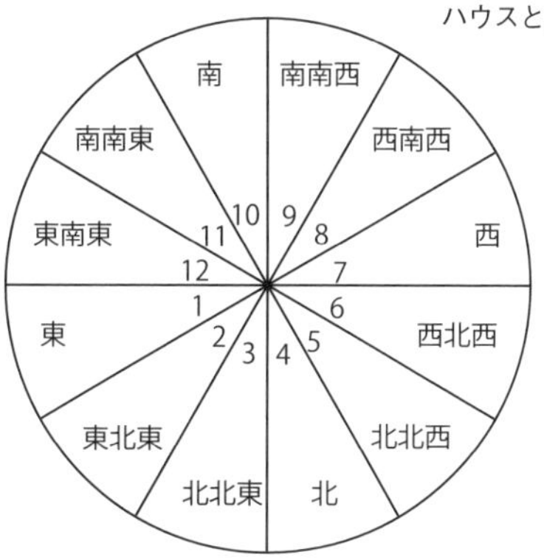

ハウスとサインが持つ方位は以下のようになります。

活動宮のサインは、真北、真東、真南、真西を指します。活動宮ののサインを中心においた場合、不動宮と柔軟宮の配置はそれぞれ東北に振っているか南西に振っているかで分けられますが、軸になる活動宮に寄り添うような方位を支配しています。

サインと方位

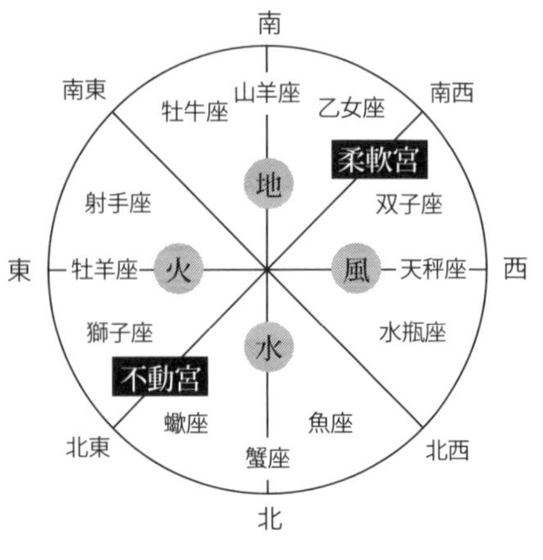

6・色

色とハウスやサインの支配関係は古典的に決定されているようですが、ことハウスに関しては、緑、黒、白がたびたび重複し、紫、オレンジ、桃色のような混色は出てきません。占星術の起源は人類の文化の起源と同時発生といってもよいほど歴史が古いため、そういった古代の人たちが認識していた色と、現在のように視覚優位な生活習慣から認識される多彩な色彩感覚ではその識別力に差がないと考えるほうが不自然でしょう。

そこで、古典的な色の支配関係を紹介するのと同時に、澤恵さんによるオーラーソーマボトルと占星術を融合させる試みによって生まれた色彩配分を紹介します。彼女の教室でカラーチャートを目にしたときに、「この配列は正しい」という直観が働き、私はずっと色とサイン、色とハウスの関係にこの配列を参考にしています。なお、天体と色の対応は、各天体の表を参考にしてください。

下図では、内側の円がハウス、真ん中がサイン、外側がオーラソーマのカラーローズによる配色になります。

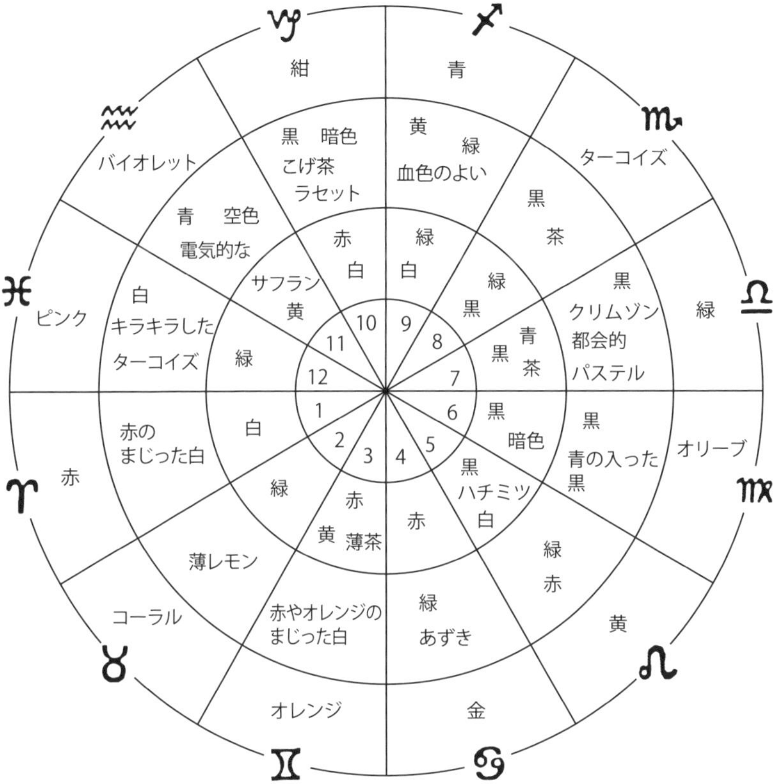

【アラビックパート】

東の地平線に太陽が昇る瞬間にチャートを修正したときの月の位置がパートオブフォーチュン（POF）と呼ばれるアラビックパートの位置です。ホラリーではPOFを宝のありかを示す位置と考えるため、本人を喜ばせるラッキーポイントと考えるだけではなく、大切にしていた失せもののありかを暗示する場所としてPOFを参照します。2ハウスが受け持つ「所有」や「価値のあるもの」「物品全般」のサブルーラーとしてPOFとPOSに注目することで、思いがけないヒントを得ることができます。失せもの探しや、物品に関する質問ではパートをチェックしてみるのもよいでしょう。

古典的には、夜のチャートにおいては、東の地平線の位置に月を持ってきた場合の太陽の位置をPOFとして使用します。現在ではそれがパートオブスピリット（POS）と呼ばれます。元々日の出の時間に立てられたチャートでASC近辺に太陽があれば、POFの位置と月の位置が同じになります。夜のパートを使い分けるかどうかは、例えば、William Lillyは使い分けをせずに昼のパートのみを参考にしていたようです。私は昼と夜の区別を重要視するため使い分けます。

昼のチャート　ASC＋月－太陽＝POF

夜のチャート　ASC＋太陽－月＝POS

例）昼のチャート
ASC天秤座29.91度、太陽蟹座18.90度、月水瓶座03.04度。

まずは星座の度数を牡羊座の0度から始まる360度に置き換える必要があります。各星座が始まる度数に天体の度数を足したものが360度に置き換えられた数値になります。

牡羊座	0	天秤座	180
牡牛座	30	蠍座	210
双子座	60	射手座	240
蟹座	90	山羊座	270
獅子座	120	水瓶座	300
乙女座	150	魚座	330

ASC　天秤座 29.91→180＋29.91＝209.91
月　　水瓶座 03.04→300＋03.04＝303.04
太陽　蟹座　18.90→90＋18.90＝108.90

昼のチャート POF →209.91＋303.04－108.90＝404.05

答えが360よりも大きくなった場合はホロスコープを一周したことになり、その数値から360度を引いた数がPOFの位置になります。

404.05－360＝44.05

導き出した数字に一番近い星座を探すと牡牛座の30度。

44.05から30引くと、14.05になるので、POFの位置は牡牛座14.05度

アラビックパートという名前から、アラビア発祥のロジックのように考えられがちですが、パートの考え方はギリシャ、バビロニア時代などかなり古くから使われており、グリークロットとの名称で呼ばれることもあります。西洋社会ではローマ帝国衰退後、キリスト教の統治下においてはあらゆる異教徒信仰が禁じられたため、占星術の発展が長期間抑圧されてきました。その間もアラビアではアラビックパートを含むさまざまな技法が発展を続けていたわけです。星座の名前がアラブ由来のものが多いのはそのためです。アラビア人はグリークロットの数を数百も駆使したといわれ、9世紀最も高名だったアラブの占星術師Abu Ma'shar はバビロニア、エジプト由来の97種類ものパートを紹介しました。アラビアで発展を遂げた占星

術では、パートオブ大麦、豆、玉ねぎ、レンズ豆、米、ゴマ、砂糖、さらにパートオブ薬、動物、鉱物、拷問、処刑、告訴、などありとあらゆる日常的場面に対する感受点を設定していたとのことです。

おもしろそうなパートをいくつか紹介します。

感謝と喜び	ASC＋ 金星－太陽
暴力と危険	ASC＋ 水星－土星
死と病気	ASC＋8ハウスカスプ－月
結婚	ASC＋7ハウスカスプ－金星
名声と成功（昼）	ASC＋ 木星－太陽
名声と成功（夜）	ASC＋ 太陽－木星
恋愛	ASC＋ 木星－金星
プロフェッショナル	ASC＋ 月－土星
秘密	ASC＋10ハウスカスプ－ ASCの支配星
占星術	ASC＋ 水星－天王星
オカルト	ASC＋ 海王星－天王星

失せもの探し　Column

人、動物、物品いずれのものが見当たらない場合も、ありかを絞る以前に、①死んでいる、あるいは破損、②誘拐、あるいは盗難、③蒸発、あるいは紛失のいずれの状態かを知る必要があります。その判断がついてからのほうが具体的なありかを指し示すことができるからです。

J.Lee Leahman が、主にAnthony Griffin と一部 William Lilly による定義をわかりやすくまとめてくれています。Anthony Griffin は17世紀の占星術師で、著書の"An Astrology Judgment Touching Theft" で、紛失物が持ち主の不注意によるものでまだ家のどこか、あるいは持ち主の行動範囲内にあるのか、盗難されて持ち主の考えが及ばぬ場所にあるかを見極める方法論を解いています。著者が活躍した時代では、使用人が何人も家を出入りすることが普通だったこともあり、紛失物に持ち去られた可能性を考えなければ、めぼしい場所を絞れないという切実な背景があったのでしょう。

現在では、盗難の可能性はほとんど考慮しないこともあり、私の経験と実践の不足からも不明瞭な点が多いため、コラムとして失せもの探しの技法を紹介するにとどめました。

① 生死の見極め

- 紛失物に該当するハウスから見た12番目のハウスに、紛失物を示す星、あるいは月がある。さらにその星が凶星（火星、土星、海王星、冥王星など）と凶角度（90度、180度など）をとってれば死が暗示されているものとする。凶角度が分離の場合は死の可能性が低くはなるが、紛失物が非常な困難にあい、苦しめられたことを示している。

- 紛失物に該当するハウスから見た６番目のハウスに、紛失物を示す星、あるいは月がある。さらにその６ハウスのルーラーと紛失物を示す星が凶角度をとっていれば死が暗示されているものとする。ただし、二つの星の間にレセプションが発生しているか、紛失物を示す星、あるいは月が吉星に接近していれば、紛失物は病に犯されてはいるが死は免れるとみなす。凶星との凶角度が分離していれば、かつて病気であったとする。
- 紛失物に該当するハウスから見た８番目のハウスに、紛失物を示す星、あるいは月がある。さらにその８ハウスのルーラーと紛失物を示す星が凶角度をとっていれば、死んでいる「かもしれない」ものとする。
- 太陽あるいは月が一つ以上の凶星と凶角度をとっている。さらに悪いハウス（6ハウス、8ハウス、12ハウス、）にあれば死が暗示されているものとする。
- 紛失物を示す星のエッセンシャルディグニティーが高ければ高いほど生命力は増し、凶星との角度が少なければ少ないほど生存の可能性は上がり、状態が良好に転ずるものとみなす。

＊紛失物を示すハウスの定義は、一般的なものを適応しますが、質問者と紛失物との関係が複雑だったり、遠すぎる場合は、１ハウスをとる場合と7ハウスをとる場合とに分かれます。Lillyはしばしばあいまいな定義の紛失物を１ハウスでとってチャートを読みますが、Lehmanは７ハウスを推奨しています。目安としては、紛失物や失踪者と質問者の利害関

係が重要になります。質問者に直接利害関係があれば、7ハウスをとるほうが自然なのですが、単なる好奇心や一般論として失踪者の行く末を見る場合1ハウスのほうがよいでしょう。例えばニュースで話題の失踪者の行方などが1ハウスでとったほうがベターな例です。

②誘拐と盗難の可能性

- 月のディスポジターと2ハウスルーラーが、互いに分離していない、あるいはほかの天体たちと分離のアスペクトをとらない場合、誘拐や盗難の可能性が否定される。
- 月のディスポジターとASCルーラーがコンジャンクションなら、紛失物は質問者自宅にある。
- ASCルーラーが木星か2ハウスルーラーと分離のアスペクトをとっていれば、質問者が紛失物を置き忘れたことを示す。
- アワールーラーが1ハウスにあれば、紛失物は質問者の自宅にある。
- 蟹座がASCで、月が4ハウスにあり、2ハウスルーラーが7ハウスに位置するか、8ハウスのサインにあり、月がそれらにセクスタイルかトラインのアスペクトをとっていれば、紛失物が冗談で一時的に移動されていることを示す。
- 月が7ハウスにあって、それがアワールーラーと同じサイン、すなわちアワールーラーと月が共に7ハウスにあれば盗難の可能性は低く、紛失物が見逃されているか見間違われるかによって見つかっていないだけ。
- ASCルーラーとアワールーラーがコンジャンクションなら、盗難や誘拐ではない。

- アワールーラー、４ハウスルーラー、４ハウスにある天体、月、月のディスポジターらの間でいくつかのコンジャンクションがあれば、誘拐や盗難の可能性はない。
- 月のディスポジターか２ハウスルーラーがほかの天体から分離しながら遠ざかっていれば、盗難か誘拐の可能性あり。
- ペリグリンの天体のディスポジターが月か、逆に月のディスポジターがペリグリンなら盗難か誘拐。（Lehmanはこの適応範囲が広すぎるとし嫌疑的な姿勢をとっています。）
- Angularにあるペリグリンの天体は、盗人を示す。
- ASCルーラーが、盗人を示す天体のディスポジターなら、紛失物は盗まれていることを示す。
- 盗人を示す天体がペリグリンなら紛失物は盗難されている。
- 盗人を示す天体がASCルーラーとコンジャンクションまたはハードアスペクトをとっていれば紛失物は盗難にあっている。
- 盗人を示す天体が１ハウスにある天体のディスポジターなら紛失物は盗難にあっている。
- １ハウスあるいは２ハウスにペリグリンの天体があれば盗難か誘拐。
- POFのディスポジターのどちらもが凶星であれば盗難か誘拐。

＊ディスポジターはメジャーなもの（ドミサイルとエグザルテーションとトリプリシティー）のみを考慮し、タームやフェイスは考慮しないの

ではないかとLehmanは考えているようですが、私も同意です。私はむしろドミサイルのみで考えていたほどです。

＊ Griffinによると、上に列挙された「盗難誘拐ではない」表示と「盗難誘拐である」表示を比較して多いほうをとるようにと指示しています。

③ 蒸発と紛失の可能性

- 2ハウスルーラーがAngularにあれば、質問者の自宅にある。2ハウスルーラーか月がASC、あるいはASCルーラーのあるサイン、あるいはASCルーラーのディスポジターのあるサインにあれば、そのハウスが示す場所で質問者がよく出入りする場所が怪しい。
- 2ハウスルーラーか月が10ハウスにあれば、紛失物は自宅の玄関ホールかダイニングにある。商人からの質問なら、お店か経理部屋や専属銀行にある。
- 2ハウスルーラーか月が7ハウスにあれば、紛失物は自宅の伴侶か同居人が使う部屋にある。6ハウスなら使用人のみが使う部屋。
- 物品や失踪者がある場所の様子は、それを示す星が位置するサインが示す場所や様子に示されている。風の元素は家の高い場所を指し、火の元素は暖炉やアイロンのそば、土の元素は壁際か床など低い位置、水の元素は洗面所や洗濯場あるいは湿気の強い場所などを示すものとします。
- 質問者を支配するサイン（質問者を示す天体のあるサインなど）にも注意を払うことで、より正確な場所へ行き着くことができます。

Column

William Lilly による失せものを示す場所リスト

検証箇所	元素
ASC	
ASCルーラー	
4ハウスカスプ	
4ハウスルーラー	
月	
2ハウスカスプ	
2ハウスルーラー	
POF	

右の元素で一番多いものが示す場所が有力とします。

II

実践編

チャートを読むにあたって

いよいよ質問に答えるかたちで実際にチャートを読んでみましょう。1から7までのステップを追いながらチャートに取り組みます。実践ではテクニカルな面でカバーしきれないさまざまなケースを扱うことになります。別の言い方をすれば、実際にチャートに取り組むまでは気が付かないことがいろいろあります。そういった事態に対応するには数をこなしていくしかありません。

実践編では、くどいほどプロセスを解説していますが、質問者に告げるのは「結論」の部分のみです。結論に至るまでのプロセスに疑問があればプロセスを参照するという方法でも十分勉強になります。また、自分なりの方法論でチャートに取り組むことができる人も、チャートを眺めてすぐに「結論」と「答え合わせ」に飛んでもらっても楽しめるかと思います。

＊ここで検証されたチャートは、筆者が主宰する研究会および講座内で取り上げられたものがほとんどで、すべてのケースにおいて関係者および本人に掲載の承諾を得ています。また、個人を特定できる情報は差し替えてありますので、似たようなケースに心当たりがある場合は偶然の一致でしかありません。有料無料に関わらず、個人鑑定の結果を何の予告もなしに公開することはいっさいありません。

＊例題におけるエッセンシャルディグニティーの計算では、ペリグリンを減点（－5）していません。

＊掲載しているチャートはすべて許可を得て、占星術支援ソフトStargazerにより作成しています。

恋愛　あの人とつき合うことはできますか？

水曜日木星時間

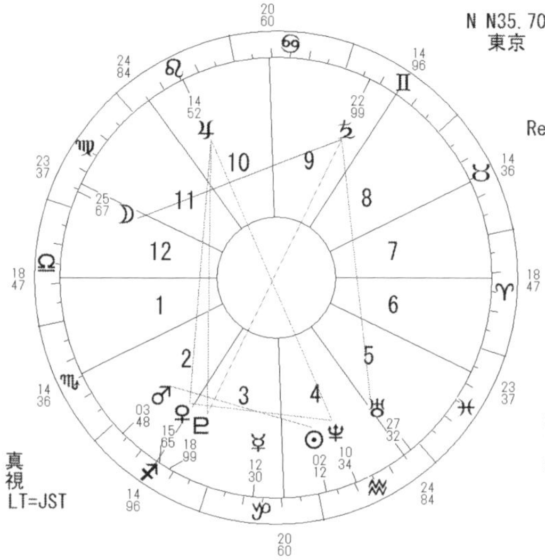

N N35.70 E139.77
東京

Regiomontanus

1	♎18.47
2	♏14.36
3	♐14.96
4	♑20.60
5	♒24.84
6	♓23.37
7	♈18.47
8	♉14.36
9	♊14.96
10	♋20.60
11	♌24.84
12	♍23.37

☉-☽ 233°
19/28
☊φ=真位置

出生		黄経		赤緯
☉	♒	02.12		-19.68
☽	♍	25.67		+06.15
☿	♑	12.30	R	-19.94
♀	♐	15.65		-19.49
♂	♐	03.48		-20.37
♃	♌	14.52	R	+17.28
♄	♊	22.99	R	+22.03
♅	♒	27.32		-13.07
♆	♒	10.34		-17.61
♇	♐	18.99		-13.79
Asc	♎	18.47		-07.24
Mc	♋	20.60		+21.86
Vt	♉	22.07		+18.29
Ep	♎	24.06		00.00
PoF	♊	12.01		+22.23
☊	♊	07.05	R	+21.49
φ	♈	12.49		+01.07
⚳	♈	13.29		-01.66
⚴	♓	01.66		-04.31
⚵	♏	15.46		-08.96
⚶	♎	11.02		+03.31
⚷	♑	13.54		-16.66
♇	♈	14.01		+06.05
×	♈	20.01		-06.06

Step 1　質問を受けた東京でロケーションをとったチャート

Step 2　水曜日木星時間のチャート

- □　月がボイドオブコースではない
- ☑　月がバイアコンバスタゾーンにない

☑ ASCの度数は速すぎず遅すぎず

☑ 1ハウス、7ハウス、10ハウスに土星がない

□ チャートと質問者の親和性

☑ ASCとアワールーラーの親和性がある

ASCのルーラーとアワールーラーが同じ

ASCの気質とアワールーラーの気質が同じ

ASCのトリプリシティーとアワールーラーが同じ

Step 3 月乙女座25度

	2	3	10	11	14	15	18	21	25	27
天体	☉	♂	♆	☿	♃	♀	♇	♄	☽	♅
サイン	♒	♐	♒	♑	♌	♐	♐	♊	♍	♒
月との角度	⚻	□	⚻	△	⚺	□	□	□		⚻

月150度太陽：意図と心情がバラバラで、足並みが揃っていない様子

月90度火星：繊細な心情が荒々しく踏みにじられた様子

月150度海王星：夢は広がらず

月120度水星：心情をうまく言葉にできる様子

月30度木星：幸運には恵まれず

月90度金星：自分らしい魅力を出せず遠慮している様子

月90度冥王星：心情が根底からくじかれる

月90度土星：暗澹たる思い

質問時の状態：月乙女座25度

月150度天王星：打開策なし

Step 4
関係者を見つける

相談者→１ハウス天秤座ルーラーの金星

サブルーラーの月

あの人→７ハウス牡羊座ルーラーの火星

Step 5
前ステップを参考にしたリスト

① 金星 vs 火星（質問者と相手）

② 月 vs 火星（質問者と相手）

	エッセンシャル	アクシデンタル	レセプション	
金星 射手座3ハウス	ペリグリン	+11	スキ 木星	キライ 水星
月 乙女座12ハウス	夜トリプリ +3	+5	スキ 水星	キライ 金星　木星
火星 射手座2ハウス	ペリグリン	+17	スキ 木星	キライ 水星

Step 6
角度

金星と火星は12度分離のコンジャンクション

月と火星も22度分離のスクエア

Step 7
様子

金星射手座３ハウス→大胆で奔放な様子で、積極的に行動したりコミュニケートをとろうとしている

月乙女座12ハウス→細やかで分析的な様子で、本心を隠している

火星射手座２ハウス→大胆で奔放な様子で、貪欲な姿勢にとどまっている

Ⅰ 総合的なリーディング

まず、質問時の月がボイドにあるため、積極的に答えを出しても徒労に終わるかもしれない大前提があるものの、ASCとアワールーラーの気質の一致がみられるため読み進めることにしました。

月は乙女座に入宮して間もなく火星との90度をとり、その後、紆余曲折を経て現状に至りますが、この先何も起こらないことがわかります。火星は意中の相手を示す天体ですから、立場が全く違う利害がぶつかり合う二人という前提があるようです。何がそんなに対立しているのでしょうか？
質問に至る直前には双子座土星との90度を経ていますから、相当苦しみ悩んだ末の相談だったのでしょう。

関係者を示す天体は共にペリグリンのコンディションにありながら、稼動力を示すアクシデンタルではそこそこの高得点を獲得。このようなコンディションではしばしば天体が凶暴で反社会的な行動に出ることが懸念されます。レセプションでは相談者が心情的に自分を嫌っている、あるいは自分のことを誇りに思えない事情がありそうです。

アスペクトでは相談者を示す天体はどちらも、意中の相手から離れていく動きを見せていますが、金星は火星と同じサインにとどまっています。サインを抜けるまでに冥王星との合を経ないといけません。このような動きから、相談者は意中の相手から離れようとしているものの、一度究極的な体験を経ないことには次のテーマに切り替えることができない様子を示して

いるかのようです。

相談者の心情を示す月は12ハウスに隠れていますから、何か隠している可能性が高いです。ボイド中の質問にもよくあることですが、本題とちょっとずれた質問をしている可能性が強いチャートです。

2 結論

相談者は意中の相手とかなり近い立場にいるので、すでにつき合っているような状況にあります。ただ、相手に見切りをつけて離れようとしています。さらに、完全に別れてしまう前に一度思い切った行動に出ようとして質問に至ったのではないでしょうか？「あの人とつき合うことはできますか？」への答えは「ノー」。相談者は苦しみながらも相手に見切りをつけて、自ら離れていくでしょう。

3 答え合わせ

まず、相談者は占星術師に正確な質問をしていません。なぜなら、相談者と意中の相手はすでに長期間つき合っているような状態だったからです。ただし、意中の相手には配偶者がおり、相談者はもうこの関係を終えようとしていました。その前に配偶者と別れて対等な関係になれないかをたずねたかったのが、このような質問になったようです。

鑑定後、しばらく同じような関係は続きましたが、数年後に別れました。

恋愛　こちらから連絡を取ってもよいですか？

水曜日太陽時間

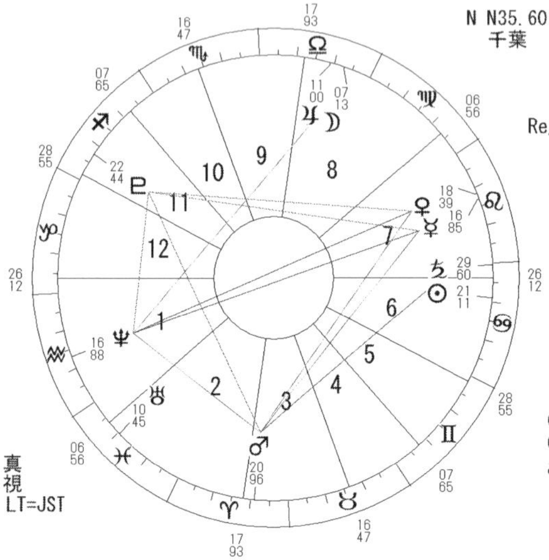

N N35.60 E140.12
千葉

Regiomontanus

	出生	黄経	赤緯
	☉♋	21.11	+21.78
	☽♎	07.13	-01.98
	☿♌	16.85	+14.67
	♀♌	18.39	+16.88
	♂♈	20.96	+05.72
1 ♑26.12	♃♎	11.00	-03.19
2 ♓06.56	♄♋	29.60	+20.50
3 ♈17.93	♅♓	10.45	R-08.38
4 ♉16.47	♆♒	16.88	R-15.90
5 ♊07.65	♇♐	22.44	R-15.02
6 ♊28.55	Asc♑	26.12	-20.92
7 ♋26.12	Mc♏	16.47	-16.76
8 ♍06.56	Vt♌	28.91	+11.85
9 ♎17.93	Ep♒	11.55	00.00
10 ♏16.47	PF♈	12.14	+04.80
11 ♐07.65	☊♈	17.70	R+06.95
12 ♐28.55	Φ♌	18.45	+19.51
	⚳♏	12.39	-11.67
	⚴♎	04.67	+17.47
	⚵♉	15.68	+11.01
	⚶♊	17.73	+19.45
	⚷♒	01.83	R-12.45
	⚸♈	20.29	+08.58
	×♈	21.79	-05.01

☉-☽ 076°
06/28
☊Φ=真位置

Step 1 質問を受けた千葉でロケーションをとったチャート

Step 2 水曜日太陽時間のチャート

- ☑ 月がボイドオブコースではない
- ☑ 月がバイアコンバスタゾーンにない

☑ ASCの度数は速すぎず遅すぎず

☐ １ハウス、７ハウス、10ハウスに土星がない

☑ チャートと質問者の親和性（太陽蟹座の質問者）

☐ ASCとアワールーラーの親和性

ASCルーラーとアワールーラーが同じ

ASCの気質とアワールーラーの気質が同じ

ASCのトリプリシティーとアワールーラーが同じ

Step 3 月天秤座７度

	0	1	2	3	4	5					10					15					20					25					30
天体								☽			♅	♃					☿ ♆		♀		♂	☉	♇							♄	
サイン								♎			♓	♎					♌ ♒		♌		♈	♋	♐							♋	
月との角度											⚻	☌					⚹ △		⚹		☍	□	⚹							□	

質問時の状態：月天秤座７度

月150度天王星：気持ちの切り替えが困難

月０度木星：パートナーシップに対する思いの拡大

月60度水星：自分の気持ちを言葉で表現したい

月120度海王星：夢が広がる

月60度金星：楽しい気分

月180度火星：急きたてられたような気分

月90度太陽：意図と心理の葛藤

月60度冥王星：止めることができな執着心

月90度土星：気持ちにブレーキがかかり、たがを外せない、
守りの姿勢

Step 4 関係者を見つける

相談者→１ハウス山羊座ルーラーの土星
　　　　１ハウスにある海王星
　　　　サブルーラーの月
相手→７ハウス蟹座ルーラーの月
　　　７ハウスにある水星と金星
こちらからの連絡→３ハウス牡羊座ルーラーの火星
　　　　　　　　コミュニケーションのナチュラルルーラーの水星
相手が受け取る連絡→９ハウス天秤座ルーラーの金星
　　　　　　　　　コミュニケーションのナチュラルルーラーの水星

Step 5 前ステップリストで重複したものを省いたものが以下

① 土星 vs 月（質問者と相手）
② 土星 vs 火星あるいは水星（質問者とこちらからの連絡）
③ 月 vs 金星あるいは水星（相手と相手が受け取る連絡）

	エッセンシャル	アクシデンタル	レセプション	
土星 蟹座７ハウス	ターム デトリマント 木星とＭ／Ｒ ＋１	＋４	スキ 月　木星	キライ 土星　火星
月 天秤座８ハウス	フェイス ＋１	＋８	金星　土星	火星　太陽
火星 牡羊座３ハウス	ドミサイル ＋５	＋15	火星　太陽	金星　土星

金星 獅子座７ハウス	ターム ＋2	＋18	太陽	土星
水星 獅子座７ハウス	ペリグリン	＋14	太陽	土星

Step 6 角度

①土星と月は22度接近のスクエア

②土星と火星は９度接近のスクエア（ただし、土星は火星とのスクエアの完成を待たずに次のサインへ移動）

土星と水星はノーアスペクト

③月と金星は11度接近のセクスタイル（ただし、アスペクトの完成までに木星とのコンジャンクションや海王星とのトラインの干渉が入る）

月と水星は９度接近のセクスタイル（ただし、アスペクトの完成までに木星とのコンジャンクションの干渉が入る）

Step 7 様子

土星蟹座７ハウス→相手の気持ちに深く感情移入しながら、相手の土俵に飛び込もうとしている様子

月天秤座８ハウス→中立的な様子で、何かに集中的に取り組んでいる

火星牡羊座３ハウス→唐突な様子での連絡

金星獅子座７ハウス→ドラマチックなトーンで自分のテリトリーに飛び込んでくる連絡

水星獅子座７ハウス→ドラマチックなトーンで自分のテリトリーに飛び込んでくる連絡

Ⅰ 総合的なリーディング

このチャートの７ハウス、それもDESの極近くに土星があります。このようなチャートの場合、占星術師などの聞き手が悲観的な見通しに偏りがちだったり、コンディションが悪く読み間違いを犯す可能性を念頭に置いておく必要があります。さらに、このチャートの土星はASCから飛んできていますから、質問者の状態も悪いと考えられるので二重に注意が必要でしょう。度数も29度とサインを変える直前ですから、クリティカルな度数です。問題になるほどではないものの、ASCも度数がかなり成熟しています。質問者は考えすぎなのでしょうか？　ただ、聞き手の私の太陽が蟹座で相談者の太陽も蟹座ということで、質問とチャートの親和性が認められたため、ミスリーディングを恐れず読み進めることになりました。

月は天秤座に入宮して７度まで歩みを進めていますが、まだどの天体とも角度をとっていません。質問した段階では心理的にニュートラルな状態なのでしょう。すでに木星の光が届く範囲内に接近していますから、楽観的見通しにやや傾き期待感が高まっているのかもしれません。この質問に関する最終的な心理状態は、最後にアスペクトをとる土星とのスクエアがカギを握ります。これは相手に連絡を取って積極的に関わりたいという現在の意図とは対立する、用心深く保守的な態度を示しているように見えます。

質問者を示す土星は、デトリマントのサインにあり、相手の土俵である７ハウスにありますから、のびのびとした状況ではないことは明らかです。どのようなかたちで連絡するにせよ、相手本意の動きになるため、堅苦しいムードが否めないでしょう。アクシデンタルディグニティーでの得点もほかの天体に比べると最下位です。一方相手を示す月は、エッセンシャルディグニティーのフェイスで軽く得点し、アクシデンタルディグニティーでも点数を得ていますが、絶好調ともいえず普通くらいのコンディションなのでしょう。質問者から発信される連絡を示す火星は、ドミサイルにあり稼動力も良好で、なかなか積極的で元気な様子ではありますが、レセプションでは本人を嫌う関係にあります。質問者がその人らしさを発揮できないムードはここでも上塗りされます。相手が受け取ることになる連絡も獅子座にありなかなか元気でドラマチックな様子です。質問の性質から無視できないのは水星のコンディションです。伝令の神ヘルメスがこの質問の味方をしてくれないことには、何も始まらないようなものですから。ところがこの水星はペリグリンにありながらアクシデンタルディグニティーでは高得点という暴走気味のコンディションにあります。

アスペクトでは、質問者と相手、質問者と質問者からの連絡、相手と質問者からの連絡、どの関係をとっても、アスペクトが成立する前に木星の干渉が入ります。これは悪い知らせではないはずですし、伝令の神である水星は、相手を示す場所で相手を二次的に示す金星に接近の合を完成しつつあります。どのようにストーリーを組み立てればよいのでしょうか？

② 結論

質問者は相手の立場を思いやるあまり、判断力が鈍り、現在考えすぎの状況にあるようです。そうこうしているうちに、相手のほうから何らかの吉報があるように見えますので、本来の自分を取り戻すことができるまで4日（月が木星と会合するまでの度数、およびトランシット土星が獅子座にイングレスするまでの日数）ほど連絡を取ることを考えないで過ごすとよいでしょう。４日経ってまだ自分からアクションを起こしたいようであればまたご相談ください。

③ 答え合わせ

　相談者は私のアドバイスどおりおとなしくするつもりでいたのですが、土星が獅子座にイングレスする直前に携帯メールで連絡を取ってしまったようです。普段なら少なくとも半日後には返信があるのですが、すぐには返信がなかったことで、相談者はパニックに陥り、後悔の念にさいなまれたそうです。しかし相談からきっかり４日後の夜遅くに相手から連絡があり、相談者が望んでいた以上の親密なやり取りがなされ、二人の関係は急接近できたそうです。

　ここまで日程がリーディングとぴったりくるケースは珍しいのですが、二人が親密になった４日後のチャートを確認してみると、月が射手座を移動しながら、次々に関係者として持ち上がっていた惑星たちの光をつないでいます。このようにホラリー占星術では、ホロスコープを静止した生気のないものとしてではなく、時々刻々と変化しながら、次々に惑星たちが角度をとり合うものとしてとらえます。

　このホラリーチャートで私が最も気にしていたのは、質問者を示す土星と相手を示す月がサインを変化させる直前にスクエアをとることでしたが、結果的に質問者が連絡を取ったのに何らかの理由で返信が遅かったときに経験した絶望感を示していただけにとどまってくれたようで一安心でした。このような場合、もっと長期的なスパンでカップルが別れてしまうことをこのチャートが暗示しているかどうかですが、それは否です。この質問は「連絡を取るべきかどうか」という内容であり、カップルがゴールインするかどうかの質問ではなかったからです。ホラリー占断では質問が網羅する範囲をキチンと線引きする必要があります。

比較例／相手からの連絡で急接近した頃のトランジット

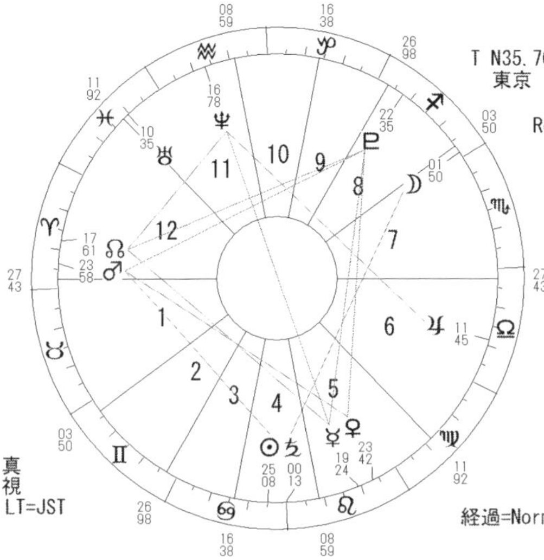

T N35.70 E139.77
東京

Regiomontanus

1	♈27.43
2	♊03.50
3	♊26.98
4	♋16.38
5	♌08.59
6	♍11.92
7	♎27.43
8	♐03.50
9	♐26.98
10	♑16.38
11	♒08.59
12	♓11.92

☉-☽ 126°
10/28
☊φ=真位置

経過		黄経	赤緯
☉	♋	25.08	+21.11
☽	♐	01.50	-23.88
☿	♌	19.24	+13.03
♀	♌	23.42	+15.24
♂	♈	23.58	+06.65
♃	♎	11.45	-03.39
♄	♌	00.13	+20.39
♅	♓	10.35	R-08.42
♆	♒	16.78	R-15.93
♇	♐	22.35	R-15.04
Asc	♈	27.43	+10.56
Mc	♑	16.38	-22.43
Vx	♎	12.06	-04.77
Ep	♈	19.25	00.00
PoF	♍	03.84	+10.10
☊	♈	17.61	R+06.91
φ	♌	13.61	R+21.17
⚳	♏	12.85	-12.08
⚴	♎	05.98	+17.00
⚵	♉	17.72	+11.22
⚶	♊	19.44	+19.63
⚷	♒	01.60	R-12.49
Pr	♈	20.31	+08.59
×	♈	21.79	-05.01

仕事　独立起業したいのですが力不足でしょうか?

土曜日土星時間

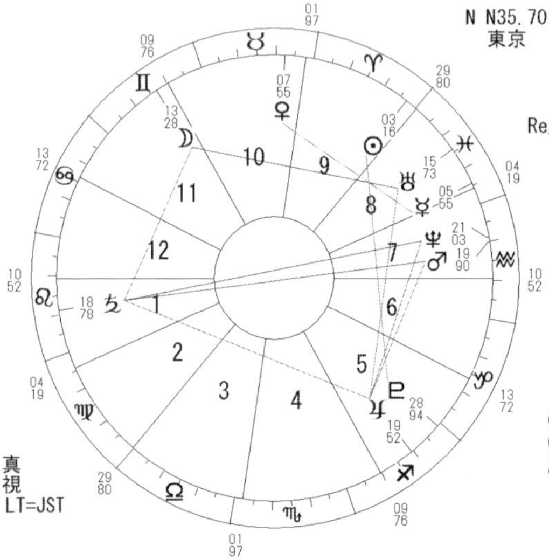

N N35.70 E139.77
東京

Regiomontanus

1	♌10.52
2	♍04.19
3	♍29.80
4	♏01.97
5	♐09.76
6	♑13.72
7	♒10.52
8	♓04.19
9	♓29.80
10	♉01.97
11	♊09.76
12	♋13.72

☉-☽ 070°
06/28
☊⌽=真位置

出生		黄経		赤緯
☉	♈	03.16		+01.26
☽	♊	13.28		+27.61
☿	♓	05.55		-10.81
♀	♉	07.55		+14.42
♂	♒	19.90		-15.96
♃	♐	19.52		-22.30
♄	♌	18.78	R	+16.46
♅	♓	15.73		-06.31
♆	♒	21.03		-14.71
♇	♐	28.94		-16.47
Asc	♌	10.52		+17.60
Mc	♉	01.97		+12.16
Vt	♐	23.58		-23.28
Ep	♋	27.71		00.00
PoF	♎	20.64		-08.06
☊	♓	16.04	R	-05.51
⌽	♍	28.63	R	-00.49
⚳	♈	01.96		-06.36
⚴	♒	29.45		+04.56
⚵	♎	23.66	R	-01.19
⚶	♐	12.59		-14.29
⚷	♒	14.56		-10.23
Pr	♈	20.87		+08.86
×	♈	21.37		-04.74

Step 1　質問を受けた東京でロケーションをとったチャート

Step 2　土曜日土星時間のチャート

- ☑ 月がボイドオブコースではない
- ☑ 月がバイアコンバスタゾーンにない

☑ ASCの度数は速すぎず遅すぎず

□ 1ハウス、7ハウス、10ハウスに土星がない

☑ チャートと質問者の親和性（太陽蟹座の質問者）

□ ASCとアワールーラーの親和性

ASCルーラーとアワールーラーが同じ

ASCの気質とアワールーラーの気質が同じ

ASCのトリプリシティーとアワールーラーが同じ

Step 3 月双子座13度

	3	5	7	13	15	18	19	21	28
天体	☉	☿	♀	☽	♅	♄	♃ ♂	♆	♇
サイン	♈	♓	♉	♊	♓	♌	♐ ♒	♒	♐
月との角度	⚹	□	⚺		□	⚹	☍ △	⚹	☍

月60度太陽：独立に対する意志と心情がかみ合っている

月90度水星：考えが抽象的で違和感がある

月30度金星：楽しさや協調性は考慮しない

質問時の状態：月双子座13度

月90度天王星：強制的な分離や周囲と歩調を合わせず飛び出す

月60度土星：具体的な方向性や威厳のあるムード

月180度木星：環境からの援助や幸運を受け止めることができる万能感

月120度火星：やる気に満ちている

月60度海王星：夢が果てしなく広がる様子

月180度冥王星：運命的な展開から逃れることはできない

Step 4 関係者を見つける

相談者→１ハウス獅子座ルーラーの太陽
　　　　１ハウスにある土星
　　　　サブルーラーの月
今の仕事→10ハウス牡牛座ルーラーの金星
　　　　　10ハウスにある金星
独立起業してからの仕事→11ハウス双子座ルーラーの水星
　　　　　　　　　　　　11ハウスにある月
　　　　　　　　　　　　独立のナチュラルルーラーの天王星

Step 5 前ステップリストで重複したものを省いたものが以下

①太陽あるいは土星 vs 金星（質問者と今の仕事）
②太陽あるいは土星 vs 水星あるいは月（質問者と独立起業してからの仕事）

	エッセンシャル	アクシデンタル	レセプション	
太陽 牡羊座9ハウス	エグザル 昼トリプリ ＋7	Joy ＋9	スキ 火星 太陽	キライ 金星 土星
土星 獅子座1ハウス	デトリマント －5	＋5	太陽	土星
金星 牡牛座10ハウス	ドミサイル 昼トリプリ ターム ＋10	＋19	金星　月	火星

水星 魚座8ハウス	デトリマント フォール －9	＋8	木星　金星	水星
月 双子座11ハウス	ペリグリン	＋18	水星	木星

Step 6 角度

①太陽と金星はノーアスペクト

土星と金星は11度接近のスクエア（ただし、アスペクトの完成までに天王星とのセクスタイルの干渉が入る）

②太陽と水星はノーアスペクト／土星と水星はノーアスペクト／太陽と月は分離のスクエア／土星と月は５度接近のセクスタイル（ただし、アスペクトの完成までに天王星とのスクエア、木星とのオポジションの干渉が入る）

Step 7 様子

太陽牡羊座９ハウス→未知の可能性へ飛び出そうとウズウズした様子で、視野を広げている

土星獅子座１ハウス→自分らしさをかたちにしようと苦悩している様子

金星牡牛座10ハウス→由緒ある様子できらびやかな今の仕事

水星魚座８ハウス→目に見えないものを伝承しようとしている？

月双子座11ハウス→多彩な選択肢のある未来

I 総合的なリーディング

１ハウスに土星がありますが、特に問題のないチャートなので読み進めましょう。

月は双子座に入宮して間もなく太陽と60度となり、意志と心情の発展的一致がみてとれます。そこから紆余曲折経て冥王星との180度でサインを去ります。この配置は、心情的に大きな変容を遂げることが避けがたいと暗示しているかのようです。

相談者は９ハウスにある牡羊座太陽であり、同時に1ハウスにある土星も本人を表していると考えることができます。新しい世界へ飛び出したいという意思と、自分らしさをかたちにしようとする決意が明確に示されたチャートです。太陽はそこそこの品格を得ていますが、土星はデトリマントのサインにあって、質問者の技能やコンディションがそれほど良好ではないことを暗示しています。一方今の仕事は牡牛座にある金星がダブルで指し、エッセンシャルディグニティーとアクシデンタルディグニティーは共に高得点。現在の仕事では収入もよくネームバリューのある会社に勤めている可能性が高いはずです。独立起業が実現したとして、その仕事を示す水星はデトリマントとフォールでダブルに品格を落としているため、収入面や待遇を考えると良好とはとても思えませんが、アクシデンタルディグニティーではそこそこの点数を稼いでいます。未来の仕事を示す部屋には双子座の月もあり、これは質問者が心情的には今の仕事よりも独立起業してからの未来に多くの可能性を感じていることを示しているようにもみえます。この月はペリグリンにありながら、アクシデンタルディグニティーで高得点を得ていますから、暴走気味です。

質問者を示す太陽あるいは土星と、現在の仕事を示す金星は角度をとらないか接近のスクエアになり、さらに独立を支援する天体である天王星の干渉を受けています。もう今の仕事を続ける気持ちはないのでしょう。しかし一方で未来の仕事を示す天体とのアスペクトも希薄です。しいて言うなら、未来の仕事を補足的に支配する月と、質問者を補足的に示す土星とが接近の60度で発展的展開を期待できそうではあります。しかしこのアスペクトも木星と天王星の干渉を受けているため、スムーズに独立起業という流れにはならないでしょう。

2 結論

現在の仕事では豊かな生活が保障されていたようですが、質問者の決意は固く、必ず離職することにはなるでしょう。ただ、離職してすぐに起業ができるかというと、ニュートラルな時期を経てからというタイムラグがありそうです。蓄えがあれば１年～２年勉強や下準備に当てるくらいの気持ちでいてもよいのでは？　また、質問者はスピリチュアルな分野への転向を考えている可能性が高いのですが、その場合、尊敬できる人の弟子になったり秘伝を継承するようなかたちがよりスムーズに未来を開いてくれるでしょう。運命の輪は回り始めているので、がんばってください。

3 答え合わせ

質問者には実際ある程度の蓄えがあり、本人もすぐに起業する自信がないことを告白してくれました。起業しようとしている内容も、具体的にはいえませんが、現在の職種や人脈をベースにしているものの、かなりスピリチュアルな分野でした。また、勉強に時間を割きたいという考えも本人が痛感されているようで、私のリーディングに驚いておられました。良いタイミングで離職できたため、自分の人生が始まったという実感に満ちながら充電期間に専念できているようです。2008年12月現在では起業の第一歩は踏み出しておられ、これからどんどん実力を発揮されるのだと私は考えています。

予言とは何か ①　Column

ある程度ホロスコープの仕組みがわかる方から不思議な個人リーディングの申し込みをされたことがあります。こちらがリーディング可能な日程の候補をいくつか上げると、候補の中の１日しか、相談者の都合に合う日がありませんでした。当然その日にご予約されるものと考えていたら、「その日は星の配置が良くないので、ホラリーの質問をしても悪い結果しか出ないので困っている」とのことでした。

ホラリー占星術では、ハウスの位置によってリーディングが全く違ってくるので、２時間（一つのハウスが移動する速度）か、それ以内（４分程度で1度移動）でも、答えが全く違ったものになりますから、トランシットに不吉な惑星の配列があったとしても、それが重要なハウスのルーラーでなければ、質問の答えに影響を与えません。

とはいえ、その方の気持ちはとてもよくわかります。ホロスコープをある程度解読できるのだから、自分が思い悩んでいることを相談しに行く日の空模様を見たいというのは、出かける前に天気予報をチェックするくらい自然なことなのです。また、私自身、日々の星の運行をある程度、把握していることから「ホラリーを立てたくない日」というは、あるにはあるのです。

それならば、わざわざ良い答えが出そうな日時にホラリーを立てればよいのでしょうか！？

（「予言とは何か②」に続く）

仕事　狙い通りのポストに抜擢されますか？

火曜日月時間

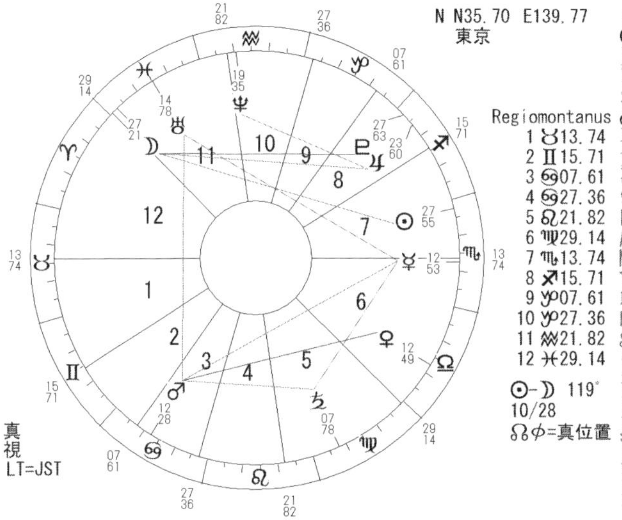

N N35.70　E139.77
東京

Regiomontanus

ハウス	カスプ
1	♉13.74
2	♊15.71
3	♋07.61
4	♋27.36
5	♌21.82
6	♍29.14
7	♏13.74
8	♐15.71
9	♑07.61
10	♑27.36
11	♒21.82
12	♓29.14

☉-☽　119°
10/28
☊φ=真位置

出生	黄経		赤緯
☉	♏27.55		-19.61
☽	♓27.21		+00.79
☿	♏12.53		-14.07
♀	♎12.49		-03.30
♂	♋12.28	R	+24.71
♃	♐23.60		-23.05
♄	♍07.78		+10.05
♅	♓14.78	R	-06.72
♆	♒19.35		-15.29
♇	♐27.63		-17.04
Asc	♉13.74		+15.96
Mc	♑27.36		-20.69
Vx	♎19.96		-07.80
Ep	♉01.58		00.00
PF	♍13.40		+06.52
☊	♓03.04	R	-10.39
φ	♐00.99	R	-25.40
⚳	♉14.39	R	+08.01
⚴	♓01.94		-08.74
⚵	♏23.70		-10.05
⚶	♑14.89		-24.56
⚷	♒11.69		-10.94
Pr	♈21.44	R	+09.14
×	♈21.36	R	-04.86

Step 1　質問を受けた東京でロケーションをとったチャート

Step 2　火曜日月時間のチャート

- ☑ 月がボイドオブコースではない
- ☑ 月がバイアコンバスタゾーンにない

☑ ASCの度数は速すぎず遅すぎず

☑ 1ハウス、7ハウス、10ハウスに土星がない

☐ チャートと質問者の親和性（太陽蟹座の質問者）

☐ ASCとアワールーラーの親和性

ASCルーラーとアワールーラーが同じ

ASCの気質とアワールーラーの気質が同じ

ASCのトリプリシティーとアワールーラーが同じ

Step 3　月魚座27度

	0	1	2	3	4	5					10					15					20					25					30
天体									♄				☿ ♀ ♂	♅						♆				♃				☽ ☉ ♇			
サイン									♍				♏ ♎ ♋	♓						♒				♐				♓ ♏ ♐			
月との角度									☍				△ ⚻ △	☌						⚺				□				△ □			

月180度土星：強いプレッシャーとの直面、自分の限界の認識

月120度水星：情のある思考

月150度金星：楽しくはない

月120度火星：誰かのためにがんばってみようという意気込み？

月０度天王星：現状を打破したい心情

月30度海王星：夢の抱きすぎや誤算はない

月90度木星：ちょっと気が大きくなりすぎ？

質問時の状態：月魚座27度

月120度太陽：目的と心情の一致

月90度冥王星：痛みを伴う運命的な出来事

Step 4 関係者を見つける

相談者→１ハウス牡牛座ルーラーの金星
サブルーラーの月

目的のポスト→10ハウス山羊座ルーラーの土星

人事配属のキーパーソン→７ハウス蠍座ルーラーの火星
７ハウスにある水星
７ハウスにある太陽

Step 5 力関係

①金星あるいは月 vs 土星（質問者と目的のポスト）

②金星あるいは月 vs 火星あるいは水星あるいは太陽（質問者と人事配属キーパーソン）

	エッセンシャル	アクシデンタル	レセプション	
金星 天秤座６ハウス	ドミサイル ＋５	＋８	スキ 金星　土星	キライ 火星 太陽
土星 乙女座５ハウス	ペリグリン	＋17	水星	木星 金星
火星 蟹座３ハウス	昼トリプリ フォール －１	＋４	月 木星	土星 火星
月 魚座12ハウス	ペリグリン	＋９	木星　金星	水星
水星 蠍座７ハウス	ペリグリン	＋５	火星	金星　月
太陽 蠍座７ハウス	ペリグリン	＋11	火星	金星　月

Step 6 角度

①金星と土星はノーアスペクト

月と土星は20度分離のオポジション

②金星と火星はパーチルなスクエア

金星と水星はノーアスペクト

金星と太陽はノーアスペクト

月と火星は15度分離のトライン

月と水星は15度分離のトライン

月と太陽はパーチルなトライン

Step 7 様子

金星天秤座６ハウス→無茶な要求もバランスよく受容しながら労働する様子。奴隷状態？

土星乙女座５ハウス→繊細なクリエイティビティーを発揮できるポスト

火星蟹座３ハウス→排他的で身内びいきな様子で情報通、自在にさまざまな部署を移動できる人事責任者

月魚座12ハウス→弱気な本心を隠している様子

水星蠍座７ハウス→狭く深い思考を持つキーパーソン

太陽蠍座７ハウス→権威のある上司？

Ⅰ 総合的なリーディング

ASCとアワールーラーの親和性はありませんが、その他の問題が全くないチャートなので読み進めます。

月は魚座に入宮後、土星からの180度を食らっているため、状況がシビアで質問者が強い重圧に曝されていることが問題の発端にあることがうかがえます。質問時はボイドの直前であり、太陽とのトライン、冥王星とのスクエアはパーチルです！　シビアな発端と強烈な転機に出された質問なのでしょう。

相談者は１ハウスのルーラー、天秤座の金星で６ハウスにあります。ドミサイルサインにありますから、仕事能力が高いはずです。しかし労役や低賃金労働を示す６ハウスにありますから、質問者の高いスキルが正当に評価されているとは言いがたいでしょう。狙いのポストは10ハウスが示しているはずです。10ハウスのルーラーは、５ハウスにある乙女座土星です。クリエイティブな分野での緻密な作業を希望しているのでしょうか？　質問者の昇格のカギを握る人物にも目を向けてみましょう。７ハウスのルーラーである蟹座火星が最も有力ですが、DES上に水星がありますから、水星の性質がこの人物像にブレンドされていくはずです。そもそも蟹座の火星もコミュニケーションの部屋である３ハウスにありますから、人事のカギを握る人物は相当な情報通で、あちこちの部署を出入りできる特徴がありそうです。サインはDESもそのルーラーも共通して水ですから、仲間びいきや情にほだされる性質も無視できません。７ハウスには太陽もありますが、太陽は目上の人や上司を支配するため、人事のカギを握る人物とは区別して考えてもよいかもしれません。

質問者を示す金星は、狙いのポストを示す土星とアスペクトを持っていません。補足的に質問者を示す月もボイドの直前ですから、土星とは分離の180度。質問の発端になる土星とのオポジションは、質問者が狙いのポストとは対極的な立場にあることを暗示しているかのようです。人事のカギを握る火星とは、質問時にタイトな90度ですから、対立構造が暗示されています。レセプションにおいても、人事関係者である水星と太陽および、ポストを示す土星から金星は嫌われています。ただし、希望的な配置もあります。質問時、金星は7ハウスにある太陽とパーチルな120度で結ばれています。この太陽がどれだけ質問の行く末を左右するのか、ちょっと読みにくいチャートでした。

2 結論

質問者と狙いのポストとのつながりは薄く、決定打に欠けます。また、人事のカギを握る関係者と質問者との関係に対立構造が見られるため、たなぼた式の大抜擢を期待するのは難しいでしょう。ただし、質問者にはすばらしい技能があり、それを評価してくれる上司もいるようです。今回は狙いのポストにつけない可能性が高いのですが、自分の技術に自信を持ってください。きっといずれチャンスは巡ってくるでしょう。

3 答え合わせ

なんと、質問者は狙いのポストに大抜擢されました。それまでの経緯は、私のリーディングがとてもあてはまっていたようで、人事のカギを握る人物がまさに水のエレメント生まれで、質問者とは対立構造に近い緊張関係があったようです。しかし、そのような障害以上に本人の能力が買われたのか、無事正社員になり報酬や社会保障もずっと良い待遇になったとのことでした。ミスリーディングをしてしまった例ですが、会社内の人間関係や本人の能力、質問に至るまでの待遇などがよくあてはまっていたチャートなので、ここで取り上げてみました。質問者を示す天体のディグニティーの高さが大きな影響力を握ったケースです。本人の努力や技能が星の配置を乗り超えることができた良い例かと思います。

予言とは何か ② Column

誰しも悩みはありますし、それを打ち明けたい、相談したいという思いは強いはず。ホラリーはそのような「思い悩んでいることを相談するにはいつがよいのか」を教えてくれます。しかしそれは「ホラリーを立てたくない日」があるということです。良い答えが得られる日時にだけホラリーを立てるということは良いのか悪いのか、それは非常にデリケートな問題です。

私は、こういった問題はホラリー占星術が潜在的に持つパラドックスに関わることだと思います。細かい線引きを設けてパラドックスを一見回避したようにみせたとしても、根本的解決にはならないでしょう。これは、「宿命」と「予言」の関係性に関わる本質的な問題だからです。予言という行為自体が宿命にどのように関与するかの問題です。思考は過去や未来を自由に行き来できます。そのことが人間の宿命に関与しないでいることは難しいでしょう。

占星術というツールに予言的役割を与える分野であるホラリー占星術に携わるということは、宿命と予言の関係を自分の中でどのように消化するかを探さなければならないという課題を受け取ることでもあるのでしょう。

（「予言とは何か③」に続く）

試験

試験に合格できますか？

水曜日火星時間

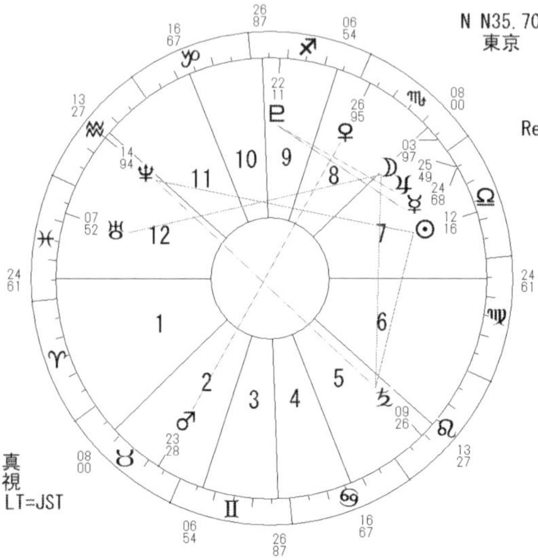

N N35.70 E139.77
東京

Regiomontanus

1	♓24.61
2	♉08.00
3	♊06.54
4	♊26.87
5	♋16.67
6	♌13.27
7	♍24.61
8	♏08.00
9	♐06.54
10	♐26.87
11	♑16.67
12	♒13.27

☉-☽ 021°
02/28
☊φ=真位置

出生		黄経		赤緯
☉	♎	12.16		-04.81
☽	♏	03.97		-14.58
☿	♎	24.68		-09.74
♀	♏	26.95		-21.71
♂	♉	23.28	R	+16.57
♃	♎	25.49		-08.87
♄	♌	09.26		+18.33
♅	♓	07.52	R	-09.49
♆	♒	14.94	R	-16.49
♇	♐	22.11		-15.46
Asc	♓	24.61		-02.14
Mc	♐	26.87		-23.40
Vt	♍	27.68		+00.92
Ep	♓	26.29		00.00
PoF	♈	16.42		+06.46
☊	♈	13.62		+05.38
φ	♌	20.40		+18.60
⚳	♐	03.91		-20.88
⚴	♏	06.78		+07.43
⚵	♊	19.48		+06.62
⚶	♋	17.05		+19.83
⚷	♑	28.52	R	-13.51
Pr	♈	19.38	R	+08.27
×	♈	21.32	R	-05.27

Step 1　質問を受けた東京でロケーションをとったチャート

Step 2　水曜日火星時間のチャート

- ☑ 月がボイドオブコースではない
- ☐ 月がバイアコンバスタゾーンにない

☑ ASCの度数は速すぎず遅すぎず

☑ １ハウス、７ハウス、10ハウスに土星がない

□ チャートと質問者の親和性（太陽蟹座の質問者）

☑ ASCとアワールーラーの親和性

ASCルーラーとアワールーラーが同じ

ASCの気質とアワールーラーの気質が同じ

ASCのトリプリシティーとアワールーラーが同じ

Step 3 蠍座３度

	3	7	9	12	14	22	23	24	25	26
天体	☽	♅	♄	☉	♆	♇	♂	☿	♃	♀
サイン	♏	♓	♌	♎	♒	♐	♉	♎	♎	♏
月との角度		△	□	⚺	□	⚺	☍	⚺	⚺	☌

質問時の状態：月蠍座３度

月120度天王星：新しいことを始めることで、現状を打破したい

月90度土星：自信がなく憂うつな気分

月30度太陽：目的と心情のつながりは希薄

月90度海王星：過剰に夢が広がる、現実味のなさ

月30度冥王星：運命的な出来事はない

月180度火星：駆り立てられたような心理、焦り、イライラ

月30度水星：言動と心情の不一致

月30度木星：幸運は期待できない

月0度金星：趣味に没頭、日常生活での楽しみや喜び

Step 4 関係者を見つける

相談者→1ハウス魚座ルーラーの木星
サブルーラーの月

資格試験→3ハウスルーラーおよび
試験のナチュラルルーラーである水星

Step 5 力関係

木星あるいは月 vs 水星（質問者と試験の関係）

	エッセンシャル	アクシデンタル	レセプション	
木星 天秤座7ハウス	フェイス ＋1	＋5	スキ 金星　土星	キライ 火星　太陽
水星 天秤座7ハウス	ペリグリン	＋9	金星　土星	火星　太陽
月 蠍座7ハウス (8ハウス)	フォール －4	＋14（＋8）	火星	金星　月

Step 6 角度

木星と水星は1度接近のコンジャンクション

月と水星はノーアスペクト

Step 7 様子

木星天秤座7ハウス→環境に対してオープンな態度で飛び込む様子

水星天秤座7ハウス→公平で来るものを拒まない姿勢の試験

月蠍座7ハウス→相手の要求に深く共感する様子

（月蠍座８ハウス→一つの分野に集中的に心を合わせる様子）

Ⅰ 総合的なリーディング

ASCとアワールーラーの親和性が取れたチャートですが、月がバイアコンバスタゾーンを移動中のチャート。

心情の推移を示す月は蠍座に入ったばかりでまだほかの天体と角度をとっていません。わけもなくせっぱ詰った心情になり、そこからの打開策としてこのような質問がなされたのでしょうか？　月が最初にとるアスペクトは天王星とのトラインですから、斬新な打開策は目前に控えています。サインを去る直前には金星と合を完成させますから、楽しい気持ちでこの話題は終わってくれそうではあります。

質問者を示す木星は７ハウスにありサインは天秤座でフェイスを獲得しています。環境に対して中立的でオープンな姿勢がうかがえます。能力もそこそこ高いでしょう。しかし質問者を二次的に示す月はバイアコンバスタゾーンにあり、まだ何も始まっていないため、目前の環境に丸腰で飛び込んだものの、何も始まらず深刻な心情を経験しているのかもしれません。試験や資格、筆記テストを支配する３ハウスのルーラーもまた、７ハウスで天秤座にあります。この試験は来るものを拒む様子もなく、間口が広いことがうかがえるため、倍率が低く、受験すればまず受かると考えてもよさそうです。水星が蠍座の月を嫌っていることは多少気になりますが、たいした影響力はないでしょう。

質問者を示す天体と試験を示す天体は大接近の０度を形成しています。木星は質問者を示すと同時に、目標を示す10ハウスとも関連がありますから、いずれの振り分けにおいても、吉報を読み取ることができます。

② 結論

安心してください。試験には受かります。唯一の妨げが、質問者の悲観的で深刻な心情のようですから、明るい気持ちで勉強にはげんでください。

③ 答え合わせ

質問者は翌月の資格試験に無事合格されました。

試験　どうすれば勉強に集中することができますか？

火曜日水星時間

N N35.60 E140.12
千葉

Regiomontanus

1	♎27.52
2	♏23.54
3	♐24.82
4	♒01.02
5	♓04.91
6	♈02.78
7	♈27.52
8	♉23.54
9	♊24.82
10	♌01.02
11	♍04.91
12	♎02.78

☉-☽ 261°
21/28
☊ϕ=真位置

出生	黄経		赤緯
☉	♒12.81		−16.96
☽	♏03.94		−13.52
☿	♒03.80		−21.12
♀	♑28.66		−20.99
♂	♐26.34		−23.60
♃	♎18.86		−06.07
♄	♋22.39	R	+21.62
♅	♓05.41		−10.20
♆	♒14.99		−16.43
♇	♐23.74		−15.23
As	♎27.52		−10.59
Mc	♌01.02		+19.93
Vt	♊08.88		+21.78
Ep	♏05.54		00.00
PF	♋18.65		+22.14
☊	♈25.67		+09.92
ϕ	♌14.93		+21.00
⚳	♏18.17		−08.58
⚴	♎12.60	R	−07.45
⚵	♒25.30		−10.03
⚶	♈08.01		−02.27
⚷	♑28.99		−14.03
℞	♈16.99		+07.30
×	♈20.51		−05.50

Step 1　質問を受けた千葉でロケーションをとったチャート

Step 2　火曜日水星時間のチャート

- ☑ 月がボイドオブコースではない
- ☐ 月がバイアコンバスタゾーンにない

□ ASCの度数は速すぎず遅すぎず

☑ 1ハウス、7ハウス、10ハウスに土星がない

☑ チャートと質問者の親和性

☑ ASCとアワールーラーの親和性

ASCルーラーとアワールーラーが同じ

ASCの気質とアワールーラーの気質が同じ

ASCのトリプリシティーとアワールーラーが同じ

Step 3 蠍座3度

	3	5	12	14	18	22	23	26	28
天体	☿ ☽	♅	☉	♆	♃	♄	♇	♂	♀
サイン	♒ ♏	♓	♒	♒	♎	♋	♐	♐	♌
月との角度	□	△	□	□	⊻	△	⊻	⊻	✱

月90度水星：思考と心情の歩調が合わないため、
勉強に取り組めない

質問時の状態：月蠍座3度

月120度天王星：良い感じに気分が変わる

月90度太陽：目的と気持ちの不一致

月90度海王星：デイドリーミング状態への定期的な突入

月30度木星：気持ちは大きくなっていはいない

月120度土星：ちゃんとやりたい、謙虚でまじめな気分

月30度冥王星：運命的ではない

月30度火星：やる気はあまりない

月60度金星：楽しみを見出すことができる

Step 4 関係者を見つける

相談者→1ハウス天秤座ルーラーの金星

サブルーラーの蠍座月

解決方法と指針→10ハウスルーラーの太陽

勉強のナチュラルルーラーの水星

Step 5 力関係

①金星あるいは月 vs 太陽（質問者と解決方法）

②金星あるいは月 vs 水星（質問者と勉強）

	エッセンシャル	アクシデンタル	レセプション	
金星 山羊座4ハウス	ペリグリン	+1	スキ 土星　火星	キライ 月　木星
太陽 水瓶座4ハウス	デトリマント −5	+11	土星	太陽
水星 水瓶座3ハウス	夜トリプリ +3	+5	土星	太陽
月 蠍座1ハウス	フォール −4	+11	火星	金星　月

Step 6 角度

①金星と太陽はノーアスペクト

月と太陽は9度接近のスクエア

②金星と水星はノーアスペクト

月と水星はパーチルなスクエア

Step 7 様子

金星山羊座４ハウス→強い目的意識を抱いて自宅にいる様子

太陽水瓶座４ハウス→自分ならではの取り組みで基礎を作る

水星水瓶座４ハウス→自由でしばられない方法

月蠍座１ハウス→深い感情、自分の心の在り方に対する執着

I 総合的なリーディング

ASCの度数は27度と成熟していて、月はバイアコンバスタゾーンを経過中。熟考された上、深刻な心理状態に陥っての質問でしょうか？　チャートと質問者の親和性が非常に高いことも特徴です。さらにASCとアワールーラーとの親和性もとれ、このチャートからのメッセージは信憑性があるものとして読み進めましょう。

月は蠍座入りして間もなく水瓶座の水星と90度の角度をとり、この質問はその直後になされています。心情（月）と思考（水星）の対立構造は勉強に集中できないことを端的に示しているのでしょう。しかし蟹座の土星、その後山羊座の金星との発展的な角度を経てから、月はサインを去ることになるため、最終的には心が晴れることが暗示されているといってよいでしょう。

本人を示す金星は山羊座にあり、強い目的意識を持っているようではありますが、度数がASCと同じく27度にあります。本人を示すASCと本人を示す支配星が90度の対立する角度をぴったりとっているため、本人を二次的に示す月と目的意識を示す太陽との90度も合わせるとダブルの葛藤が見て取れます。ここに勉強を示す水星を加えても対立構造は上塗りされる

ため、トリプルに分裂していることになります。これではとても勉強に集中することはできないでしょう。「勉強しなければならない！」と強い目的意識を持てば持つほど、心情はそれにそむいていくという構造です。

指針や解決方法を示す10ハウスのルーラーは水瓶座の太陽で４ハウスにあります。４ハウスですから自宅にいてしかし、人が自由に出入りできる雰囲気があればベストでしょう。例えば、リビングルームなど家族が出入りする場所でテレビもつけて、窓も開けて開放的な雰囲気のほうがかえって集中できそうです。自由なスタイルで取り組んだほうがよさそうなので、机に向かわず地べたに寝ころびながら、というのもよいでしょう。とにかく反発心を呼び覚ますような強制的なやり方をしないほうがよいのです。

2 結論

勉強に集中できないのは昨今始まった問題ではなく、質問者にとって根深い性格的傾向でもあるのでしょう。しなければならないと自分でわかっていること、強い使命感を持って取り組んでいることほど、この傾向は強まるのでは？

解決方法として、集中するための環境を作りすぎないことです。テレビや音楽や人の出入りを遮断せず、自由にいつ休憩してもよいような雰囲気で勉強に取り組んでみてください。図書館や塾など外で勉強する方法もあまり向いていません。自宅で、自分らしい雰囲気で、誰からも強制されずに、やりたいようにやってよいのだと考えるだけでも随分リラックスできるはずです。自宅に友達を読んでおしゃべりしながら一緒に勉強するのもよいでしょう。家の中でも大きな窓があり日の当たる部屋が特に集中できるでしょう。

③ 答え合わせ

相談者は今年で３年目の浪人生活に入り、自室に閉じこもって外的刺激をシャットアウトした状態で机にかじりついていたようです。驚いたことに、自室に簡易トイレと小さな冷蔵庫まで完備して、食事も運んでもらっている状態でした。予備校と塾に週４日ほど通うものの、そこでも集中できず授業中に眠ってしまうことも多かったとのことです。深夜ラジオが好きなことがきっかけで夜更かしすることが多く睡眠不足もあってそのような状況に陥ってしまったようです。

アドバイス後すぐに勉強机から離れて、予備校以外の塾は止めてみたそうです。自由なスケジューリングとリビングでの勉強スタイルに変えたことで、格段にリラックスした状態で勉強に取り組むことができたそうです。

買い物 このマフラーを買ってもよいですか？

月曜日水星時間

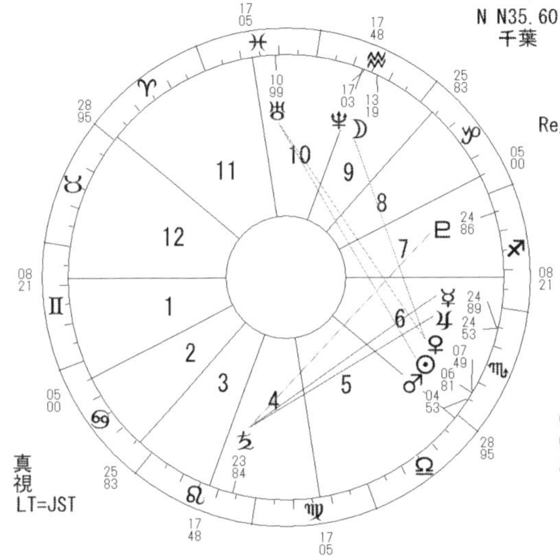

N N35.60 E140.12
千葉

Regiomontanus

1	♊08.21
2	♋05.00
3	♋25.83
4	♌17.48
5	♍17.05
6	♎28.95
7	♐08.21
8	♑05.00
9	♑25.83
10	♒17.48
11	♓17.05
12	♈28.95

☉-☽ 096°
08/28
☊φ=真位置

出生	黄経		赤緯
☉	♏06.81		-13.79
☽	♒13.19		-20.14
☿	♏24.89	R	-21.55
♀	♏07.49		-13.17
♂	♏04.53		-12.73
♃	♏24.53		-18.17
♄	♌23.84		+14.51
♅	♓10.99	R	-08.18
♆	♒17.03		-15.94
♇	♐24.86		-16.30
Asc	♊08.21		+21.68
Mc	♒17.48		-15.59
Vx	♏03.72		-12.76
Ep	♉22.33		00.00
PoF	♍14.58		+06.07
☊	♓24.50		-02.18
φ	♎28.32	R	-13.56
⚳	♒14.85		-27.19
⚴	♑11.57		+04.17
⚵	♎03.15		-01.00
⚶	♎12.64		-00.34
⚷	♒05.29		-12.29
Pr	♈20.35	R	+08.68
×	♈21.31	R	-05.08

Step 1 質問を受けた千葉でロケーションをとったチャート

Step 2 月曜日水星時間のチャート

- ✓ 月がボイドオブコースではない
- ✓ 月がバイアコンバスタゾーンにない

☑ ASCの度数は速すぎず遅すぎず

☑ 1ハウス、7ハウス、10ハウスに土星がない

☑ チャートと質問者の親和性

☑ ASCとアワールーラーの親和性

ASCルーラーとアワールーラーが同じ

ASCの気質とアワールーラーの気質が同じ

ASCのトリプリシティーとアワールーラーが同じ

Step 3　月水瓶座13度

	0	1	2	3	4	5					10					15					20					25					30
天体					♂		☉	♀			♅			☽				♆						♄	♃ ♇ ☿						
サイン					♏		♏	♏			♓			♒				♒						♏	♏ ♐ ♏						
月との角度					□		□	□			⚺							☌						□	□ ⚹ □						

月90度火星：早く購入せねばという焦り、イライラ？

月90度太陽：目的に沿ったデザインではないものが欲しくなってしまう

月90度金星：金銭的にもちょっとキツイ

月30度天王星：斬新さはない

質問時の状態：月水瓶座13度

月0度海王星：ちょっと商品を買いかぶっている

月90度土星：強い自制心

月90度木星：根拠のない楽観

月60度冥王星：懲りなさ

月90度水星：頭では納得できても商品に未練あり

Step 4 関係者を見つける

相談者→１ハウス双子座ルーラーの水星

サブルーラーの水瓶座月

マフラー→２ハウス蟹座ルーラーの月

Step 5 力関係

水星vs 月（相談者と商品）

	エッセンシャル	アクシデンタル	レセプション	
水星 蠍座６ハウス	ターム ＋２	＋３	スキ 火星	キライ 金星　月
月 水瓶座10ハウス	ペリグリン	＋19	土星	太陽

Step 6 角度

水星と月は11度接近のスクエア（ただし、アスペクト完成までに海王星、土星、木星、冥王星の干渉が入る）

Step 7 様子

水星蠍座６ハウス→思い入れの強い様子で苦悩している

月水瓶座10ハウス→斬新なデザインで目立つ場所に陳列されている

1 総合的なリーディング

問題になる配置は皆無な上、チャートと質問者の親和性、ASCとアワールーラーの親和性が深く取れた信憑性の強いチャートです。外出先から携帯電話で相談を受けたのですが、相談者は双子座生まれです。ASCが相談者の現状とネイタルチャートを写しとっているかのようです。

月は水瓶座に入宮後、立て続けに蠍座にある天体たちと緊張した角度を形成していきます。サインを去る直前にも、蠍座の天体との対立構造を残したままですから、心情的には納得しにくい結果が待っているのでしょうか。

本人を示す水星の品格はタームを得ているため、まあまあ良いのですが、アクシデンタルディグニティーで多くの失点があることから、判断力が鈍り迷いやすい状態であることが見て取れます。木星とパーチルな合があったため、合計点はプラスに転じていますが、この場合相談者をより大たんな浪費にかりたてる要因になると読めるのです。商品を示す月はペリグリンですが、10ハウスにあることから目立つ場所に陳列された一押し商品、値段も高価である可能性があります。

質問者を示す水星は逆行しながら、商品と対立する角度を完成させようとしますが、それ以前にさまざまな天体の干渉を受けます。木星との合は大たんな消費意欲、土星とのスクエアは自制心です。商品を示す月は月でその歩みを進めながら海王星と合することで質問者に夢を与えはじめます。

2 結論

残念ながら目的に沿ったマフラーではありません。また、質問者に似合わないデザインである可能性が高く、値段も張りすぎるでしょう。今回はあきらめてください。もっと良いものに出合うまで待ちましょう。

3 答え合わせ

質問者は学生で通学用のマフラーを買うという目的があったにもかかわらず、学校指定のカラーやデザインから外れるものに目がいってしまったようです。学校からは黒、紺、灰色、白、というカラー指定と、無地という柄指定もありました。相談者が欲しくなってしまったものは、白と黒のチェック柄のものでサイズも大きすぎ、それを購入したところで通学には使用できないものだったのです。

それでも商品に魅了され、塾や遊びのとき用に欲しくなってしまったのでしょう。同時に学校に数人チェック柄のマフラーをしている子がいるため、あるいはそれを学校へ応用できるのでは、という夢もあったようです。最終的に私のアドバイスどおり、購入をあきらめてくれたようですが、あきらめるまでに相当の葛藤があったとのことでした。

買い物　この財布を母は気に入るでしょうか？

火曜日金星時間

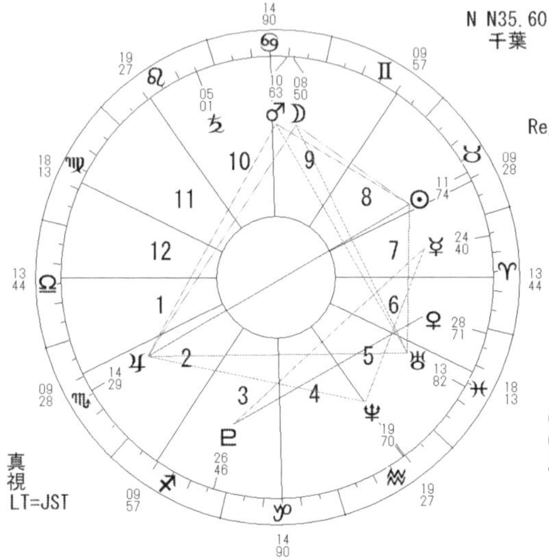

N N35.60 E140.12
千葉

Regiomontanus

1	♎13.44
2	♏09.28
3	♐09.57
4	♑14.90
5	♒19.27
6	♓18.13
7	♈13.44
8	♉09.28
9	♊09.57
10	♋14.90
11	♌19.27
12	♍18.13

☉-☽ 056°
05/28
☊ϕ=真位置

出生		黄経	赤緯
☉	♉	11.74	+15.36
☽	♋	08.50	+28.32
☿	♈	24.40	+07.43
♀	♓	28.71	-01.71
♂	♋	10.63	+24.58
♃	♏	14.29	R-14.85
♄	♌	05.01	+19.74
♅	♓	13.82	-07.06
♆	♒	19.70	-15.08
♇	♐	26.46	R-15.73
Asc	♎	13.44	-05.30
Mc	♋	14.90	+22.61
Vt	♉	10.55	+14.99
Ep	♎	17.54	00.00
PoF	♐	10.19	-21.98
☊	♈	03.68	R+01.46
ϕ	♍	16.25	R+06.84
⚳	♒	20.59	-21.18
⚴	♑	19.51	+18.74
⚵	♋	14.67	+14.83
⚶	♋	20.81	+25.07
⚷	♒	10.37	-10.97
Pr	♈	20.53	+08.69
×	♈	21.56	-04.82

Step 1　質問を受けた千葉でロケーションをとったチャート

Step 2　火曜日金星時間のチャート

- ☑ 月がボイドオブコースではない
- ☑ 月がバイアコンバスタゾーンにない

☑ ASCの度数は速すぎず遅すぎず

☐ 1ハウス、7ハウス、10ハウスに土星がない

☐ チャートと質問者の親和性

☑ ASCとアワールーラーの親和性

ASCルーラーとアワールーラーが同じ

ASCの気質とアワールーラーの気質が同じ

ASCのトリプリシティーとアワールーラーが同じ

Step 3 月蟹座8度

	0	1	2	3	4	5					10					15					20					25					30
天体						♄			☽		♂	☉	♅		♃					♆					☿		♇		♀		
サイン						♌			♋		♋	♉	♓		♏					♒					♈		♐		♓		
月との角度						⊻					☌	⚹	△		△					⚻					□		⚻		△		

月30度土星：義務感からではない

質問時の状況：月蟹座８度

月０度火星：積極的に愛情を示したい気持ちが盛り上がる

月60度太陽：発展的な目的

月120度天王星：母親への甘えがうまく消え自立心が育つ

月150度海王星：夢は見ていない

月90度水星：お世辞やごますり？

月150度冥王星：運命的な要素はない

月120度金星：楽しい気分

Step 4 関係者を見つける

相談者→１ハウス天秤座ルーラーの金星
　　　　サブルーラーの蟹座月

財布→母親10ハウスから見た５番目の部屋である
　　　２ハウス蠍座ルーラーの火星
　　　母親10ハウスから見た５番目の部屋である
　　　２ハウスにある木星

母親→10ハウス蟹座ルーラーの月

＊５ハウスは本人にとって喜ばしい贈り物全般を支配。こちらから贈る場合は受けとり手から見た５番目の部屋が贈り物を支配します。つまりこちらから贈る贈り物は、通常11ハウス（７ハウスから見た５番目）に示される場合が多いでしょう。

Step 5 力関係

月 vs 火星あるいは木星（母親と財布の関係）

	エッセンシャル	アクシデンタル	レセプション	
金星 魚座6ハウス	エグザル ＋4	＋8	スキ 木星　金星	キライ 水星
火星 蟹座10ハウス	昼トリプリ フォール －1	＋15	月　木星	土星 火星
木星 蠍座2ハウス	ペリグリン	＋7	火星	金星 月
月 蟹座9ハウス	ドミサイル ＋5	＋12	月　木星	土星 火星

Step 6 角度

月と火星は２度接近のコンジャンクション

月と木星は６度接近のトライン（アスペクトが完成するまでに火星、太陽、天王星の干渉が入る）

Step 7 様子

金星魚座６ハウス→優しい気持ちで奉仕的行動に出ようとしている

月蟹座９ハウス→尊敬される位置にいる母性の強い母親

火星蟹座10ハウス→親しみやすい雰囲気を持ったブランドもの？

木星蠍座２ハウス→深い印象を与えるもの

I 総合的なリーディング

10ハウスに土星がありますが、関係者に土星は干渉していません。ほかに問題になりそうな配置もなく、ASCとアワールーラーの親和性が取れていますから、読み進めて問題ないでしょう。

月は蟹座にあり、質問時にはどの天体ともメジャーなアスペクトをとっていません。最初に直面するのは火星との０度なので、積極的な姿勢から始まり、次々に水のサインにある天体と吉角度を完成させます。極めつけには魚座金星との吉角度で幕を閉じますから、心情的に穏やかで楽しい気分のまま質問内容が完結すると予想してよいでしょう。

質問者を示すのは魚座にありエグザルテーションしている６ハウスの金星。度数は28度とかなり成熟しており、大人っぽい考え方をする奉仕的な娘さんなのでしょう。母親を示す月は天頂近くに光臨する蟹座の月です。ドミサイルを得ながらアクシデンタルディグニティーでも多くの点数を得ていますから、支配力があり母性的な母親像です。プレゼントを示す天体は火星と木星との二つ、いずれの天体もエッセンシャルディグニティーは低いので、それほど高価な財布ではないものの、アクシデンタルディグニティーでは高得点を得ているため機能性は良いはずです。

母親を示す月と財布を示す火星はまもなく天頂で光を重ね、太陽と天王星との吉角度をはさみながらも財布を二次的に示す木星とも120度の角度を完成させます。いずれの天体が財布を示しているにせよ、母親はそれを気に入ることは保障されていることに間違いはないでしょう。

② 結論

自信をもってその財布をプレゼントしてください。お母さんは間違いなく気に入るでしょう。楽しい気持ちになり、二人の絆はますます深まることでしょう。

③ 答え合わせ

言うまでもなく、母親は娘さんのプレゼントを気に入り、二人で楽しい気分になったとのことです。ブランド物ではない手ごろな値段の財布だったため、母親が持ち歩いてくれるか気にしていましたが、気に入って毎日持ち歩いておられるとのことです。

病気　この医者にかかってよいですか？

金曜日太陽時間

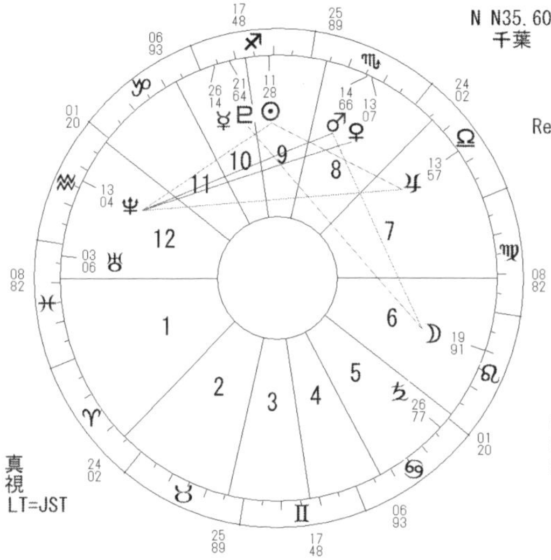

N N35.60 E140.12
千葉

Regiomontanus

1	♓08.82
2	♈24.02
3	♉25.89
4	♊17.48
5	♋06.93
6	♌01.20
7	♍08.82
8	♎24.02
9	♏25.89
10	♐17.48
11	♑06.93
12	♒01.20

☉-☽ 248°
20/28
☊φ=真位置

出生		黄経		赤緯
☉	♐	11.28		-22.13
☽	♌	19.91		+19.48
☿	♐	26.14	R	-24.11
♀	♏	13.07		-14.18
♂	♏	14.66		-15.82
♃	♎	13.57		-04.26
♄	♋	26.77	R	+20.74
♅	♓	03.06		-11.09
♆	♒	13.04		-16.98
♇	♐	21.64		-15.10
Asc	♓	08.82		-08.26
Mc	♐	17.48		-22.85
Vt	♍	20.77		+03.66
Ep	♓	15.22		00.00
PoF	♏	17.45		-17.04
☊	♉	01.27	R	+11.92
φ	♋	20.89		+26.83
⚳	♎	26.86		-02.86
⚴	♎	00.12		-11.33
⚵	♑	29.70		-14.24
⚶	♓	18.23		-12.20
⚷	♑	23.86		-14.85
♇	♈	16.88	R	+07.26
×	♈	20.56	R	-05.65

Step 1 質問を受けた千葉でロケーションをとったチャート

Step 2 金曜日太陽時間のチャート

- ✓ 月がボイドオブコースではない
- ✓ 月がバイアコンバスタゾーンにない

☑ ASCの度数は速すぎず遅すぎず

☑ １ハウス、７ハウス、10ハウスに土星がない

☐ チャートと質問者の親和性

☐ ASCとアワールーラーの親和性

ASCルーラーとアワールーラーが同じ

ASCの気質とアワールーラーの気質が同じ

ASCのトリプリシティーとアワールーラーが同じ

Step 3

月獅子座19度

	3	11	13	14	19	20	26
天体	♅	☉	♆ ♀ ♃	♂	☽	♇	☿ ♄
サイン	♓	♐	♒ ♏ ♎	♏	♌	♐	♐ ♋
月との角度	⚻	△	☍ □ ⚹	□		△	△ ⚺

月150度天王星：体質の急変などはなさそう

月120度太陽：心と精神の一致による健全な状態

月180度海王星：症状の拡大、感染症、毒物にあたる

月90度金星：大きな出費？

月60度木星：楽観的見通し

月90度火星：痛み、腫れ、発熱

質問時の状況：月獅子座19度

月120度冥王星：免疫力の活性化

月120度水星：素直な考え方

月30度土星：苦しまない

Step 4 関係者を見つける

相談者→１ハウス魚座ルーラーの木星

サブルーラーの獅子座月

医者→７ハウス乙女座ルーラーの水星

７ハウスにある木星

病気→６ハウス獅子座ルーラーの太陽

６ハウスにある月

治療方法→10ハウス射手座ルーラーの木星

10ハウスにある冥王星

10ハウスにある水星

Step 5 力関係

①木星あるいは月 vs 水星（相談者と医者の関係）

②木星あるいは月 vs 太陽（相談者の生命力と病気の関係）

③木星あるいは月 vs 冥王星（相談者と治療方法）

	エッセンシャル	アクシデンタル	レセプション	
木星 天秤座7ハウス	ターム 土星とＭ／Ｒ ＋６	＋18	スキ 金星　土星	キライ 火星 太陽
月 獅子座6ハウス	ペリグリン	＋４	太陽	土星
水星 射手座10ハウス	デトリメント －５	－４	木星	水星
太陽 射手座9ハウス	昼トリプリ ＋３	joy ＋９	木星	水星
冥王星 射手座10ハウス		＋４	木星	水星

Step 6　角度

①木星と水星は13度分離のセクスタイル
月と水星は７度接近のトライン（ただし、アスペクト完成までに冥王星とのトラインの干渉が入る）

②木星と太陽は２度接近のセクスタイル（木星と海王星のトラインの光を集めている）
月と太陽は８度分離のトライン

③木星と冥王星は８度接近のセクスタイル
月と冥王星は２度接近のトライン

Step 7　様子

木星天秤座７ハウス→おおらかに相手の懐に飛び込む様子、何でも受け入れてしまいすぎる傾向

月獅子座６ハウス→健康管理に熱狂的な様子

水星射手座10ハウス→博識で尊敬される医者

太陽射手座９ハウス→大でん部から太ももにかけて熱を帯びる症状、心臓、血圧、めまい、ふらつき、不眠

冥王星射手座10ハウス→生命力や免疫力を呼び覚ます治療、毒をもって毒を制するホメオパシーなど
局部的で専門的な治療というよりはホリスティックな取り組み

Ⅰ 総合的なリーディング

質問者との親和性およびASCとアワールーラーの親和性は取れていませんが、特に問題になる配置もないのでこのまま読み進めます。

病気関連の質問では月は心理状態だけではなく、病状の推移をも示す重要な役割を果たしますから、読み方が少しこれまでと違います。月を肉体とみなす場合、特に太陽との吉角度はそれを助けるとみなされます。つまり健康な状態を指します。このチャートでは月が獅子座に入って最初にとるアスペクトが太陽との吉角度ですから、質問者が元来健康である、少なくとも、質問内容の病状に関してはこれまで悩んだことがないとみなしてよいでしょう。しかし、ほどなくして海王星、木星などの拡大をうながす天体と同時多発的に角度を完成していきますから、症状がいきなりどかーん、と拡大したことを示しているようです。慌てて質問に至ったと思われますが、その後冥王星との吉角度に再生力をうながされ、水星と土星との穏やかな角度をとってから月は獅子座を去ります。

病気のチャートの場合質問者を示す星は質問者の生命力を示します。木星はタームを獲得していて、アクシデンタルディグニティーも良好ですが、質問者の肉体を示す月はペリグリンにあり、アクシデンタルディグニティーでも失点を重ねています。しかし、火星との凶角とは分離していて、冥王星との吉確度に向かっているため、危機は脱しているのです。医者を示す水星は高い位置にあって高名そうではありますが、エッセンシャルディグニティーもアクシデンタルディグニティーも低めなので、能力や技能が良いとはいえません。射手座の終わりの方の度数や水星という星の性質上、この人は学者肌であまり臨床や実践を積んでいないのかもしれません。病状を示す太陽にも勢いがあります。昼のトリプリシティーを獲得して状態も良い上に、アクシデンタルディグニティーでも拡大をうながす木星と海王星に支えられるかたちです。ただし、吉星との吉角度しか持っていないため、悪質な病気ではないのです。勢いがあり劇症型ではありますが、良性といってよいでしょう。治療方針を示す星は消去法で冥王星しか残っていません。冥王星は死と再生の星ですから、復活力を暗示し、射手座は広範囲を示しますから、ホリスティックな取り組みで免疫力を上げるような治療が望ましいのでしょう。

さて、質問者を示す木星と医者を示す水星は分離のアスペクトしかなく、二次的に質問者を示す月と水星は接近の120度ではありますが、アスペクト完成までに冥王星の吉角度の干渉が入ります。つまり医者にかかるまでに病状が回復に向かうのです。また、質問者と病状の関係も吉角度によって強く結ばれていますから、質問者の生命は病状に脅かされることはない。質問者と治療方針の関係も接近の吉角度です。

② 結論

医者は高名かもしれませんが、学者肌で実践家としての腕があるようにはみえません。また、医者にかかるまでに病状はほぼ回復しているでしょう。ただ、医者の治療方針は質問者の望む方向性を持っていて、体質にも合っているようです。

③ 答え合わせ

質問者はおおよそ健康で、恋愛に関する深い悩みによる一時的な不眠に襲われ、ある医者にかかろうとしていました。質問者は、医者の著作に感銘を受けたことをきっかけに、この医者にかかろうと決意したようです。また、質問者は睡眠薬などに頼ることを嫌い、もっとホリスティックな治療を望んでいたこともチャートと一致していました。私のアドバイスを受けて、診療所が遠方だったこともあり、この医者による治療は先送りにしましたが、後になってもっと近所に目当ての治療方法と同じ流派の診療所が見つかりました。

予言とは何か ③　Column

明日を見ること、先を見ること、予言とは、いわば明日の天気を読むということなのかもしれません。

その意味では天気予報も予言といえるでしょう。

気象予報士の涙ぐましい努力によって、近代、それも2000年代に入ってから、台風の移動予想が３日後までできるようになり、数年前にやっと５日後まで予測できるようになったのだそうです。ほんの10年前にはわずか１日後の台風の上陸時間が予測できなかったというのです。しかも､その予測の的中率は半分を少し上回る程度のもので、実際には大幅にずれることも多々あるというのですから、人類と予言との関係はこれほどにも困難を極めるのです。

それでも予言にロマンを抱かずにはいられないのが人という性(さが)なのでしょうか。

病気　今の治療方針が私に合っているのか疑問なのですが

火曜日金星時間

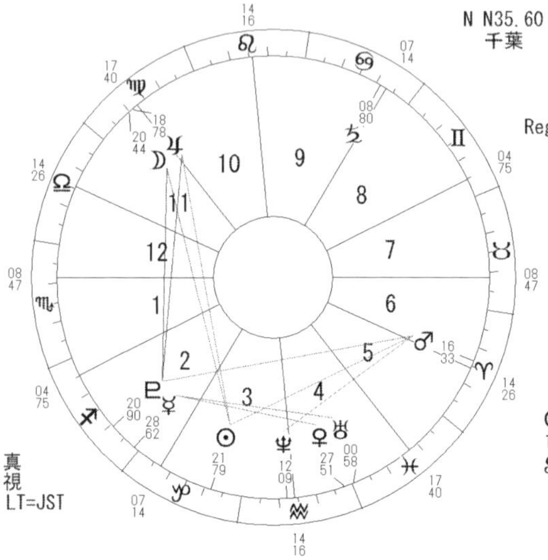

N N35.60 E140.12
千葉

Regiomontanus

1	♏08.47
2	♐04.75
3	♑07.14
4	♒14.16
5	♓17.40
6	♈14.26
7	♉08.47
8	♊04.75
9	♋07.14
10	♌14.16
11	♍17.40
12	♎14.26

☉-☽ 238°
19/28
☊φ=真位置

出生		黄経	赤緯
☉	♑	21.79	-21.67
☽	♍	20.44	+07.72
☿	♐	28.62	-21.24
♀	♒	27.51	-13.89
♂	♈	16.33	+06.71
♃	♍	18.78	R +05.60
♄	♋	08.80	R +22.50
♅	♓	00.58	-11.94
♆	♒	12.09	-17.19
♇	♐	20.90	-14.51
Asc	♏	08.47	-14.33
Mc	♌	14.16	+16.58
Vt	♊	24.15	+23.31
Ep	♏	19.08	00.00
PF	♋	07.12	+23.25
☊	♉	18.04	R +17.21
φ	♋	01.03	+26.95
⚳	♋	17.89	R +30.42
⚴	♈	14.47	-20.18
⚵	♐	26.37	-13.11
⚶	♑	12.52	-22.36
⚷	♑	20.22	-15.64
Pr	♈	15.35	+06.62
×	♈	20.22	-05.84

Step 1　質問を受けた千葉でロケーションをとったチャート

Step 2　金曜日太陽時間のチャート

- ☑ 月がボイドオブコースではない
- ☑ 月がバイアコンバスタゾーンにない

☑ ASCの度数は速すぎず遅すぎず

☑ 1ハウス、7ハウス、10ハウスに土星がない

☑ チャートと質問者の親和性

□ ASCとアワールーラーの親和性

ASCルーラーとアワールーラーが同じ

ASCの気質とアワールーラーの気質が同じ

ASCのトリプリシティーとアワールーラーが同じ

＊ASCがバイアコンバスタゾーンにあります

Step 3 月乙女座20度

	0					20			
天体	♅	♄	♆	♂	♃	☽ ♇	☉	♀	☿
サイン	♓	♋	♒	♈	♍	♍ ♐	♑	♒	♐
月との角度	☍	✶	⚻	⚻	☌	□	△	⚻	□

月180度天王星：体調の急変、肉体的違和感、異物の進入

月60度土星：良い生活習慣、屈強な骨格、免疫力の強さ

月150度海王星：感染症などはない

月150度火星：発熱、炎症、痛み、傷はない（ただし、このチャートはASCのルーラが火星で、さらにASCがバイアコンバスタゾーンにあるため、むしろ火星の影響は強いと考えられる）

月0度木星：症状の拡大

質問時の状況：月乙女座20度

月90度冥王星：危機的状況

月120度太陽：生命力の強さ、健康、健全

月150度金星：楽しくない、調和していない

月90度水星：感覚からの警告を聞き入れない

Step 4 関係者を見つける

相談者→1ハウス蠍座ルーラーの火星
　　　　サブルーラーの乙女座月

医者→7ハウス牡牛座ルーラーの金星

病気→6ハウス牡羊座ルーラーの火星

治療方法→10ハウス獅子座ルーラーの太陽

＊今回質問者を示す星と病気を示す星が共に火星でかぶっています。この場合、質問者は主に月に着目しながら可能な項目では火星も考慮します。

Step 5 力関係

①火星（冥王星）あるいは月 vs 太陽（質問者と治療方針）

②火星（冥王星）あるいは月 vs 金星（質問者と医者）

③火星（冥王星）あるいは月 vs 火星（質問者と病気）

	エッセンシャル	アクシデンタル	レセプション	
火星 牡羊座6ハウス	ドミサイル 太陽と M／R ＋9	Joy ＋8	スキ 火星 太陽	キライ 金星 土星
月 乙女座11ハウス	夜トリプリ ＋3	＋10	水星	木星 金星

冥王星 射手座２ハウス		＋15	木星	水星
太陽 山羊座３ハウス	フェイス 火星とＭ／Ｒ ＋５	＋８	土星 火星	月　木星
金星 水瓶座４ハウス	ペリグリン	＋18	土星	太陽

Step 6 角度

①火星と太陽は５度分離のスクエア

月と太陽は１度接近のトライン（ただし、アスペクト完成前に冥王星とのスクエアの干渉が入る）

②火星と金星は11度分離のセクスタイル

月と金星はノーアスペクト

③月と火星はノーアスペクト

冥王星と火星は４度接近のトライン

Step 7 様子

火星牡羊座６ハウス→早急な結果を望む様子、急激な症状や痛みに見舞われている様子

月乙女座11ハウス→専門的で繊細なケアーを希望している、希望を持てる進歩的な治療を望んでいる

冥王星射手座２ハウス→出費は惜しまない様子？

太陽山羊座３ハウス→強い指導力で患者を引っ張る様子。王道で具体的な治療方法を強く進める様子

金星水瓶座４ハウス→新しいことにどんどんチャレンジする風変わりな地元あるいはなじみの医者（女医？）

Ⅰ 総合的なリーディング

ASCとアワールーラーの親和性はありませんが、ほかに問題がなく、質問者と親和性の取れたチャートです。病気の相談でASCがバイアコンバスタゾーンにあり、ルーラーが火星で病気の部屋（６ハウス）にあることから、症状が深刻である可能性と、熱や炎症性のものの可能性を考慮しながら読み進めましょう。ただし、火星は活動宮の牡羊座（ドミサイルサイン）にあって症状の展開は速く、性質に品格があるためこじれないようにも見えます。

月は乙女座に入宮直後に、魚座に入ったばかりの天王星との180度に直面します。急激な体調の変化があったのではないでしょうか。それも、あまり前例のない症状で。しばらく後に土星との吉角度があり、これは質問者のゆるぎなさを示しているように見えます。質問に至る直前に月は木星と重なりますから、症状が拡大されたことによる不安からの質問だったのでしょう。また、占星術師への質問とほぼ同時期に冥王星との90度が完成することから、危機的状況に陥っているのかもしれません。質問時のASCの状況（バイアコンバスタ）から見ても、深刻な状態であるという表示は上塗りされています。唯一の救いは乙女座を移動する月がいずれは山羊座の太陽と120度の吉角度を完成させることです。太陽と月との吉角度は、特に健康問題を占う場合良い表示になります。ただ、乙女座を去る直前の月のアスペクトは水星との90度です。この配置は心や肉体感覚からのメッセージをうまく頭で理解できなかったり、知性でもみ消してしまうときによく見られる配置で、しばしば質問者が「間違った判断」をしてしまうことを暗示します。情報に振り回されたり、思い込みが強い場合も自分の直観を無視します。この水星は射手座にあることで品格を落としていることもそれに拍車をかけるでしょう。

通常質問者を最も強く示すのはルーラーである火星ですが、今回のチャートでは火星は病状を示す6ハウスのルーラーとかぶっています。火星は火星で参考にしながら、月を主眼に置きながらリーディングするように心がけるとよいでしょう。月は乙女座にあって、夜のトリプリシティーを獲得していて、幸運の部屋にありますから、状態は悪くはないのですが、冥王星とのパーチルな90度となっています。レセプションでは、火星から見ると治療方針を示す太陽は好ましい関係ですが、月と火星いずれから見ても、医者を示す金星は好ましくないようです。治療方針を示す太陽はフェイスを獲得しているし、アクシデンタルディグニティーでも失点もなく良好です。チャートの中で最も稼動力が高いのが医者を示す金星で、山羊座という性質からも、患者の意見はあまり聞かずに、グイグイと引っ張っていくタイプの医者だと思われます。

治療方針と質問者の関係を示す火星と太陽は分離。月を質問者だとみなすと、120度の吉角度にせっかく向かっているのに、それ以前に冥王星との90度の干渉が入ります。冥王星は運命的な出来事を暗示し、その出来事に対して個人や社会実所はあがなうことができないと考えることができます。また、吉凶に関わらず大きな転換期を指し示すものとします。質問者と医者の関係では、火星、月ともに接近のアスペクトはないため、結び付きが希薄な関係なのでしょう。火星と金星は分離の60度ですから、かつてはお気に入りの医者だったのでしょうが。さて、病気の性質を火星とみなした場合、質問者（月）と火星はメジャーなアスペクトをとらず、念のため質問者を冥王星とみなした場合も、火星とは接近の吉角度ですから、病魔は質問者を苦しめることができません。

2 結論

医者そのものはなじみの医者で可も不可もなし。病状も最終的に質問者を苦しめ続けることはできません。治療方針は質問者に合っているものの、治療の効果が出るまでに一度症状が悪化したり、危機的状況に直面するかもしれません。そのため、治療方針に不安や疑念を抱いたのかもしれませんが、元来の生命力がほどなくしてうまく発動し、そのまま事なきを得ることができるはずです。早まった判断をせず、落ち着いて治療に専念してください。

3 答え合わせ

質問者がかかった医者はやはり地元の医者で、女医さんでした！　普段かかっている医者が火曜日が休診日でこちらにかかったそうです。いきなりの高熱に見舞われて、ほかの症状があまりなかったので、インフルエンザを疑って受診したのに、熱が出てすぐすぎたのか医者は検査をしてくれず、解熱剤と大量の抗生物質を出したのでした。質問者はあまり強く検査を望むことができず、帰宅したものの、その日の夜にあまり経験したことがないほどののどの痛みに見舞われ、心配になって私にも相談したようです。この段階で実は質問者は処方された薬を飲んでいません。解熱剤と抗生物質がキライで、インフルエンザの場合、タミフルなら服用するつもりだったものの、それ以外はかえって抵抗力を落としたり、インフルエンザ脳炎を警戒しての判断だったそうです。

私のアドバイスから治療方針が間違っていないと理解したものの、翌日再受診し、タミフルの処方を申し出ました。インフルエンザの検査は陰性でしたが、溶連菌感染症からのどが強烈に炎症を起こしていたようで、その場で抗生物質の点滴を受け、昨日処方された抗生物質を最低２週間服用の上、回復後二次感染の再検査を進められたそうです。女医は独断的で説明不足だったものの、のどの炎症を考慮して抗生物質を多めに処方していたようです。抗生物質服用後、速やかにのどの痛みはとれ、二次感染もなく事後良好に事なきを得たとのことでした。

ちなみに、私も溶連菌感染症を経験しましたが、尋常ではないのどの痛みでした。医者を受診する前にホラリーチャートを立てたのですが、共通してバイアコンバスタゾーンにASCがありました。

失せもの カギはどこですか？

火曜日金星時間

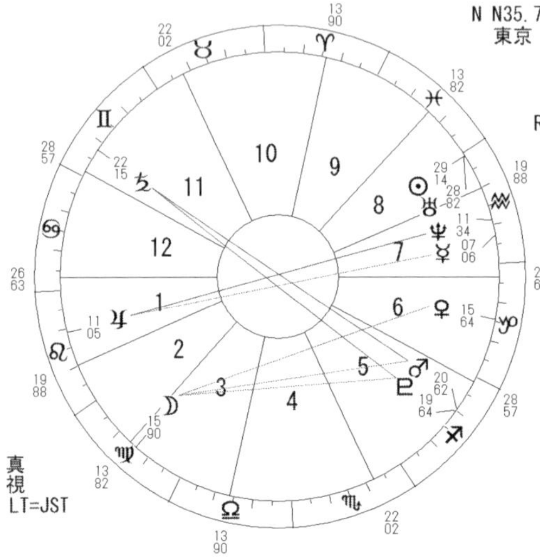

N N35.70 E139.77
東京

Regiomontanus

1	♋26.63
2	♌19.88
3	♍13.82
4	♎13.90
5	♏22.02
6	♐28.57
7	♑26.63
8	♒19.88
9	♓13.82
10	♈13.90
11	♉22.02
12	♊28.57

☉-☽ 196°
16/28
☊ϕ=真位置

出生		黄経		赤緯
☉	♒	29.14		-11.77
☽	♍	15.90		+10.08
☿	♒	07.06		-19.66
♀	♑	15.64		-20.84
♂	♐	20.62		-22.95
♃	♌	11.05	R	+18.30
♄	♊	22.15	R	+22.07
♅	♒	28.82		-12.55
♆	♒	11.34		-17.34
♇	♐	19.64		-13.77
Asc	♋	26.63		+20.83
Mc	♈	13.90		+05.49
Vx	♐	10.24		-21.98
Ep	♋	11.77		00.00
PoF	♒	13.39		-16.80
☊	♊	04.54	R	+21.05
ϕ	♈	08.64	R	-00.50
⚳	♈	21.64		+02.71
⚴	♓	10.33		-03.06
⚵	♏	19.57		-08.32
⚶	♎	12.42	R	+04.74
⚷	♑	15.93		-16.27
Pr	♈	14.44		+06.22
×	♈	20.14		-05.94

Step 1 質問を受けた東京でロケーションをとったチャート

Step 2 火曜日金星時間のチャート

- ✓ 月がボイドオブコースではない
- ✓ 月がバイアコンバスタゾーンにない

☑ ASCの度数は速すぎず遅すぎず

☑ １ハウス、７ハウス、10ハウスに土星がない

☐ チャートと質問者の親和性

☑ ASCとアワールーラーの親和性

ASCルーラーとアワールーラーが同じ

ASCの気質とアワールーラーの気質が同じ

ASCのトリプリシティーとアワールーラーが同じ

Step 3 月乙女座15度

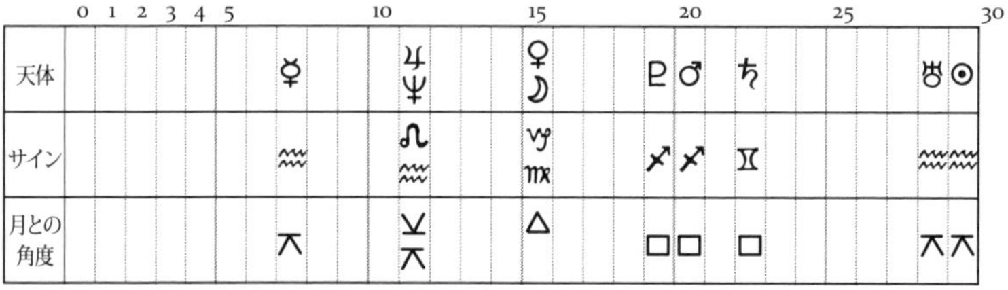
0 1 2 3 4 5 10 15 20 25 30
天体
サイン
月との角度

月150度水星：心情と思考がバラバラ

月30度木星：幸運は期待できない

月150度海王星：不安が思い過ごしではない

月120度金星：楽しい日常

質問時の状況：月乙女座15度

月90度冥王星：強烈な執着や深い情念による心理的ダメージ

月90度火星：傷つく

月90度土星：苦悩

月150度天王星：心の切り替えがきかない

月150度太陽：心情と意思がバラバラ

Step 4 関係者を見つける

相談者→１ハウス蟹座ルーラーの月
　　　　１ハウスにある木星
カギ→２ハウスルーラーの太陽
　　　カギのナチュラルルーラーの水星

Step 5 力関係

月あるいは木星 vs 太陽あるいは水星

	エッセンシャル	アクシデンタル	レセプション	
月 乙女座３ハウス	ペリグリン	Joy ＋15	スキ 水星	キライ 木星 金星
木星 獅子座１ハウス	フェイス ＋１	＋５	太陽	土星
太陽 水瓶座８ハウス	デトリマント －５	＋５	土星	太陽
水星 水瓶座７ハウス	ターム 土星とＭ／Ｒ ＋７	＋14	土星	太陽

Step 6 角度

月と太陽はノーアスペクト

月と水星はノーアスペクト

木星と太陽は18度接近のオポジション（ただし、アスペクト完成までに海王星オポジション、冥王星、火星とライン、土星セクスタイル、天王星オポジションの干渉が入る）

木星と水星は４度接近のオポジション

Step 7 **様子**

月乙女座３ハウス→細やかに神経を配りながら情報を分析している様子、自宅近辺を移動中

木星獅子座１ハウス→ 堂々として公明正大な態度で自分のテリトリーを動かない様子

太陽水瓶座８ハウス→パートナーが所有、風通しのよい高い位置、他者が継承、合カギが作られた可能性

水星水瓶座７ハウス→パートナーの手中にある、風通しのよい高い位置

I 総合的なリーディング

ASCの度数は遅すぎはしませんが、かなり熟しています。質問者がこの問題に関して熟考してからの相談なのでしょう。ASCとアワールーラーの親和性が取れたチャートです。

月は乙女座に入宮してからしばらく、サインの半ばまでどの天体ともメジャーなアスペクトをとらず、質問に至る直前に金星との120度を完成させています。この配置以外はすべて緊張を暗示するアスペクトで、その極めつけが土星との90度です。気分よくこの問題が解決するのは難しいでしょう。

質問者を示すのは、１ハウスのルーラーの月と１ハウスにある木星。月はペリグリンでありながら、アクシデンタルディグニティーではかなりの高得点を獲得しているため、アグレッシブに暴走する傾向にあります。３ハウスにあって、情報に対する鋭敏さや行動力は抜群でしょう。木星はフェイスを獲得しているため、月よりは落ち着いてはいるものの稼動力は月に負け

ず劣らずの高得点です。カギを示すのは基本的には2ハウスルーラーの太陽ですが、ナチュラルルーラーの水星にも注意を払ってもよいでしょう。太陽はデトリマントのサインにある上に8ハウスにあり、状態が最悪な可能性があります。水星はタームを獲得しているものの、1ハウスとは対極の部屋にあるため、この問題に他者が絡んでいるようです。

また、カギを示す水星は海王星へつっこんでいく工程にあり、消えてなくなるイメージがあり、カギが出てくる可能性をかき消しています。さらに太陽も今あるサインから脱出しないかぎりどの天体ともメジャーなアスペクトをとらないため、先行きは不明なのです。カギを示す二つの天体が7ハウス、8ハウスにある様は、カギが他者の手に渡っていてコピー（継承を意味する8ハウスとオリジナルを意味する太陽のコンディションから）を取られているというイメージが頭に張り付いて離れないチャートです。質問者を示す月も、ただカギをなくしただけの心理状態だけでは説明のつかない苦しいコンディションにあります。月は冥王星と火星の合と土星との間の180度に対してティースクエアの位置に突っ込んで行こうとしているからです。

カギのありかは、太陽、水星、POFのある水瓶座が示している可能性が高く、その場合、屋外、移動中、高いところ、ばら撒き、同居人の手中、風通しの良い場所、雨ざらし、露出している状態などが考えられます。（コラム「失せもの探し」を参照）

② 結論

気を取り直して相談してくれたようですが、質問者はカギの行く末に悲観的な予想を立てていて、それはたぶん当たっています。同居人（伴侶や恋人、あるいはビジネスパートナー）がカギを拝借してコピーを取っているかもしれません。カギ穴を作り変える工事を進めることでやっと、不安を拭い去ることができるでしょう。カギの盗難やコピーに心当たりがない場合は、同居人（伴侶や恋人、あるいはビジネスパートナーなど）が持っている可能性が高いので、あたってみてください。

3 答え合わせ

質問者に同居人はいませんでしたが、半年ほど付き合いがあったもののほとんど接点を持たなかった異性と別れ話を自宅でしたそうです。この流れは非常に不自然です。いったん外出先で別れ話を終えたつもりが、どうしても納得できないとの相手の言い分があり、自宅のそばまで来ているから会えないか、との打診が何度もあった末の、自宅での別れ話でした。警戒心はありましたが、半年とはいえある程度気心が知れ、多少なりとも愛着を抱いた相手なので、仕方なく招きいれたそうです。ちなみに質問者の自宅にこの人物が上がりこんだのは別れ話をしたときが２回目というレアな状況だったそうです。

相談者が相手から目を離したのは、お茶を入れている３分程度の間と、１度トイレに行ったときの２回です。外で別れ話をしたときのいでたちのままの話し合いで、質問者のカギは鞄の横に置いてあったか、ポケットに入っていたはずで、それ以外の可能性は考えにくいとのこと。外出先から帰宅した直後ですから、外でなくしているはずがないのです。

カギの紛失に気が付いたのは、相手がおとなしく引き下がった後、間もなく。その時点で相手がカギを持って行ったことを真っ先に疑ったそうです。私への相談はその翌日です。結局カギは出てこないし、相手にも連絡を取る気にならず、できるだけ早急にカギ穴を変える相談を大家にしようとしていた矢先にカギは出てきました。相談者の自宅向かいの公園の遊具の上に部屋番号のタグが付いた状態で放置されていたそうです。親切な人物がそれを大家に「もしや」と打診してくれたそうです。

悪意のある結末ですが、ストーカー気質で取った人物が握っていたという展開とは違います。最初に発見した人物が親切だったことが何よりでしした。犯人がコピーを取っていたかどうか、また、犯人がその異性であるかどうかの証拠はありません。もちろんカギ穴は変えたそうです。

上記のチャートのどこにもカギが質問者の手元へ戻る配置はないので、なぜ第三者を介してカギが戻ってきたのかの説明をつけることはできません。しいて言うならば、カギを示す太陽、水星、POFがあるサインのディスポジターにあたる土星が「逆行」していることでしょうか？　とはいえ、この土星は質問者を示す月とは90度の凶角をとりますし、ただ逆行していることで、失せものが出てくると一括りにすることはできません。

この質問では、カギが戻ってくる点以外は、状況をきれいに写し取ったチャートです。このような例があるかぎり、ホラリー占星術を「イエス／ノー」を導き出すためだけに使うことのもったいなさが痛感されます。「カギは戻ってきますか？」「ノー」で済ませるには、あまりにも星は多くを語ります。

失せもの

ハムスターが出てきません!

火曜日水星時間

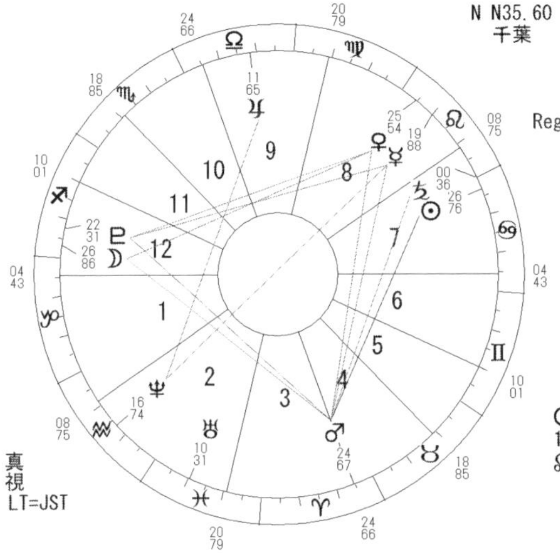

N N35.60 E140.12
千葉

Regiomontanus
1 ♑04.43
2 ♒08.75
3 ♓20.79
4 ♈24.66
5 ♉18.85
6 ♊10.01
7 ♋04.43
8 ♌08.75
9 ♍20.79
10 ♎24.66
11 ♏18.85
12 ♐10.01

☉-☽ 150°
12/28
☊φ=真位置

出生	黄経	赤緯
☉ ♋	26.76	+20.80
☽ ♐	26.86	−28.10
☿ ♌	19.88	+12.45
♀ ♌	25.54	+14.51
♂ ♈	24.67	+07.04
♃ ♎	11.65	−03.47
♄ ♌	00.36	+20.34
♅ ♓	10.31 R	−08.44
♆ ♒	16.74 R	−15.95
♇ ♐	22.31 R	−15.04
Asc ♑	04.43	−23.36
Mc ♎	24.66	−09.56
Vt ♌	14.69	+16.42
Ep ♑	21.13	00.00
RF ♊	04.53	+21.05
☊ ♈	17.40 R	+06.83
φ ♌	09.17 R	+22.57
⚳ ♏	13.08	−12.26
⚴ ♎	06.55	+16.80
⚵ ♉	18.57	+11.29
⚶ ♊	20.15	+19.70
⚷ ♒	01.49 R	−12.51
Ph ♈	20.31	+08.59
× ♈	21.79 R	−05.02

Step 1 質問を受けた千葉でロケーションをとったチャート

Step 2 火曜日金星時間のチャート

- □ 月がボイドオブコースではない
- ☑ 月がバイアコンバスタゾーンにない

□ ASCの度数は速すぎず遅すぎず

☑ 1ハウス、7ハウス、10ハウスに土星がない

☑ チャートと質問者の親和性

☑ ASCとアワールーラーの親和性

ASCルーラーとアワールーラーが同じ

ASCの気質とアワールーラーの気質が同じ

ASCのトリプリシティーとアワールーラーが同じ

Step 3 月射手座26度

	0	1	2	3	4	5					10					15					20					25				
天体	♄										♅	♃					♆			☿			♇	♂	♀		☉ ☽			
サイン	♌										♓	♎					♒			♌			♐	♈	♌		♋ ♐			
月との角度	△										□	⚹					⚹			△			☌	△	△		⚻			

月120度土星：きちんと管理できている

月90度天王星：ハプニング、気持ちが途切れる

月60度木星：楽観的な気分

月60度海王星：たくましい想像力

月120度水星：素直な言動

月０度冥王星：強烈な愛着と支配欲

月120度火星：積極的な取り組み

月120度金星：楽しい気分

月150度太陽：意思と心情の不一致

質問時の状況：月射手座26度

Step 4 関係者を見つける

※「この質問のハムスターは質問者の子どもが飼っているハムスターです」

相談者→１ハウス山羊座ルーラーの土星

サブルーラーの月

子ども→５ハウスルーラーの金星

ハムスター→５ハウスから見た６ハウスルーラーの金星

Step 5 力関係

土星あるいは月 vs 金星（質問者とハムスターの関係）

	エッセンシャル	アクシデンタル	レセプション	
土星 獅子座７ハウス	ターム フェイス デトリマント －２	＋５	スキ 太陽	キライ 土星
月 射手座12ハウス	ペリグリン	＋９	木星	水星
金星 獅子座８ハウス	ペリグリン	＋12	太陽	土星

Step 6 角度

土星と金星は25度分離のコンジャンクション

月と金星は１度分離のトライン

Step 7 様子

土星獅子座７ハウス→自分の支配下の生き物に生命力を与える様子

月射手座12ハウス→行動範囲の広さ、不在
金星獅子座8ハウス→堂々とした無邪気な状態で、密室、他者の手中

I 総合的なリーディング

そもそもASCの度数が早過ぎるため、もう少し一般的な対処をした上で質問すべきでしょう。さらに月はボイドなので、「心配ない」「何も起こらない」可能性が高い。このまま出直してもらってもよいのですが、後学のために、一通りチャートをチェックしておきましょう。

月は射手座にあってサインを去る直前です。全体的に平安なアスペクトのみを経過しますが、サイン10度に差し掛かったときに天王星との90度があります。ハムスターの脱走はこの時点でしょう。

このハムスターは質問者の子どもが飼っているため、5ハウス（子ども）から見た6番目のハウスで位置を取りました。家族全員から可愛いがられている様子が獅子座の金星によくあらわれているので、ハウスのとり方はこれでよいと判断しました。金星はエッセンシャルディグニティーではペリグリンのコンディションなので、心もとない気持ちで小屋の外で放浪している状態を示し、アクシデンタルディグニティーでは多くの項目で加点を繰り返しています。縦横無尽にテリトリーを広げているのでしょうか。金星はレグルスの近くにあるので、ハムスターは調子にのっているのでしょうか。

金星は質問者と接近の角度をとらないため、戻るという結論に達するのは難しいのですが、ハムスター（10ハウス）にとっての檻を支配する12番目のハウスは9ハウスになり、9ハウスはカスプ乙女座でそのルーラーは

水星。水星は金星に6度接近のアスペクトをとっています。また、質問自体が成り立つかどうか疑わしいASCと月のコンディションです。ハムスターが見当たらなくなってしまったときの、通常通りの対応をしてみるのが先決なのです。

2 結論

質問に至るまでに十分な対応がされていないようです。通常試せるようなことを、まずは試してから占いを考えてみたほうが有効です。基本的に心配はなく、ハムスターは出てくるはずですが、今は暗くて目の届かない場所に身を潜めているようです。ハムスターが潜んでいそうな場所として、質問者のパートナーの部屋か、火気を扱う場所が上げられます。

健康状態などは問題なさそうです。ハムスターは夜行性なので、夜には活発に動くでしょうから、音で場所のめぼしは付きそうですね？　チャートを立てた6時間後（23時14分）あたりが効果的な時期です。音がある場所の入り口付近に餌でも置いて様子をみてはいかがでしょう？

家族の帰宅時の玄関のドアやベランダの開閉にだけは細心の注意が必要です。家の外に出てしまったら、もう戻らないからです。チャートの表示の多くが戻らないことを示しているため、万が一を考慮しましょう。帰宅者や来訪者にはインターフォンで状況を説明し、隙間を縫ってハムスターが出てしまわないようにしてください。

3 答え合わせ

相談者はめぼしい場所をしらみつぶしに探しましたがハムスターの居所

はわからず、次々に帰宅する家族に状況を説明しては、虫取り網まで構えて脱走対策を万全にしました。家族が寝静まった深夜近く（23時50分）に質問者の夫の部屋のドア（左端の位置）を潜るようにして平べったくなって廊下に登場しました。夫の部屋の入り口左側には収納ラックがあり、そこにはバーベキューセットが収納されています。ハムスターの篭城箇所はチャートの示すままだったのです！　見つかった時間帯といい、場所といい、見事にチャートを写し取っているため、強く印象に残ったホラリーチャートでした。

このチャートではまず、ハムスターの位置を質問者から見た６番目の部屋で取るか、メイン飼い主の子どもから見た６ハウスでとるかという決断が必要でした。さらにハムスターのケージをハムスターから見た12ハウス（檻）でとるか、４ハウス（ねぐら、家）でとるかなど、迷う点が多々ありました。Step２のラディカリティーの部分でも門前払いしたくなるような配置がダブルであったことですし、ごちゃごちゃ迷うよりも、まずは占いを忘れて手を尽くすべきケースといえます。それにもかかわらず、チャートはちゃんと地上の映し絵になっていたのです。

ホロスコープには、読み手の感受性がそれを受け止めることさえできれば、これ以上ないほど細密なメッセージが描かれているという確信が私にはあります。裏を返せば「象徴に対する感受性」を十分に育むことができれば、ホラリーは当たらないはずがないのです。

シンボルからのメッセージ　Column

ホラリー占星術に長年携わっていると、世の中の事象や事物がどの惑星やハウスと関連付けられているかを考える癖がついてきます。質問の答えを導き出すためには、どの惑星がどの事物を示しているかを的確に見つけ出す能力が必要だからです。日常生活のさまざまな場面で「これはすごく金星だな」「この分野は３ハウス的だ」といったダイレクトな結び付けもありますし、「私は身体のここが凝って血流が悪くなるから、ここは土星エリア、ここは熱を持つから火星エリア」というような応用編もあります。

このようなカテゴライズの仕方は、記憶力の飛躍的な向上に関わっているのではないかと思います。例えば、駐車場に車を止めるとそこがA-34エリアだったとします。私ならそれを「アングル」の一言で記憶することができます。アングルの一つ天低（IC）は３ハウスと４ハウスの間という連想により、すっと頭に入ります。さらに踏み込むとそこから、今日の運勢のようなある種のメッセージを受け取ることもできるのです。こんな場所に車を止めた今の私は、「自分の基盤を見直せ、とうながされている」といった具合です。

また、タロットカード（78枚）やホメオパシーのレメディー（数千種類ともいわれる）など、通常なら記憶するのに努力を要する種別を、惑星やサインと関連付けることで、難なく記憶することもできます。イメージする力。形や色からメッセージを受け取る力が自然に身につくのですから、なかなか嬉しい副作用ですね。

例えば、今日で出会った人が着ている服の色や身につけている宝石の種類からメッセージを受け取ることもできますし、自分自身が身につけるもので何かを発信したり表現したり、自分を演出したりもできます。この世界は象徴に満ちているのです。

解説

占星術、ホラリーを取り巻く
環境の成熟により
「歴史的」といえる本書は生まれた

西洋占星術研究家　鏡リュウジ

たった１冊の本が時代の状況をがらりと変えてしまうということがある。従来の考え方やものの見方を一変させ、人びとに新しいインスピレーションを与える、ということが。

いけだ笑みさんのこの『ホラリー占星術』もそんなマイルストーンの一つになることを、僕は確信している。少なくとも、日本の占星術の歴史はこの出版の後と前では流れが大きく変わった、と後にいわれるようになることは間違いないだろう。

そのような貴重な作品の誕生に立ち会える僕は、一人の占星術家として本当に幸福である。

本書独自の特徴や価値はいくつもあるのだが、その前にここ数十年の「ホラリー占星術」の復興の足跡を簡単に振り返っておこう。そのことが日本の読者の方にとっても本書が果たす役割をより明確にするはずだからだ。

ここ100年程の間、「ホラリー占星術」は、占星術シーンの中ではマイノリティであった。その間の占星術の主潮流はといえば、「ネイタル」占星術（出生図のホロスコープを使う）や「マンデン」占星術（政治や経済などマクロ事象を判断する）であって、占いたいと思った瞬間のチャートを使って具体的なことを判断していくホラリーは、その真価を評されることはほとんどなかった。

理由は主に二つある。一つは歴史的要因である。紙幅の関係で詳しく述べることはできないが、17世紀半ばには出版の世界でも興隆を極めた占星術も、17世紀終わりの頃、またたくまに「没落」し、ほとんど息絶えかけたことがあったのである。占星術書の出版が途絶え、継承者の数も激減した。本書を読んでいただければわかると思うが、ホラリー占星術には細かなルールや約束があり、その技法がいったんほぼ途絶えてしまったのだ。

占星術はその後、ロマン主義や西洋近代に対しての早い時期からの反省と反動の運動を受けて、19世紀後半に復興するのだが、そのときには歴史的ブランクのために従来のルールが大きく単純化されていった経緯がある。その技法の欠落を埋めたのが、例えば神智学やユング心理学といった近代的なエソテリズムであった。解釈手続きのルールが緩くなったがゆえに、かえってその星のシンボルの解釈「深化」がうながされ、結果として現代的な自己発見やカウンセリング的な占星術が誕生した。こうした「現代的」な見方からすると、ホラリーに代表される占星術の導き出す答えはあまりにも「具体的」で「字義的」、「迷信的」に見えたのだ。

二つ目の理由はこれと関連する。占星術家たちは自分たちの営みを、そのほか凡百の「雑占」と同一視されるのを恐れていたのである。

考えてもみてほしい。「昨日、酔って置き忘れてきた財布はどこにあるか」とか「この馬券は当たるか」といった些細な日常の出来事の占いに従事する占い師と「自分をもっと見つめ直したい」という真摯な問いに向き合う営みとでは、「こころの時代」ともいわれる20世紀においてどちらが「高尚」に見えたか。些細なことはサイコロ占いにでも任せて、われわれ「占星学者」はもっと高尚なことに集中しようではないか、というムードがあったはずだ。

実際、AstrologyはDivination（占い術、卜占）か、という問いがこの間、ずっと議論されてきたし、また占星術家自身、路上の占い師と同一視されることを好まなかった。

しかし、このような事情を払拭する出来事が1985年に英国で起こる。

歴史学者にして占星術研究家であるパトリック・カリーと思想家にして占星術家のジェフリー・コーネリアスらの尽力によって、17世紀の大占星術家ウイリアム・リリーの占星術書『クリスチャン・アストロロジー』が復刻され、近代以前の占星術の姿が突如現れたのである。

そのインパクトは大きかった。確かに、それまでも細々とアメリカのアイヴィ・ヤコブソンやイギリスのデレク・アップルビィ、また先駆的にはザドキエルによるリリーの大幅な抄訳版などによってホラリーの伝統は継承されては来たのだが、大きなうねりにはなっていたとはいいがたい（日本でも昭和41年には支天庵という占星術塾からヤコブソンのホラリー書を下敷きにした手書きガリ版の教材が出ているのは注目に値する。またやはり訪星珠氏の私家版のホラリー書も1986年に出ている）。また、それが恣意的なものなのか、歴史的な下地があるのかもはっきりせず、一種の秘伝的ニュアンスがあったことも否めない。

そんな折、リリーのオリジナルのファクシミリ版の出版は、ホラリー占星術の全容を明らかにし、そしてその愛好者に歴史的アイデンティティを与えた。リリーの本は英語では書かれていたものだが、それは200冊以上にも及ぶ過去のギリシャ語やラテン語の占星術書に基づいているといい、伝統的占星術の巨大な水脈が僕たちの前に現れたのである。これを受けていち早く、1990年にはイギリスで故オリビア・バークレーが『再発見されたホラリー占星術』を上梓、ホラリーの通信教育講座を始めた。こうした動きが火をつけ、その後、数多くの「伝統」占星術コースが誕生、またアメリカではロバート・ハンドやロバート・ゾラー、ロバート・シュミットなどが精力的にラテン語やギリシャ語から貴重な歴史上の占星術書を組織的に翻訳、失われた占星術の技法やロジックを「発掘」していったのである。

この動きによって占星術界はそれこそ蜂の巣をつついたような騒ぎになった。良く言えば議論が白熱、悪く言えば不毛な論争が続き「仲間割れ」も起こった。つまりは自由意志を尊重し、イメージの広がりと自己発見を重視する現代≒心理占星術学派と伝統の復興に注力しようとする伝統＝古典学派に分裂していったのである。

特に草創期の伝統派の中にはアグレッシブな人もいて、例えば、ある伝統派の主導的な人物などは「現代占星術は屑である」と著書で言い放ち、火種を大きくした。

一方で現代占星術家たちは、伝統派を先祖返りだとか宿命論の復活だと陰口を叩くこともあった。

今にして思えば歴史的水脈から断絶している現代占星術家たちは自分たちの知識不足に大いにうろたえていたのだし、一方で伝統派は自分たちのアイデンティティを確立するためにも、「これは現代占星術とは違って『本物』なのだ」と強調すること、いわば「親殺し」をすることも必要だった。この葛藤は必要なプロセスだったのである。

正直、僕も伝統派の出現には大いに動揺させられながらも、それをきっかけに占星術観を自身の中で更新していくことになる。

さらにそこから十数年。欧米では、このような不毛な状況は解消されている。

歴史的にも占星術はさまざまなかたちで変遷していることがはっきりしてきて一枚岩の「占星術」などどこにも存在しないということが明らかになり（当たり前だ。占星術も文化の産物なのだから）そして「些細な」質問に星が答えるということの哲学的な重要性も評価されるようになってきたからである。

私見では、ホラリー占星術は外界と内界との二元論的分割を超克する、重要な思想上でのヒントが隠されている。このあたりはジェフリー・コーネリアスやマギー・ハイドといった占星術家が真摯に議論してきたことだし、若手では今、アメリカのクリス・ブレナンなどが研究と思索を積み重ねている。

もちろん、こうした形而上学的な問いの素材となるばかりではなく、日常的なことのすべてに対して「星に問いかけ」、その応答を待つというホラリーの実践的な面白さは一度はまったらやみつきになるものでもある。

さて、いけださんのこの本である。

まず、ここまで詳細に伝統･古典占星術の復興の成果を踏まえながら実践的にホラリーの技法を解説した本は、日本の商業出版においては初めての試みである。

チャートの中のすべての要素を最終的には「総合的に」統合して解読しようという現代的な出生図解読とは異なり、質問者や占いたい事項を直接指し示す天体（シグニフィケーター）を特定、さらにその擬人化、あるいは擬事象化された惑星に生き生きと語らせていこうとするホラリーは、従来の占星術の学習者にはその最初からしてなじみがない。そこでどうしてもドグマ的になってしまうことも多いのだが、いけださんはここ30年ほどの欧米でのホラリー復興の文献を丹念にたどり、さまざまな説を紹介しながら、その「教義」にこだわることなく、シンボルを生かすご自身の考えを明確に述べておられることにいたく僕は共感する。

いわば、「型」から入って「型」から抜けるという、武術の名人、あるいは茶道の名人のようなふるまいがここではなされているのである。このような目線でみれば、伝統占星術の古いテクストにある記述はシンボルを生き返らせるためのヒントであって、解釈を一義的に縛るためのものではないということがわかってくるだろう。

バランス良く資料に目配りをされ、優しいお人柄が出ている文体には、かつての占星術家を聖人のごとく崇拝する姿はなく、かといってなんでも連想が働けばいい、というルーズさやあいまいさにも落ちていない。

いけださんご本人からいただいたメールでは「普通の人が普通に占星術を楽しめる」時代になったと仰っていたが、まさに言い得て妙だろう。

占星術的にいえばすべてのものには適切な「時」がある。

さきほど述べたような、少し前の熱い議論と論争が沸き起こっていたような時代であれば、このような本はでなかっただろう。しかし、ホラリーをとりまく環境が成熟し、その真価を多くの人が安心して味わうことができるようになった今こそ、「時」がいけださんを選んだのだと思う。

その意味でも、本書は「歴史的」なのである。

改めて本書の登場を心からお祝いし、そして、星を愛するすべての人に、この本を強く薦めさせていただきたい。

【参考文献】

Ptolemy's Tetrabiblos or Quadripartite Being Four Books of the Influence of the Stars" by J. M. Ashmand
"Liber Astronomiae" by Guido Bonatti
"Christian Astrology" by William Lilly
"Simplified Horary Astrology" by Ivy M. Goldstein-Jacobson
"The Horary Textbook" by John Frawley
"Horary Astrology Plain & Simple" by Anthony Louis
"The Martial Art of Horary Astrology" by Dr.J. Lee Lehman,Ph.D.
"An Astrology Judgement Touching Theft" by Anthony Griffin
"Astrology the Divine Science" by Marcia Moore / Mark Douglas
"Brady's Book of Fixed Stars" by Bernadette Brady
"The Book of Rulerships" Dr.J. Lee Lehman,Ph.D
"Classical Astrology for Modern Living" by Dr.J. Lee Lehman,Ph.D.
"The Rulership Book" by Rex E. Bills
"The Book of Rulerships" by Dr.J. Lee Lehman,Ph.D.
"Horary Astrology Rediscovered" by Olivia Barclay
"Horary Astrology" by Dr.Mark Edmund Jones
"Astrology and Health: A Beginner's Guide" by Dylan Warren-Davis
"Night and Day : Planetary Sect in Astrology" by Robert S. Hand
"A Practical Guide to Traditional Astrology" by Joseph C. Crane
"The Timing of Events: Electional Astrology" by Bruce Scofield
"The Sun & The Aspects" by Maurice McCann
"The Houses: Temples of the Sky" by Deborah Houlding
"Horary Astrology and Judgment of Events" by Barbara Watters
"Art of Horary Astrology in Practice" by Sylvia Delong
"A History of Horoscopic Astrology" James H. Holden
"Essential Dignities" by Dr.J. Lee Lehman,Ph.D.
"Mundane Astrology" by H.S.Green , Raphael , Charles, E.O. Carter
"Retrograde Planets" by Erin Sullivan
"The Twelve Houses" by Howard Sasportas
"Lunation Cycle: A Key to the Understanding of Personality" by Dane Rudhyar

“Astrological Judgement of Diseases from the Decumbicure” by Nicholas Culpeper
“Carmen Asrologicum” by Dorotheus of Sidon

『占星術または天の聖なる学』マルクス・マニリウス著／有田忠郎訳（白水社　1993年）
『魔術と占星術』アルフレッド・モーリー 著／有田忠郎 浜文敏訳（白水社　1993年）
『自然哲学再興・ヘルメス哲学の秘法』ジャン・デスパニエ著／有田忠郎訳（白水社 1993年）
『バイオグラフィー・ワーク入門』グードルン・ブルクハルト著／樋原 裕子訳（水声社 2006年）
『占星綺想』鏡リュウジ（青土社　2007年）
『古代占星術』タムシン・バートン著／豊田彰訳（法政大学出版局　2004年）
『オカルトの事典』フレッド・ゲティングズ著／松田幸雄訳（青土社　1993年）
『暦をつくった人々』デイヴィッド·E·ダンカン著／松浦俊輔訳（河出書房新社　1998年）
『暦のからくり』岡田芳朗著（はまの出版　1999年）
『暦と占いの科学』永田久著（新潮社　1982年）
『現代こよみ読み解き事典』岡田芳朗　阿久根末忠編著（柏書房　1993年）
『ギルガメシュ叙事詩』矢島文夫著（筑摩書房　1998年）
『オーラソーマ アストロロジー』澤恵著（モデラート　2005年）
『占星学教室手法大百科』岡庭加奈著（碩文社　1997年）
『世界占術大全』アルバート・S・ライオンズ著／鏡リュウジ監訳（原書房　2002年）
『占星術百科』ジェームズ・R・ルイス著／鏡リュウジ監訳（原書房　2000年）
『錬金術大全』ガレス・ロバーツ著／目羅公和訳（東洋書林　2004年）
『錬金術―おおいなる神秘』アンドレーア・アロマティコ著／種村季弘監修／後藤淳一訳（創元社　1997年）
『占星術の起源』矢島文夫著（筑摩書房　2000年）
『西洋占星術の歴史』S·J·テスター著／山本啓二訳（恒星社厚生閣　1997年）
『占星術の科学』聖紫吹著（宝島社　2000年）
『アリストテレス入門』山口義久著（筑摩書房　2001年）
『心とは何か』アリストテレス著／ 桑子敏雄訳（講談社　1999年）
『元素の小事典』高木仁三郎（岩波書店　1999年）
『神秘学大全』ルイ・ポーウェル　ジャック・ベルジェ著／伊東守男訳（学習研究社

2002年）
『スピリットとアロマテラピー』ガブリエル・モージェイ著／前田久仁子訳（フレグランスジャーナル社　2000年）
『パトリシア・デーヴィスのアロマテラピー占星術』パトリシア・デーヴィス著／バーグ文子監修・訳／ 森田典子訳（東京堂出版　2005年）
『アロマ占星術』ムーン・フェアリー・ヒロコ著（新風舎　2005年）
『生物時計はなぜリズムを刻むのか』ラッセル・フォスター　レオン・クライツマン著／本間徳子訳（日経BP社　2006年）
『奇蹟の医の糧』パラケルスス著／大槻真一郎　澤元亙訳（工作舎　2004年）
『記号・図説　錬金術事典』大槻真一郎著（同学社　1996年）
『楽しい鉱物図鑑』堀秀道著（草思社　1992年）
『僕らは星のかけら 原子をつくった魔法の炉を探して』マーカス・チャウン著／糸川洋訳（ソフトバンククリエイティブ　2005年）
『キリスト教東方の神秘思想』V・ロースキィ著／ 宮本久雄訳（勁草書房　1986年）
『天球の音楽―歴史の中の科学・音楽・神秘思想』ジェイミージェイムズ著／ 黒川孝文訳（白揚社　1998年）
『音楽と言語』T・G・ゲオルギアーデス著／ 木村敏訳（講談社　1994年）
『聖ヒルデガルトの医学と自然学』ヒルデガルト・フォン・ビンゲン著／プリシラ・トループ　井村宏次　聖ヒルデガルト研究会訳（ビイング・ネット・プレス　2002年）
『図説 世界シンボル事典』ハンス・ビーダーマン著／藤代幸一　伊藤直子　宮本絢子　宮内伸子訳（八坂書房　2000年）
『世界シンボル大事典』ジャン・シュヴァリエ　アラン・ゲールブラン著／金光仁三郎　小井戸 光彦　山下誠　熊沢一衛　白井泰隆　山辺雅彦訳（大修館書店　1996年）

「Festina Lente」http://www.hoshitani.com/festinalente/
「占星術の森」http://homepage2.nifty.com/toishi-a/
「西洋占星術の部屋」http://homepage3.nifty.com/quintile/
「アルマナック／ Stargazer 占星暦」http://homepage3.nifty.com/Almanac/

おわりに

この本を書き始めたのは2006年の末から2007年にかけてです。

私がホラリー占星術の研究に関わってから６年は経っていましたが、その間、教科書のようなものをまとめたいという思いはずっとありました。

しかし、「内容が専門的すぎて無理！」という壁を実感していましたので、自費出版かあるいは資料をコピーしたものを製本して授業で使えるような形にまとめるというところで妥協する気満々だったというのが正直なところです。

2007年２月に松村潔先生が『倍音の占星術、ハーモニックアストロロジー』を自費出版されたものを読んだ瞬間に迷いが晴れ、無心で書き進めることができました。それからは、自分の知っていることをすべて、まだ研究の余地が残っていることも、これから検証すべきことも、十分に理解しているとはいえないことも、あちこちの資料から読みかじったことも、気にせず筆を進めて、一息ついたときには10万文字を軽く越えていたでしょうか。

このあたりで、どうやってこれを形にするかという点を具体的に考え始め、お世話になっている説話社さんに途中まで書いた原稿を持って相談に行きました。そのときの説話社の方々の暖かい励ましと、偏見のない率直な意見から勇気を得て、最後まで書き続けることができました。最初に原稿を持ち込んでからしばらくすると、正式に担当の高木利幸さんと会見することもでき、「もしかしたら、自費出版とかコピー製本ではない形でこれが日の目を見るかもしれない」という思いが芽生えてきました。

書きたいと思ってから、そして着手し始めてから、さらに書き上がってからも、なかなか時間のかかった本ですが、その間信じられないくらい多くの方々からの暖かい励ましや教科書が出ることを望んでくれる研究会参加者からの熱意を頂きました。後から知ったのですが、鏡リュウジさんまでもが、「ホラリーの専門書は出版されるべきだ！」と説話社さんに強くプッシュしてくださっていたとのことです。

多くの資料にあたっても十分に理解できない技法に関しては、昼夜問わず話し合ってくれる学友に恵まれました。Stargazer天文暦の発行者である栗丸真理子さんの「理解したい！　知りたい！」という純真な熱意には敬服するものがあり、どんな些細な疑問でも解決するまで何時間でも話し合ってくれました。ホラリー占星術の研究に携わり始めた2000年の頃は、当時頻繁に話し合う機会のあった石塚隆一さんから数えきれないくらいの刺激と知識をいただきました。ハーブや医療占星術では、登石麻恭子さんの圧倒的な知識と経験がいつもインスピレーションを与えてくれました。そして、ホラリー研究会に参加してくださった方々なしにはホラリー占星術の技法の実技を獲得することは不可能でした。また、これらの方々が快く資料提供してくださったことに心から感謝します。

最後に、占星術支援ソフトStargazerの作者である小曽根秋男さんが、この本でのチャート使用を快諾してくださったことで、私が普段からいつも使用しているチャートを読者と共有することができることが、とても嬉しいです。ホロスコープのチャートというのは、見慣れているものでないとインスピレーションがわかないことがあるのです。イメージを解読するときの回路みたいなものが、私の場合初学時代からStargazerを通じて出来上がってしまっているので、別の図形を解読するには少し時間がかかります。

説話社の高木利幸さんには、『基本の「き」目からウロコの西洋占星術入門』と『続　基本の「き」目からウロコの西洋占星術入門』に引き続きお世話になりました。彼の忍耐力と丁寧なフォローに心から感謝します。

著者紹介

いけだ 笑み（いけだ・えみ）

1968年7月11日大阪生まれ。宇宙のからくりと人間存在の謎について、物心ついた頃から考え続け、古代占星術と錬金術思想にたどりつく。1998年に松村潔氏に師事。1999年頃から占星術のプロとしての活動開始。主に東京都内での講師活動、研究会主催、雑誌への執筆に携わる。ホラリー占星術の研究と実践に取り組みながら、ヨーガとアーユルヴェーダ哲学に没頭中。著書に『基本の「き」目からウロコの西洋占星術入門』『続　基本の「き」目からウロコの西洋占星術入門』（ともに説話社）がある。
http://astro.secret.jp/

ホラリー占星術（せんせいじゅつ）

発　行　2009年10月10日　初版発行
2022年　9月23日　第6刷発行

著　者　いけだ笑み
発行者　酒井文人
発行所　株式会社 説話社
〒169-8077　東京都新宿区西早稲田1-1-6
電話／編集部：03-3204-5185　販売部：03-3204-8288
振替口座／ 00160-8-69378
URL　https://www.setsuwa.co.jp

デザイン　染谷千秋（8th Wonder）
編集担当　高木利幸
印刷･製本　中央精版印刷株式会社

ISBN 978-4-916217-73-8 C 2011